普通高等教育“十三五”汽车类规划教材

汽车驾驶技术

第3版

主　编　宋年秀
参　编　刘瑞昌　徐　观
　　　　贾洪飞　李世武
　　　　姜立标　臧　杰
　　　　梁成江　刘亚光
　　　　刘兆慧
主　审　王耀斌

机 械 工 业 出 版 社

本书共七章，第一章介绍汽车文化基础，第二章介绍汽车构造基础知识，第三章介绍汽车驾驶基本操作和式样训练，第四章介绍汽车道路驾驶技术，第五章介绍道路交通法规，第六章介绍交通安全基础，第七章介绍汽车维护与行驶应急处理。本书按我国新的交通法规编写，图文结合，具有较强的系统性、实用性和可操作性。

本书可作为高等学校公共选修课的教材，以及各类学校相关专业驾驶训练的培训教材，也可作为汽车驾驶爱好者的参考用书。

本书配有 PPT 课件，采用本书作为教材的教师可登录 www. cmpedu. com 注册下载，或联系编辑（tian. lee9913@ 163. com）索取。

图书在版编目（CIP）数据

汽车驾驶技术/宋年秀主编．—3 版．—北京：机械工业出版社，2019. 8（2024. 2 重印）

普通高等教育“十三五”汽车类规划教材

ISBN 978-7-111-63448-5

Ⅰ. ①汽…　Ⅱ. ①宋…　Ⅲ. ①汽车驾驶－高等学校－教材　Ⅳ. ①U471. 1

中国版本图书馆 CIP 数据核字（2019）第 175013 号

机械工业出版社（北京市百万庄大街 22 号　邮政编码 100037）

策划编辑：宋学敏　责任编辑：宋学敏　张丹丹　王保家

责任校对：樊钟英　封面设计：张　静

责任印制：常天培

固安县铭成印刷有限公司印刷

2024 年 2 月第 3 版第 6 次印刷

184mm×260mm ·12. 25 张·14 插页·323 千字

标准书号：ISBN 978-7-111-63448-5

定价：38. 00 元

电话服务	网络服务
客服电话：010-88361066	机　工　官　网：www. cmpbook. com
010-88379833	机　工　官　博：weibo. com/cmp1952
010-68326294	金　　书　　网：www. golden-book. com
封底无防伪标均为盗版	机工教育服务网：www. cmpedu. com

普通高等教育汽车类

教材编审委员会

主　任：	北京理工大学	林　逸
副主任：	黑龙江工程学院	齐晓杰
	扬州大学	陈靖芯
	西华大学	黄海波
	机械工业出版社	冯春生
委　员：	吉林大学	方泳龙
	吉林大学	刘玉梅
	北京航空航天大学	高　峰
	同济大学	陈永革
	上海交通大学	喻　凡
	上海大学	何忱予
	哈尔滨理工大学	徐　雳
	武汉理工大学	张国方
	山东理工大学	邹广德
	山东交通学院	李祥贵
	燕山大学	韩宗奇
	长沙理工大学	张　新
	青岛理工大学	卢　燕
	河南科技大学	张文春
	南京工程学院	贺曙新
	淮阴工学院	刘远伟
秘　书：	机械工业出版社	宋学敏

序

汽车被称为“改变世界的机器”。由于汽车工业具有很强的产业关联度，因而被视为一个国家经济发展水平的重要标志。我国汽车工业自2009年以来产销量连续保持全球第一，它正在成为拉动国民经济增长的动力源。汽车工业的繁荣使汽车及其相关产业的人才需求量大幅度增长。相应地，作为汽车工业人才培养主要基地的高等院校也得到了长足发展。据不完全统计，迄今全国开办汽车类专业的高等院校已达百余所。

从未来发展趋势看，打造我国自主品牌、开发核心技术是我国汽车工业的必然选择，但当前我国汽车工业还处在以技术引进、加工制造为主的阶段，这就要求在人才培养时既要具有前瞻性，又要与我国实际情况相结合。在注重培养具有自主开发能力的研究型人才的同时，应大力培养知识、能力、素质结构具有鲜明的“理论基础扎实，专业知识面广，实践能力强，综合素质高，有较高的科技运用、推广、转换能力”特点的应用型人才。这也意味着对我国高等教育的办学体制、机制、模式和人才培养理念等提出了全新的要求。

为了满足新形势下对汽车类高等工程技术人才培养的需求，在中国机械工业教育协会车辆工程学科教学委员会的领导下，成立了教材编审委员会，组织制订了多个系列的普通高等教育规划教材。其中，为了解决高等教育应用型人才培养中教材短缺、滞后等问题，组织编写了普通高等教育汽车类专业规划教材。

本系列教材在学科体系上适应普通高等院校培养应用型人才的需求；在内容上注重介绍新技术和新工艺，强调实用性和工程概念，减少理论推导；在教学上强调加强实践环节。此外，本系列教材将力求突出以下特点：

1）全面性：目前本系列教材包括汽车设计与制造、汽车运用与维修、汽车服务工程、物流工程等专业方向，今后还将扩展专业领域，更全面地涵盖汽车类专业方向。

2）完整性：对于每一个专业方向，今后还将继续根据行业变化对教学提出的要求填平补齐，使之更加完善。

3）优质性：在教材编审委员会的领导下，继续优化每一本教材的规划、编审、出版和修订过程，使教材的生产过程逐步实现优质和高效。

4）服务性：根据需要，为教材配备CAI课件和教学辅助材料，举办新教材讲习班，在相应网站开设研讨专栏等。

相信本系列教材的出版将对我国汽车类专业的高等教育产生积极的影响，为我国汽车行业应用型人才培养模式的创新做出有益的探索。由于我国汽车工业正处于快速发展阶段，对人才会不断提出新的要求，这也就决定了高等教育的人才培养模式和教材建设将处于不断变革之中。我们衷心希望更多的高等院校加入到本系列教材建设的队伍中来，使教材体系更加完善，以更好地为培养汽车类专业高等教育人才服务。

中国汽车工程学会　常务理事
中国机械工业教育协会
车辆工程学科　副主任
林　逸

前言

随着我国国民经济水平的提高，汽车保有量也快速增加，汽车已逐渐成为人们日常生活的代步工具，汽车驾驶已经成为现代生活中不可缺少的一项技能。人们越来越多地希望了解与汽车有关的各种知识，尤其是与汽车驾驶有关的知识，以便掌握汽车驾驶的基本知识和操作技巧，顺利考取驾驶证，并且能尽快独立驾驶汽车，确保行车安全，成为一名优秀合格的驾车高手。

为满足目前高等学校应用型人才培养的需要，本着实用、通俗和易操作的原则，同时以新的《机动车驾驶证申领和使用规定》和新的交通法规为依据对第2版进行了修订。本书内容都是驾驶人应该知道的，也是在汽车使用中经常遇到的，内容包括驾驶管理、汽车构造、汽车驾驶和道路交通法规等，集驾驶人应知应会于一书。尤其是书中的驾驶技巧等内容，对于进一步提高汽车驾驶人的汽车知识和驾驶技术都是十分有用的。本书在编写上力求理论联系实际，文字内容与图表结合，内容上力求通俗易懂，使其具有较强的系统性、实用性和可操作性，尤其是在书后附录中将道路交通标志采用彩色印刷，更增加了其直观性，便于学习掌握。

本书由青岛理工大学宋年秀任主编，吉林大学王耀斌教授任主审。参加编写的还有青岛理工大学刘瑞昌、梁成江、刘亚光，吉林大学徐观、贾洪飞、李世武，华南理工大学姜立标，山东科技大学刘兆慧，黑龙江工程学院臧杰。

限于编者水平，书中缺漏和错误在所难免，敬请读者批评指正。

编　者

目　录

第一章

汽车文化基础

汽车作为重要的交通工具正在迅速地深入每个家庭，汽车驾驶证持有者也越来越多，很多驾驶人虽然掌握了汽车驾驶的一般技术，但是，对汽车深厚的文化底蕴几乎一无所知，而了解汽车文化对提高驾驶人的修养是必不可少的。

第一节　汽车常识

一、汽车发展简史

（一）国外汽车的发展史

最早的汽车雏形是1600年荷兰物理学家西蒙·斯蒂文（Simon Stevin）（图1-1）制造的双桅风力帆车（图1-2）。他把木轮装到帆船上，凭借风力驱动帆车行进。据说，这种车能以24km/h的速度沿荷兰的海岸奔驰。

图1-1　西蒙·斯蒂文

图1-2　汽车的雏形——双桅风力帆车

之后，各国的发明家经历了许许多多的艰难曲折，制造出了各式各样的汽车：1769年，法国人尼古拉斯·古诺（N. J. Cugnot）（图1-3）成功地制造出世界上第一辆完全依靠自身动力行驶的蒸汽机汽车（图1-4）；1801年，英国煤矿机械工程师、铁路蒸汽机车的发明者理查德·特雷威蒂克（R. Trevithick）在古诺蒸汽机车的启发下，制造出了英国最初的蒸汽机汽车。

但是，早期的蒸汽机汽车速度缓慢，行动笨拙，效率不高，所以没有得到很好的发展。内燃机汽车的出现改变了这一切。

1885 年，德国工程师卡尔·本茨（Karl Benz）（图 1-5）研制成一辆装有 0.85 马力[⊖]汽油机的三轮车（图 1-6）。德国另一位工程师哥德利布·戴姆勒也同时研制出一辆用 1.1 马力汽油发动机作为动力的四轮汽车。1886 年 1 月 29 日，卡尔·本茨向专利局申请发明专利，取得了第 37435 号帝国专利证书。这一天成为汽车的诞生日，本茨被誉为“汽车之父”。

图 1-3　尼古拉斯·古诺

图 1-4　第一辆蒸汽机汽车

图 1-5　“汽车之父”卡尔·本茨

图 1-6　第一辆内燃机汽车

在本茨制造世界上第一辆内燃机的二十几年之后，1908 年 10 月，美国的亨利·福特（Henry Ford）制造出了著名的 T 型汽车，并成立了福特汽车制造厂。1913 年发明了世界上第一条汽车生产流水线，从而使汽车能够大批量、标准化生产。自此，人类才算真正跨进了汽车时代。

汽车工业从无到有，迅猛发展，产量大幅度增加，技术日新月异。截至 2017 年全球乘用车和卡车销量首次突破 9000 万辆。

（二）我国汽车的发展史

我国汽车文化的发展过程可以分成三个阶段：创建阶段、独立自主发展阶段和对外开放阶段。

1. 创建阶段（1953—1958 年）

长春第一汽车制造厂的建成是这一阶段的标志。1949 年 12 月毛泽东主席与苏联商定的援建我国项目中就有建设大型汽车厂项目。1953 年第一汽车制造厂破土动工，这是我国有史以来第一次建设自己的汽车厂，毛泽东主席为奠基仪式亲自题写了“第一汽车制造厂奠基纪念”。1956 年我国生产的第一辆汽车下线，毛主席又亲自为其命名——解放。

⊖　1 马力 = 0.735kW。

这一阶段的建设工作是在苏联的全面援助下进行的，产品由苏联引进，工艺流程由苏联设计，主要设备由苏联提供，连厂房设计也是由苏联方面承担的。

2. 独立自主发展阶段（1958—1984年）

1958年左右，中苏关系恶化。我国汽车产业与其他经济部门一起进入自力更生的时期。除第一汽车制造厂外，较大规模的还有南京汽车制造厂、北京汽车制造厂等。这一阶段标志性的成果是第二汽车制造厂的建设。1964年开始筹建第二汽车制造厂，从当时的政治、军事和经济建设观点出发选择湖北省西北部山区（现今十堰市）建厂。全国相关行业大协作，从1966年开始动工，几十个工厂散布在山沟里，绵延80km，1978年开始批量投产。

3. 对外开放阶段（20世纪80年代至今）

1984年，第一家整车制造合资公司，由北京汽车工业公司与克莱斯勒共同投资的轿车生产企业诞生，这标志着汽车产业进入一个新的发展阶段——对外开放阶段。从此，一大批合资公司在我国诞生。

1984年1月，北京汽车制造厂与美国AMC汽车公司合资组建北京吉普汽车有限公司。生产AMC公司1983年投产的切诺基车型系列产品和原北汽吉普车改进后的车型。

这一阶段有以下特点：把轿车工业作为发展的重点；引进外资，建立合资企业；引进国外产品、工艺和管理方法，实行高起点、大批量的起步方针，很快形成一定规模；企业初步做到按市场机制运行。

1985年3月，上海拖拉机汽车工业公司与德国大众汽车公司合资组建上海大众汽车有限公司，生产上海桑塔纳轿车，开创了我国轿车工业的新时代。

1987年8月，国家核准一汽先上3万辆中高档轿车，后上15万辆，逐步形成年产30万辆的规模。1990年2月，国家批准一汽与德国大众汽车公司合资组建一汽-大众汽车有限公司，1996年建成投产，形成年产捷达、高尔夫轿车15万辆，奥迪中高级轿车3万辆和发动机18万台的能力。

1992年5月，二汽与法国雪铁龙汽车公司合资组建神龙汽车有限公司，总部与总装设在武汉市。

1997年1月，奇瑞汽车股份有限公司注册成立，旗下产品覆盖乘用车、商用车和微型车等领域，连续9年蝉联我国自主品牌销量冠军。

2010年8月2日，吉利控股集团有限公司和福特汽车举办交接仪式，正式将沃尔沃轿车公司的资产交割给吉利，成为我国车企成功收购国外豪华车企第一宗案例。

2018年，我国自主品牌汽车比亚迪连续三年获得全球新能源汽车销量第一。

我国的汽车业经历了风风雨雨的60多年，取得了飞跃式的发展，成为世界瞩目的焦点。2016年我国已实现汽车销量2200万辆，至2020年有望突破3300万辆，2017年我国汽车保有量突破2亿辆。支撑这些成就的背后是那些逐步发展起来的汽车企业，它们的发展就是我国汽车业的发展。目前，我国主要汽车厂商有一汽轿车、一汽大众、上海大众、上海通用、广州本田、北京现代、天津一汽、一汽丰田、奇瑞汽车、长城汽车、东风日产、郑州日产、长丰汽车和海马汽车等，其中自主品牌汽车有奇瑞汽车、吉利汽车、比亚迪汽车、华晨汽车、长安汽车、长城汽车和中兴汽车等。以下是几个具有代表性的、发展比较快的汽车公司。

（1）一汽轿车股份有限公司　一汽轿车股份有限公司（简称一汽轿车）是我国第一汽车集团的控股子公司，是我国轿车制造业首家股份制上市公司，由一汽集团公司主要从事红旗轿车整车及其配件生产的优质资产重组成立。其主要业务为开发、制造和销售轿车及其配件。公司于1997年6月10日在长春高新技术开发区注册成立。公司主导产品为红旗系列轿车及其补充型新产品。“红旗”属于一汽的自有品牌、自有商标，诞生于1958年。

（2）东风汽车公司　创立于1969年的东风汽车公司，是我国政府明确重点支持的行业三大集团之一，产品系列涵盖重型、中型、轻型货车及乘用车。其主要生产基地分布在湖北省的十堰、襄阳、武汉和广东省的广州。“东风”牌商标，在汽车行业中率先被国家工商局评定为中国驰名商标，代表东风核心竞争优势的研究开发体系，拥有我国最大的试车场和自我装备能力，现已形成较强的商用车开发能力和乘用车开发能力。

（3）奇瑞汽车有限公司　奇瑞汽车有限公司成立于1997年，由安徽省及芜湖市五个投资公司共同投资兴建的国有大型股份制企业，坐落在水陆空交通条件非常便利的国家级开发区——芜湖经济技术开发区。2005年3月28日，奇瑞发动机二发启动及首台发动机点火仪式在奇瑞第二发动机举行，从而实现我国在主要零部件自主研发上“零”的突破。

（4）浙江吉利控股集团有限公司　浙江吉利控股集团有限公司是一家以汽车及汽车零部件生产经营为主要产业的大型民营企业集团，始建于1986年，总部设在浙江省省会杭州市，现生产帝豪、博瑞和博越等品牌的各系列整车产品。其自主研发能力和创新能力在我国轿车界处于领先地位，自2012年首次进入《财富》世界500强榜单以来，吉利控股集团已连续6年上榜。2017年销售突破124万辆，吉利汽车致力于进入全球汽车企业十强，让吉利汽车走遍全世界，成为具有竞争力和受人尊敬的中国汽车品牌。

（5）长城汽车股份有限公司　长城汽车成立于1984年，总部位于河北省保定市。是我国汽车品牌，主要生产皮卡、SUV和轿车等车型。长城汽车是我国首家在香港H股上市的民营整车汽车企业、我国规模最大的皮卡、SUV专业厂。公司连续入选中国企业500强、中国机械500强、中国民营企业上市公司十强、河北省企业百强之首，成为最优秀的民族汽车品牌之一。产品已出口到全球100多个国家和地区，连续多年保持了我国汽车出口数量、出口额第一。哈弗SUV系列已连续7年保持全国销量和出口量第一。

（6）比亚迪股份有限公司　比亚迪汽车创立于1995年，组建伊始，比亚迪汽车就全情投入致力于燃油汽车、电动汽车和混合动力汽车的研发与生产。凭借技术研发和创新实力，比亚迪已经掌握电池、电机和电控等新能源车核心技术。目前，比亚迪新能源车已经形成乘用车和商用车两大产品系列。2012年，比亚迪发布“城市公交电动化”解决方案，随后上升为我国国家战略。2014—2017年连续四年位居10m（含）以上纯电动巴士细分市场的全球销量冠军，并占据美国80%以上的纯电动巴士市场份额。随着全球各地订单的爆发，比亚迪正逐步完善研发和生产布局，已于我国、美国、巴西、匈牙利和法国等国家设立纯电动商用车工厂。

二、汽车的分类

（一）旧国家标准的汽车分类

现代汽车的类型繁多，国家标准 GB/T 9417—1988《汽车产品编号规则》规定，汽车按用途分为轿车、客车、载货汽车、越野汽车、牵引汽车、自卸汽车、农用汽车、专用汽车和改装车等种类，如图 1-7 所示。

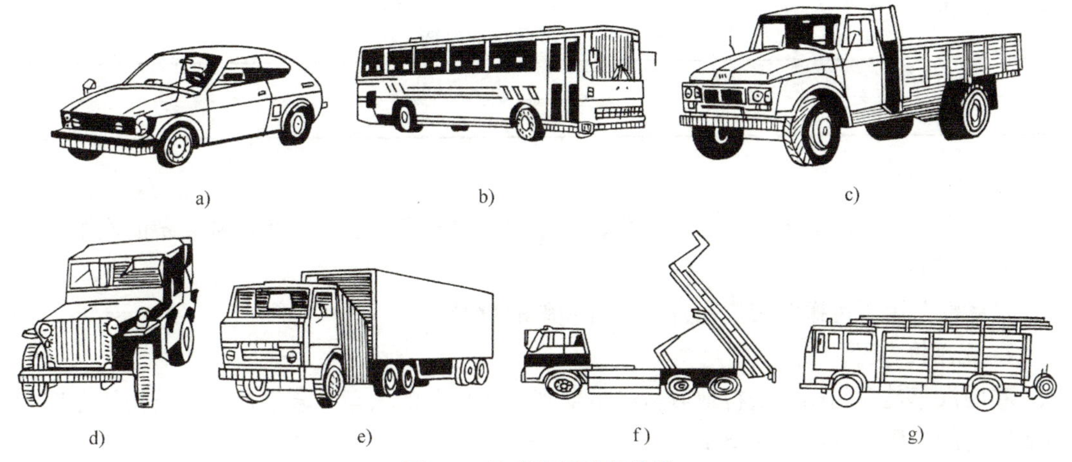

图 1-7　汽车按用途的分类

a）轿车　b）客车　c）载货汽车　d）越野汽车　e）牵引汽车　f）自卸汽车　g）改装车

1. 轿车

轿车是指用于载送人员及其随身物品，且座位布置在两轴之间的汽车。轿车包括驾驶人在内，座位数最多不超过九个，可作为家庭用车、机关和企业的公用汽车和城市出租汽车，是汽车产量最大的一类。

轿车按发动机排量可分为微型、普通型、中级、中高级及高级轿车，见表 1-1。

表 1-1　轿车的分级

类　型	微　型	普 通 型	中　级	中 高 级	高　级
发动机排量/L	<1.0	1.0～1.6	1.6～2.5	2.5～4.0	>4.0

2. 客车

客车用于运载乘客、公共服务。客车按车身长度可分为微型、轻型、中型、大型及特大型，见表 1-2。

表 1-2　客车的分级

类　型	微　型	轻　型	中　型	大　型	特 大 型
长度/m	<3.5	3.5～7	7～10	10～12	>12（铰接式），10～12（双层）

3. 载货汽车

载货汽车用于运载货物，按汽车制造厂标定的汽车最大总质量，载货汽车可分为微型、轻型、中型和重型，见表 1-3。

表 1-3　载货汽车的分级

类　　型	微　　型	轻　　型	中　　型	重　　型
总质量/t	<1.8	1.8～6.0	6.0～14	>14

4. 越野汽车

越野汽车主要用于各种非道路条件下载运人员或物资、牵引各种装备的汽车。按汽车制造厂标定的汽车最大总质量，越野汽车可分为轻型、中型和重型，见表 1-4。

表 1-4　越野汽车的分级

类　　型	轻　　型	中　　型	重　　型
总质量/t	<5.0	5.0～13	>13

5. 牵引汽车

牵引汽车用于牵引全挂车、半挂车、汽车列车的挂车组、火炮和各种装备的汽车。

6. 自卸汽车

自卸汽车用于运送散装货物且具有可倾斜的货箱。

7. 农用汽车

农用汽车是专门用于农村地区从事运输和农耕作业的汽车。该种汽车的结构特点应能适应农村的使用条件和使用要求。

8. 专用汽车

专用汽车是专门设计制造或装有专门设备、具有专用功能且承担专门运输任务或专项作业的汽车，如银行运钞车、机场飞机牵引或防弹高级迎宾车等。

9. 改装车

改装车是在载货汽车底盘上安装特种用途的车身或加装某种机构而成的汽车，如消防车、救护车和殡丧车等。

（二）新国家标准的汽车分类

从 2002 年 3 月 1 日开始实施汽车分类的新标准《汽车和挂车类型的术语和定义》（GB/T 3730.1—2001），依据国际标准（ISO 3833），对汽车的定义是：由动力驱动，具有四个或四个以上车轮的非轨道承载的车辆，主要用于载运人员和（或）货物；牵引载运人员和（或）货物的车辆；特殊用途。

GB/T 3730.1—2001 将汽车分为两大类：乘用车和商用车，如图 1-8 所示。

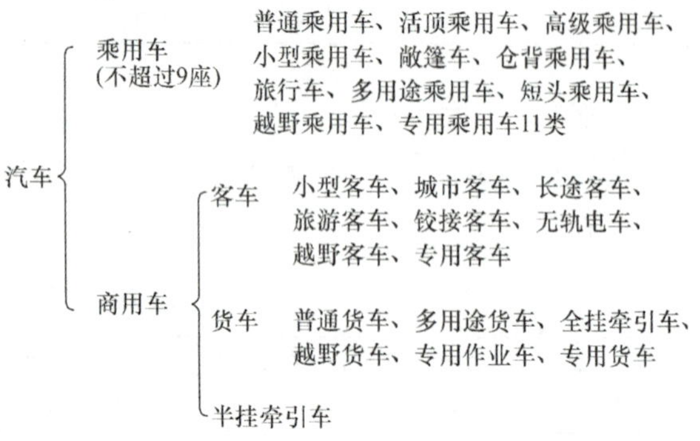

汽车
- 乘用车（不超过9座）：普通乘用车、活顶乘用车、高级乘用车、小型乘用车、敞篷车、仓背乘用车、旅行车、多用途乘用车、短头乘用车、越野乘用车、专用乘用车11类
- 商用车
  - 客车：小型客车、城市客车、长途客车、旅游客车、铰接客车、无轨电车、越野客车、专用客车
  - 货车：普通货车、多用途货车、全挂牵引车、越野货车、专用作业车、专用货车
  - 半挂牵引车

图 1-8　汽车的分类

（1）乘用车　乘用车主要是用于载运乘客及其随身行李或临时物品的汽车，包括驾驶人座位在内最多不超过 9 个。

（2）商用车　商用车是用于运送人员和货物的汽车，并且可以牵引挂车。

三、汽车在国民经济中的地位与作用

作为公路运输的汽车及以汽车为产品的汽车工业，深刻影响和改变了人们的生活。21世纪，汽车作为现代交通工具的重要战略地位是不可动摇的。随着世界汽车工业的不断发展壮大，汽车工业在世界经济发展中的地位越来越突出，汽车工业逐渐成为各主要汽车生产国的支柱产业，并对世界经济的发展和社会的进步产生巨大的作用和深远的影响。

1. 汽车在交通结构中发挥着重要的作用

汽车具有较好的灵活性，它既适于通向各个城市，又可通向广大农村，实现“门对门”服务。同时，汽车既适于作为公共交通工具，又适于作为家庭和个人的交通工具，既适于大批量客货运输，也适于小批量客货运输。所以，在整个交通运输体系中具有重要地位。

2. 汽车工业能够创造巨大产值

汽车产业是资金和技术密集的大批量生产产业，对原材料工业、设备制造业、配套产品业、公路建设业、销售业、服务业和交通运输业等相关产业有着巨大的影响，所以也是世界制造业中创汇最多的产业之一，能够带来强大的出口和巨额税收。

3. 汽车工业的发展能够提供较多的就业机会

因为汽车工业涉及产业面广而且技术含量也较高，所以具有很强的带动就业的能力。在几个主要的汽车生产国家中，与汽车相关的工业和服务业都拥有较大的就业人数，尤其是汽车服务业的就业人数自20世纪80年代以来大幅度增长，就业比重明显提高。它不仅提供了很多直接的就业机会，还带动了很大比例的间接就业。

4. 汽车工业的发展是科学技术发展的标志

汽车是高新技术的结晶，汽车工业所涉及的新技术范围之广、数量之多，是其他产业难以相比的。发展新材料、新设备、新型配套产品均需要应用和发展新技术，电子技术、信息技术在汽车上越来越多地得到广泛的应用，汽车电子产品占整车价值的比重快速提高。在开发汽车的过程当中，需要集中一大批优秀的科技人才，开展上千次的研究工作，应用最先进的理论、最精确的计算技术、最现代化的设计方法和最完善的测试手段。在制造汽车的过程中，应用了冶炼、锻造、锻压、机械加工、焊接和装配等领域许多最新工艺技术成果，在工厂中采用数以百计的自动化生产线并应用了科学的生产管理手段。毫无疑问，汽车工业的发展将引起科学技术的繁荣。

第二节　汽车性能简介

汽车有六大性能：动力性、使用经济性、制动性、行驶平顺性、操纵稳定性和通过性。

一、汽车的动力性

汽车必须有足够的驱动力，以克服各种阻力，所以动力性是最基本、最重要的性能。

从获得尽可能高的平均行驶速度的观点出发，汽车动力性的主要指标包括最高车速、加速时间和最大爬坡度。

（1）汽车的最高车速　汽车的最高车速指在无风条件下，在水平、良好的沥青或水泥路面上，汽车所能达到的最大行驶速度。按我国的规定，以 1.6km 长试验路段的最后 500m 作为最高车速的测试区，共往返四次，取平均值。汽车实际行驶中的最高车速有不同的要求：高速公路为 60～120km/h，一级公路为 60～80km/h，二级公路为 40～80km/h，三级公路为 30～60km/h，四级公路为 20～40km/h。

（2）汽车的加速时间　汽车的加速能力对平均行驶车速有很大的影响，常用原地起步加速时间与超车加速时间来表明汽车的加速能力。原地起步加速时间是指汽车以一档起步并以最大的加速强度（包括选择恰当的换档时机），逐步换至最高前进档位后达到某一预定的车速或距离所需的时间。而超车加速时间是指用最高档或次高档由某一中等车速全力加速至某一高速所需的时间。汽车的原地起步加速时间越短，表明汽车的加速性越好，则使用低档的时间越短，汽车的平均技术车速就越高；而汽车的超车加速时间越短，则超车时与被超车并行的行程越短，行驶就越安全。

（3）汽车的最大爬坡度　汽车的最大爬坡度是指汽车在满载时，以一档在良好的路面上能够爬上的最大坡度。对越野汽车来说，最大爬坡度是一个相当重要的指标，一般要求能够爬不小于 60% 或 30° 的坡路；对货车要求有 30% 左右的爬坡能力；轿车的车速较高，且经常在状况较好的道路上行驶，所以不强调轿车的爬坡能力，一般爬坡能力在 20% 左右。

对汽车的最高车速、加速时间和最大爬坡度三项指标的要求，根据不同的行驶条件而有所侧重。经常行驶在平原和良好平坦的道路条件下的汽车，应以满足汽车行驶的最高车速为主；经常行驶在山区或不良道路上的汽车，应以满足最大的爬坡度能力为主；在城市内行驶的车辆，则应以满足加速性能为主。

二、汽车的使用经济性

汽车要正常行驶，必然要消耗一些材料，如燃油、机油和轮胎等，直接影响到运输成本，被列为汽车使用经济性的研究范围。

1. 燃油经济性

汽车的燃油经济性是指汽车以最少的燃料消耗完成单位运输工作量的能力。

衡量汽车燃油经济性的指标主要用一定行驶里程的汽车燃油消耗量（L/100km）或完成单位运输工作量所消耗的燃油量［L/(100t · km)或 L/1000km］来表示。前者主要用来考核相同类型汽车的燃油经济性，后者则用来考核不同载质量汽车的燃油经济性。但不管采用哪一种衡量指标，其数值越大，汽车的燃油经济性越差。

2. 润滑材料的经济性

润滑材料在汽车的使用中具有润滑、清洁、密封、防腐、冷却以及缓冲等诸多作用。

润滑材料分为发动机机油、齿轮油和润滑脂。一般按其黏度、生产工艺和使用性能进行分类。具体选用时，可根据厂家说明、使用温度、运行条件和配合特性等进行选择。

3. 轮胎的经济性

轮胎的性能对汽车的动力性、制动性、行驶稳定性、平顺性、越野性和燃料经济性等都有直接影响。轮胎根据外胎内帘布层帘线的排列形式分为普通斜线胎、子午线胎和带束斜交胎。选用时，可根据其使用寿命、滚动阻力、附着性能、缓冲性能和负荷能力等进行确定。汽车在运行中要注意轮胎的合理搭配，保证胎内气压正常，严禁超载，控制车速，注意车辆各处温度，正确驾驶等，只有这样才能充分提高轮胎的使用经济性。

三、汽车的制动性

汽车行驶时在短距离内停车且维持行驶方向稳定，以及汽车在下长坡时维持一定车速的能力称为汽车的制动性。汽车的制动性能指标包括制动效能、制动效能的恒定性和制动时汽车的方向稳定性。

1. 制动效能

汽车制动效能即汽车的制动距离，用汽车在良好路面上以一定初速度制动到停车的制动距离来评价，制动距离越短制动性能越好。它是制动性能最基本的评价指标。

2. 制动效能的恒定性

汽车制动效能的恒定性包括抗热衰退性和抗水衰退性。

（1）制动器的抗热衰退性　制动器的抗热衰退性是指汽车高速行驶下长坡连续制动时，制动器连续制动效能保持的程度。因为汽车制动过程中实际是把汽车行驶的动能通过制动器吸收转换为热能，所以制动器温度升高后能否保持在冷状态时的制动效能，已成为设计制动器时要考虑的一个重要问题。

（2）制动器的抗水衰退性　制动器的抗水衰退性是指汽车涉水后对制动性能的保持能力。

3. 制动时汽车的方向稳定性

汽车制动方向稳定性是指汽车制动时不发生跑偏、侧滑以及失去转向能力的性能。

四、汽车的行驶平顺性

1. 汽车行驶平顺性的基本概念

汽车的行驶平顺性是指汽车在一定的速度范围内行驶时，能够保证驾驶人与旅客不致因车身振动而引起不舒适和疲劳的感觉，以及保持运送货物完整无损的性能。由于它主要是根据乘坐者的舒适程度来评价的，所以有时又称为乘坐舒适性。

汽车在行驶中，由于路面不平和汽车运转过程中的机械振动，会使汽车整体产生振动。当这种振动达到一定程度时，将对驾驶人及旅客的生理反应或所运送货物的完整无损产生十分不利的影响。据研究表明，振动频率在 60 ~ 85 次/min 的范围内，对人体是最舒适的；如振动频率低于 50 次/min，就会产生“晕”的现象；如果振动频率在 130 次/min 以上，则会产生突然冲击的感觉。如果汽车车身的振动频率在人的步行振动频率范围之内，就不会引起驾驶人和乘客的不舒适感觉。汽车行驶平顺性差，会加速零件的磨损，缩短汽车的使用寿命，还关系到运输生产率、燃料经济性和工作可靠性等。保持较好行驶平

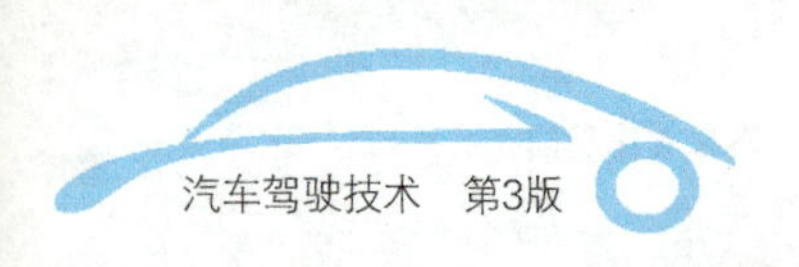

顺性的有效办法是适当降低汽车的行驶速度，或避开汽车产生共振的车速，维护好减振装置和悬架弹簧，合理给轮胎充气等。

2. 影响汽车行驶平顺性的因素

影响汽车行驶平顺性的主要因素是路面的不平，它是汽车振动的起源，还有汽车的悬架、轮胎、座椅和车身等总成部件，由于零部件的刚度、频率、阻尼和惯性参数（质量、转动惯量等）的变化产生了汽车的振动。

五、汽车的操纵稳定性

汽车的操纵稳定性是指驾驶人在不感到紧张和疲劳的情况下，汽车能按照驾驶人通过转向系统给定的方向行驶，而当遇到外界干扰时，汽车所能抵抗干扰而保持稳定行驶的能力。汽车操纵稳定性通常用汽车的稳定转向特性来评价。转向特性有不足转向、过度转向以及中性转向三种状况。有不足转向特性的汽车，在固定转向盘转角的情况下绕圆周加速行驶时，转弯半径会增大；有过度转向特性的汽车在这种条件下转弯半径则会逐渐减小；有中性转向特性的汽车则转弯半径不变。易操控的汽车应当有适当的不足转向特性，以防止汽车出现突然甩尾现象。

汽车的操纵稳定性不仅影响到汽车驾驶的操纵方便程度，而且也是决定高速汽车安全行驶的一个主要性能，被人们称为“高速车辆的生命线”。

随着道路的改善，特别是高速公路的发展，汽车以100km/h或者更高车速行驶的情况是常见的。现代轿车设计的最高车速一般超过200km/h，有的运动型轿车甚至超过300km/h。因此，汽车的操纵稳定性日益受到重视，成为现代汽车的重要使用性能之一。

六、汽车的通过性

汽车的通过性也称为汽车的越野性，它是指汽车在额定装载质量下，能以足够高的平均车速通过各种路面状况很差的道路及无路地带（如松软地面、松软的土壤、沙漠、雪地、沼泽等）、坎坷不平地段和克服各种障碍物（如陡坡、侧坡、台阶、壕沟等）的能力。

汽车行驶的基本条件是牵引力要大于各种行驶阻力的总和，而牵引力的发挥程度，又受到驱动轮与路面间附着力的限制。因此，提高驱动轮的附着力，增大牵引力，减小行驶阻力等措施，都能较好地改善汽车的通过性。同时，汽车的通过性还受汽车通过性的性能参数及有关性能的限制，并与所使用的轮胎有比较密切的关系。

汽车在高低不平或有较多乱石、坑沟或土堆的地段上行驶时，很容易碰撞障碍物或陷入坑沟，以致车辆损坏或被迫停驶，能否安全通过这些地段，取决于汽车通过性的性能参数。

评价汽车通过性的主要性能参数有汽车的最小离地间隙、纵向通过半径与横向通过半径、接近角与离去角、最小转弯半径等，如图1-9所示，这些参数在很大程度上表示了汽车可以通过高低不平地带和障碍物的能力。

（1）最小离地间隙$h_{最小}$　最小离地间隙是指汽车在满载、轮胎气压符合规定时，汽车的最低凸出部分和路面间的最小间距。一般汽车的最低点是后桥装主减速器的地方，其离地面的间隙最小。离地间隙越大，汽车通过路面障碍的性能越好。

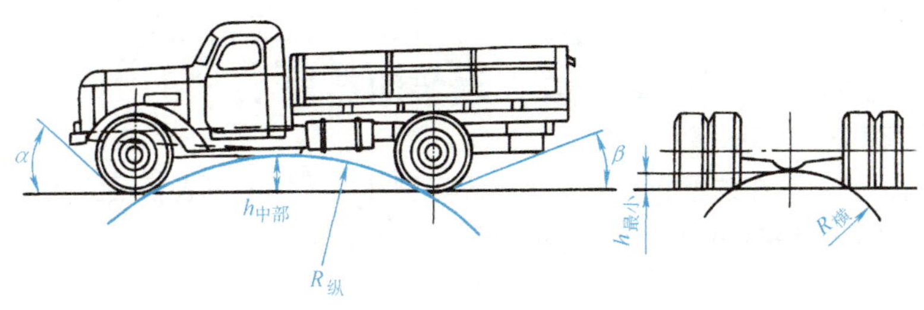

图 1-9　汽车通过性的参数

$R_{纵}$—纵向通过半径　$R_{横}$—横向通过半径　$h_{最小}$—最小离地间隙　$h_{中部}$—汽车中部最低点　α—接近角　β—离去角

（2）接近角 α 和离去角 β　接近角和离去角是指分别自车身前、后凸出点向前、后车轮引切线时，切线与路面之间的夹角。它表征了汽车接近或离开障碍物（如地面凸起物、沟洼地等）时，不发生碰撞的能力。接近角和离去角越大，则汽车通过性就越好。

（3）纵向通过半径 $R_{纵}$　纵向通过半径是指与汽车的前、后轮及汽车中部最低点相切的圆弧半径。汽车的前后轴距越短、车架越高，则纵向通过半径越小，汽车的通过性越好。

（4）横向通过半径 $R_{横}$　横向通过半径是指与汽车前桥或后桥的左右车轮及车桥最低点相切的圆弧半径。汽车的左右轮距（即同一车桥左、右轮胎的胎面中心线间的距离；当装用双轮胎时，指左、右轮双胎之间纵向中心线间的距离）越小、车桥最低点离地距离越大，则横向半径越小，汽车的通过性就越好。

（5）最小转弯直径和内轮差　车辆在转向行驶过程中，当转向盘向左或向右转到极限位置时，车辆外转向轮印迹中心在其支承面上的轨迹圆直径中的较大者，称为车辆的最小转弯直径。它表征车辆在最小面积内的回转能力和通过狭窄弯曲地带或绕过障碍物的能力。转向轴和末轴的内轮印迹中心在车辆支承平面上的轨迹圆之差，称为内轮差，如图 1-10 所示。

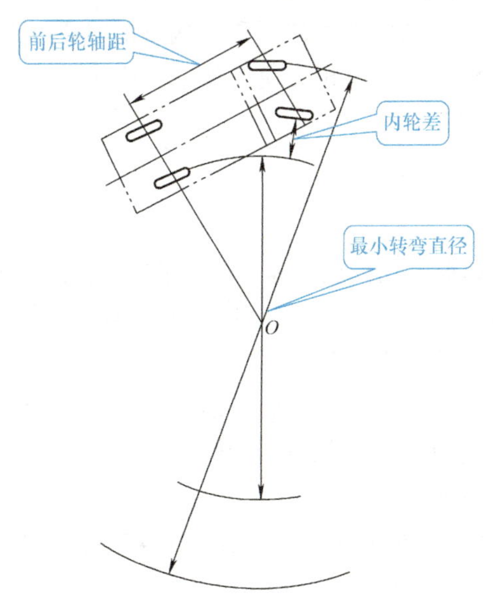

图 1-10　最小转弯直径及内轮差

第三节　汽车的选购

所谓选购，就是指在购置新车时如何选择车型和厂牌。购车者要最终购得自己满意的车，了解购车的基本程序和购车后要办的事情是极其重要的。

一、购车之前的准备

（1）购车预算　首先要考虑自己的经济能力，即把购车金额设定在可以接受的范围内，然后将此范围内的所有汽车列出，再根据有关资料进行对比、评估，选出心目中理想的汽车。

（2）付款方式　根据自身的财力状况来决定车款是一次付清还是分期付清。如果想分期付款结算，还应多了解银行的贷款利率问题。

（3）用车方式　购车前应考虑所购车辆是用来跑长途（多）还是短程（多）。如果时常跑高速路，应选择安全性高、速度快、较宽敞的车型；如多在市区跑，则应选省油、车身长度适中的车型。

（4）选择合适车型　确定好车价及用车目的后，应广泛地收集各种车型的介绍，以便进行选车最重要的步骤——对比车辆、配备和外观等。选择车型时还要弄清楚所在城市或地区道路有无限制某种车型通行的规定。

（5）注意车辆的排放标准　目前各地大中城市都非常重视环境保护，并且制订了严格的汽车排放标准。选购轿车或轻型客车时，一定要注意车辆是否达到排放标准。

（6）注意耗油量　目前油价上升使得人们日益重视汽车的耗油量。汽车的耗油量与发动机的质量、排量及燃油供给方式有直接关系。

（7）购车时机　选购新车还应考虑的因素有购车的时机、汇率的变化等。若准备购买进口车，则要随时注意汇率变化及相关税的税率，这两项因素将直接影响车价的涨跌幅度。

二、购入车辆

新车出厂时虽经厂方检验部门按规定标准进行过检查，但由于停放时间较长或运输等原因，时常会遇到意外的损伤，所以为了保证所购买的新车质量完好和行驶的安全、可靠，在接新车时应进行下列项目的检查：

1）车门及外观检查。车门是否开关顺畅，关上时有无异声，车门胶条等是否安装妥当，门与车体接缝处是否均匀，车门边的钣金烤漆是否均匀，电动窗是否上下正常，有无异响产生，玻璃与窗框接缝是否密合。

2）检查车门锁总开关、后视镜开关和制动拉杆等是否正常。转向盘上下调整是否正常，安全带扣上是否顺畅。

3）检查所有皮座椅有无外伤或瑕疵，每个座位前后调整、椅背角度调整、座高低调整是否正常。

4）检查所有灯是否正常，包括前照灯、方向灯、雾灯、倒车灯、制动灯（行车制动、驻车制动）、小灯、危险警告灯、车内照明灯。检查喇叭、刮水器开关、喷水开关和除雾线等是否正常。

5）检查车门窗、刮水器、中控锁、电动窗和车窗把手是否正常，检查天窗密合情况，确认空调是否正常，车内全部音响喇叭是否正常。

6）检查汽车各部位的连接和紧固情况，尤其是传动、转向、制动、悬架和车轮等部位。

7）检查各种液面的高度，主要有发动机冷却液、发动机机油、变速器齿轮油、后桥齿轮油、转向机齿轮油、液压制动液和风窗清洗液等。检查油箱有没有油，检查各油箱、散热器的开关及车内监测表状况是否良好。

8）检查各轮胎的充气压力、各车轮气门芯及车轮罩安装情况。

9）起动发动机，检查发动机在各种转速下的工作状况。检查各种仪表（如冷却液温度表、机油压力表、电流表、燃油表以及气压表）的显示是否正常。检查里程数（新车交车的里程数大约为10～30km）。

10）汽车行驶中检查离合器是否接合平稳、分离彻底、操纵轻便；检查变速器是否换档轻便、无跳档、无乱档，工作准确可靠；检查转向机构是否操纵轻便，行驶中无跑偏、摆头现象；检查制动机构是否制动良好，无制动跑偏，无制动拖滞。

11）检查电气设备、开关、显示器报警信号及其他操纵机构的性能。

12）检查汽车车身下部总成，如传动机构、万向节护套、车身底板、制动系统以及车轮等有无损坏。

13）检查底盘的发动机室垫片是否有渗油的现象，检查底盘的变速器接缝处是否有渗油情况，检查各管路导线是否固定好，发动机传动带（充电机起动电动机用）和风扇传动带作用是否良好，压缩机的螺钉是否有锈蚀。

14）检查随车工具（工具包、备胎、三脚架、千斤顶）、随车文件是否齐全。

三、上路程序

购入新车之后，车主经过一系列的程序才能正式上路。汽车上路手续办理流程如图1-11所示。

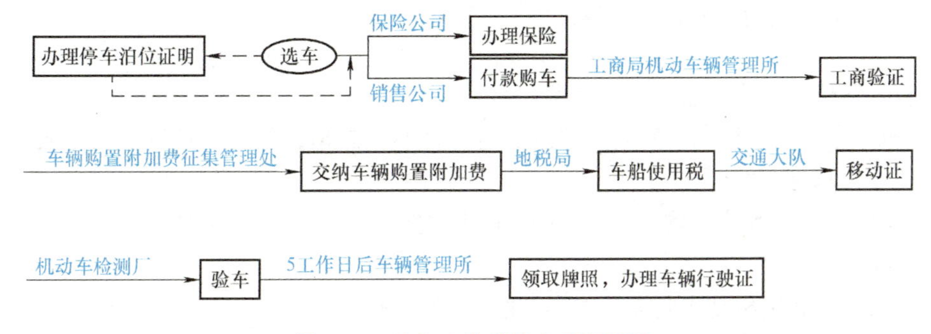

图1-11　汽车上路手续办理流程图

（1）选车 根据自己的需求挑选一辆适合的汽车，并选好销售公司。

（2）办理停车泊位证明 最好在和销售公司签合同交款前完成，以免带来不必要的麻烦。

（3）付款购车 与汽车销售公司签订合同，付款购车。

（4）工商验证 持购车发票在各区工商局机动车市场管理所或汽车交易市场的代办点加盖工商验证章。

（5）办理保险 保险一定要在领取牌照之前办理，汽车交易市场都有保险公司代办机构，在购车时一起完成保险手续，可以省去以后的麻烦。

（6）交纳车辆购置附加费 在各市地区交通局车辆购置附加费征集管理处办理，一般汽车交易市场都有其办事机构。

（7）车船使用税 在各区县地税局办理。此项内容可以在购车环节中随时办理，但一般在汽车交易市场中有税务部门的办事机构一次办完比较方便。

（8）移动证 在领取正式牌照之前，只有办理了移动证车辆才能上路行驶，可以在各区县交通大队或其设在汽车交易市场的机构办理。

（9）验车 验车在各区县交通大队指定的机动车检测厂进行，验车时需携带的文件包括加盖工商验证章的购车发票、车辆合格证、停车泊位证明和身份证等。

（10）领取牌照、办理车辆行驶证 验车后5个工作日到各区县车辆管理所领取牌照，领取牌照时需携带的文件包括加盖工商验证章的购车发票、车辆合格证、停车泊位证明、身份证、保险单、购置附加费交费凭证和验车合格的机动车登记表。单位还需企业法人代码证和控办准购证。同时领取行驶证代办凭证。车辆行驶证在领取牌照的同一车辆管理所办理，需携带的文件包括行驶证待办凭证、安全生产委员会登记备案资料等相关证明。

第四节 驾驶证管理

驾驶证也称为驾照，是具有驾驶机动车的准驾范围内的合法资格证明。

我国公民驾驶机动车必须依照《机动车驾驶证申领和使用规定》，申请领取机动车驾驶证。

一、驾驶证分类及准驾车型

机动车驾驶证记载和签注以下内容：

1）机动车驾驶人信息：姓名、性别、出生日期、国籍、住址、身份证明号码（机动车驾驶证号码）、照片。

2）车辆管理所签注内容：初次领证日期、准驾车型代号、有效期限、核发机关印章、档案编号。

中华人民共和国机动车驾驶证式样如图1-12所示。

考取了驾驶证，并不表示可以驾驶所有的机动车，而是只准驾驶在驾驶证上签注的准驾车型和准予驾驶的其他车型。表1-5列出了驾驶证分类及准驾车型。

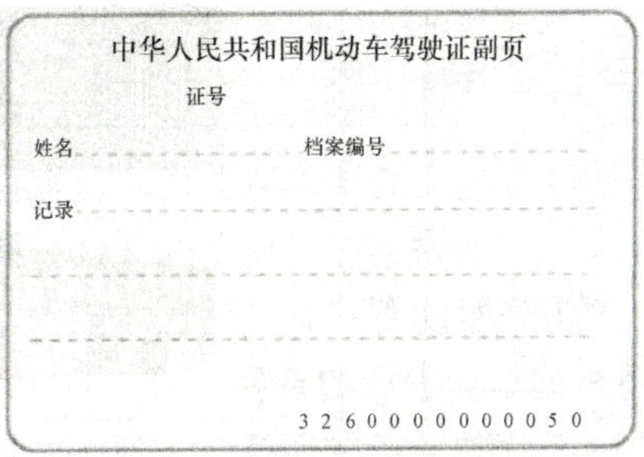

图 1-12 中华人民共和国机动车驾驶证式样

表 1-5 驾驶证分类及准驾车型

准驾车型	代号	准驾的车辆	准予驾驶的其他准驾车型
大型客车	A1	大型载客汽车	A3、B1、B2、C1、C2、C3、C4
牵引车	A2	重型、中型全挂、半挂汽车列车	B1、B2、C1、C2、C3、C4
城市公交车	A3	核载10人以上的城市公共汽车	C1、C2、C3、C4
中型客车	B1	中型载客汽车（含核载10人以上、19人以下的城市公共汽车）	C1、C2、C3、C4
大型货车	B2	重型、中型货车，大型、重型、中型专项作业车	
小型汽车	C1	小型、微型载客汽车以及轻型、微型货车、轻型、小型、微型专项作业车	C2、C3、C4
小型自动档汽车	C2	小型、微型自动档载客汽车以及轻型、微型自动档货车	
低速货车	C3	低速货车（原四轮农用运输车）	C4
三轮汽车	C4	三轮汽车（原三轮农用运输车）	
残疾人专用小型自动档载客汽车	C5	残疾人专用小型、微型自动档载客汽车（只允许右下肢或者双下肢残疾人驾驶）	
普通三轮摩托车	D	发动机排量大于50mL或者最大设计车速大于50km/h的三轮摩托车	E、F
普通二轮摩托车	E	发动机排量大于50mL或者最大设计车速大于50km/h的二轮摩托车	F
轻便摩托车	F	发动机排量小于或等于50mL	最大设计车速小于或等于50km/h的摩托车
轮式自行机械车	M	轮式自行机械车	
无轨电车	N	无轨电车	
有轨电车	P	有轨电车	

机动车驾驶人准予驾驶的车型依次为大型客车、牵引车、城市公交车、中型客车、大型货车、小型汽车、小型自动档汽车、低速货车、三轮汽车、残疾人专用小型自动档载客汽车、普通三轮摩托车、普通二轮摩托车、轻便摩托车、轮式自行机械车、无轨电车和有轨电车。

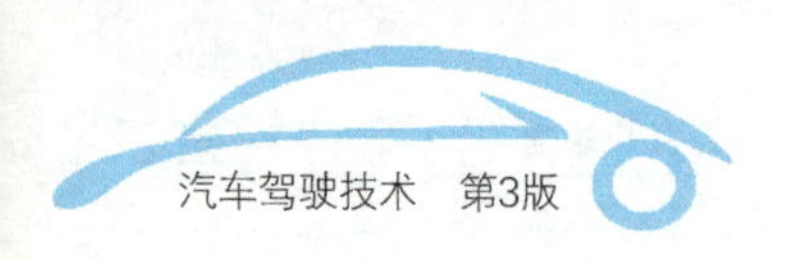

二、驾驶证申请

机动车驾驶证是交通管理机关代表国家按照交通法规的规定发给驾驶人的技术证件，是驾驶人在准驾范围内驾驶机动车的凭证，同时也供交通管理人员查验和记录有关事项之用。只有在申请到机动车驾驶证后，才能驾车上路行驶。

1. 申请机动车驾驶证的条件

申请机动车驾驶证者应当符合下列条件：

（1）年龄条件

1）申请小型汽车、小型自动档汽车、残疾人专用小型自动档载客汽车、轻便摩托车准驾车型的，在18周岁以上、70周岁以下。

2）申请低速载货汽车、三轮汽车、普通三轮摩托车、普通二轮摩托车或者轮式自行机械车准驾车型的，在18周岁以上，60周岁以下。

3）申请城市公交车、大型货车、无轨电车或者有轨电车准驾车型的，在20周岁以上，50周岁以下。

4）申请中型客车准驾车型的，在21周岁以上，50周岁以下。

5）申请牵引车准驾车型的，在24周岁以上，50周岁以下。

6）申请大型客车准驾车型的，在26周岁以上，50周岁以下。

7）接受全日制驾驶职业教育的学生，申请大型客车、牵引车准驾车型的，在20周岁以上，50周岁以下。

（2）身体条件

1）身高：申请大型客车、牵引车、城市公交车、大型货车、无轨电车准驾车型的，身高为155cm以上。申请中型客车准驾车型的，身高为150cm以上。

2）视力：申请大型客车、牵引车、城市公交车、中型客车、大型货车、无轨电车或者有轨电车准驾车型的，两眼裸视力或者矫正视力达到对数视力表5.0以上。申请其他准驾车型的，两眼裸视力或者矫正视力达到对数视力表4.9以上。单眼视力障碍，优眼裸视力或者矫正视力达到对数视力表5.0以上，且水平视野达到150°的，可以申请小型汽车、小型自动档汽车、低速载货汽车、三轮汽车、残疾人专用小型自动档载客汽车准驾车型的机动车驾驶证。

3）辨色力：无红绿色盲。

4）听力：两耳分别距音叉50cm能辨别声源方向。有听力障碍但佩戴助听设备能够达到以上条件的，可以申请小型汽车、小型自动档汽车准驾车型的机动车驾驶证。

5）上肢：双手拇指健全，每只手其他手指必须有三指健全，肢体和手指运动功能正常。但手指末节残缺或者左手有三指健全，且双手手掌完整的，可以申请小型汽车、小型自动档汽车、低速载货汽车、三轮汽车准驾车型的机动车驾驶证。

6）下肢：双下肢健全且运动功能正常，不等长度不得大于5cm。但左下肢缺失或者丧失运动功能的，可以申请小型自动档汽车准驾车型的机动车驾驶证。

7）躯干、颈部：无运动功能障碍。

8）右下肢、双下肢缺失或者丧失运动功能但能够自主坐立，且上肢符合本项第5）

条规定的，可以申请残疾人专用小型自动档载客汽车准驾车型的机动车驾驶证。一只手掌缺失，另一只手拇指健全，其他手指有两指健全，上肢和手指运动功能正常，且下肢符合本项第6）条规定的，可以申请残疾人专用小型自动档载客汽车准驾车型的机动车驾驶证。

2. 申请机动车驾驶证的限制

有下列情形之一的，不得申请机动车驾驶证：

1）有器质性心脏病、癫痫病、美尼尔氏症、眩晕症、癔病、震颤麻痹、精神病、痴呆以及影响肢体活动的神经系统疾病等妨碍安全驾驶疾病的。

2）3 年内有吸食、注射毒品行为或者解除强制隔离戒毒措施未满 3 年，或者长期服用依赖性精神药品成瘾尚未戒除的。

3）造成交通事故后逃逸构成犯罪的。

4）饮酒后或者醉酒驾驶机动车发生重大交通事故构成犯罪的。

5）醉酒驾驶机动车或者饮酒后驾驶营运机动车依法被吊销机动车驾驶证未满 5 年的。

6）醉酒驾驶营运机动车依法被吊销机动车驾驶证未满 10 年的。

7）因其他情形依法被吊销机动车驾驶证未满 2 年的。

8）驾驶许可依法被撤销未满 3 年的。

9）法律、行政法规规定的其他情形。

三、换证、补证

《机动车驾驶证申领和使用规定》中对驾驶证的换证和补证有如下规定：

1）机动车驾驶人在机动车驾驶证的 6 年有效期内，每个记分周期均未记满 12 分的，换发 10 年有效期的机动车驾驶证；在机动车驾驶证的 10 年有效期内，每个记分周期均未记满 12 分的，换发长期有效的机动车驾驶证。

2）机动车驾驶人户籍迁出原车辆管理所管辖区的，应当向迁入地车辆管理所申请换证。

3）年龄在 60 周岁以上的，不得驾驶大型客车、牵引车、城市公交车、中型客车、大型货车、无轨电车和有轨电车；持有大型客车、牵引车、城市公交车、中型客车、大型货车驾驶证的应当到机动车驾驶证核发地或者核发地以外的车辆管理所换领准驾车型为小型汽车或者小型自动档汽车的机动车驾驶证。

4）年龄在 70 周岁以上的，不得驾驶低速载货汽车、三轮汽车、普通三轮摩托车、普通二轮摩托车和轮式自行机械车；持有普通三轮摩托车、普通二轮摩托车驾驶证的，应当到机动车驾驶证核发地或者核发地以外的车辆管理所换领准驾车型为轻便摩托车的机动车驾驶证。

5）在车辆管理所管辖区域内，机动车驾驶证记载的机动车驾驶人信息发生变化的和机动车驾驶证损毁无法辨认的，机动车驾驶人应当在 30 日内到机动车驾驶证核发地或者核发地以外的车辆管理所申请换证。

6）机动车驾驶人身体条件发生变化，不符合所持机动车驾驶证准驾车型的条件，但

符合准予驾驶的其他准驾车型条件的，应当在30日内到机动车驾驶证核发地或者核发地以外的车辆管理所申请降低准驾车型。

7）机动车驾驶证遗失的，机动车驾驶人应当向机动车驾驶证核发地或者核发地以外的车辆管理所申请补发。

8）机动车驾驶人补领机动车驾驶证后，原机动车驾驶证作废，不得继续使用。

9）机动车驾驶证被依法扣押、扣留或者暂扣期间，机动车驾驶人不得申请补发。

10）申请时应当填写申请表，提交机动车驾驶人的身份证明和机动车驾驶证，并申报身体条件情况。

四、机动车驾驶人管理

对机动车驾驶人有以下管理规定：

1）道路交通安全违法行为累积记分周期（即记分周期）为12个月，满分为12分，从机动车驾驶证初次领取之日起计算。机动车驾驶人在1个记分周期内记分未达到12分，所处罚款已经缴纳的，记分予以清除；记分虽未达到12分，但尚有罚款未缴纳的，记分转入下一记分周期；

2）机动车驾驶人在1个记分周期内累积记分达到12分的，公安机关交通管理部门应当扣留其机动车驾驶证；机动车驾驶人应当在15日内到机动车驾驶证核发地或者违法行为地公安机关交通管理部门参加为期7日的道路交通安全法律、法规和相关知识学习。机动车驾驶人参加学习后，车辆管理所应当在20日内对其进行道路交通安全法律、法规和相关知识考试。考试合格的，记分予以清除，发还机动车驾驶证。

3）持有大型客车、牵引车、城市公交车、中型客车、大型货车驾驶证的驾驶人，应当在每个记分周期结束后30日内到公安机关交通管理部门接受审验。

4）年龄在70周岁以上的机动车驾驶人，应当每年进行1次身体检查，在记分周期结束后30日内，提交县级或者部队团级以上医疗机构出具的有关身体条件的证明；持有残疾人专用小型自动档载客汽车驾驶证的机动车驾驶人，应当每3年进行1次身体检查，在记分周期结束后30日内，提交经省级卫生主管部门指定的专门医疗机构出具的有关身体条件的证明。

5）驾驶人在实习期内驾驶机动车上高速公路行驶，应当由持相应或者更高准驾车型驾驶证3年以上的驾驶人陪同。其中，驾驶残疾人专用小型自动档载客汽车的，可以由持有小型自动档载客汽车以上准驾车型驾驶证的驾驶人陪同。

6）持有准驾车型为残疾人专用小型自动档载客汽车的机动车驾驶人驾驶机动车时，应当按规定在车身设置残疾人机动车专用标志。有听力障碍的机动车驾驶人驾驶机动车时，应当佩戴助听设备。

7）应当注销机动车驾驶证的情形：①死亡的；②提出注销申请的；③丧失民事行为能力，监护人提出注销申请的；④身体条件不适合驾驶机动车的；⑤有器质性心脏病、癫痫病、美尼尔氏症、眩晕症、癔病、震颤麻痹、精神病、痴呆以及影响肢体活动的神经系统疾病等妨碍安全驾驶疾病的；⑥被查获有吸食、注射毒品后驾驶机动车行为，正在执行社区戒毒、强制隔离戒毒、社区康复措施，或者长期服用依赖性精神药品成瘾尚未戒除

的；⑦超过机动车驾驶证有效期1年以上未换证的；⑧年龄在70周岁以上，在1个记分周期结束后1年内未提交身体条件证明的；⑨或者持有残疾人专用小型自动档载客汽车准驾车型，在3个记分周期结束后1年内未提交身体条件证明的；⑩年龄在60周岁以上，所持机动车驾驶证只具有无轨电车或者有轨电车准驾车型，或者年龄在70周岁以上，所持机动车驾驶证只具有低速载货汽车、三轮汽车、轮式自行机械车准驾车型的；⑪机动车驾驶证依法被吊销或者驾驶许可依法被撤销的。

第五节　汽车保险

汽车保险，即机动车辆保险，简称车险，是指对机动车辆由于自然灾害或意外事故所造成的人身伤亡或财产损失负赔偿责任的一种商业保险。

汽车在给人们的生产、生活带来极大方便的同时，引发的交通事故数量也令人触目惊心。为了减少由此带来的损失，购买汽车保险几乎成为每个车主的必然选择。它不仅最大限度地减少了每一个投保车主自身的损失，同时也为交通事故中“第三者”的人身财产权利提供了有力的保障。

一、车险分类

1. 车险的种类

目前，汽车保险在我国主要分为两大类：交通事故强制保险（交强险）和商业险。交通事故强制保险为国家强制保险。商业险包括基本险和附加险。

附加险需要在投保相应基本险的基础上才能投保。车险的种类见表1-6。

表1-6　车险的种类

名称	分类1	分类2	分类3
保险	交通事故强制保险		
	商业险	基本险	车辆损失保险
			第三者责任保险
			全车盗抢险
			车上人员责任险
		附加险	玻璃单独破碎险
			自燃损失险
			车身划痕损失险
			发动机涉水损失险
			修理期间费用补偿险
			新增加设备损失险
			车上货物责任险
			精神损害抚慰金责任险
			机动车损失保险无法找到第三方特约险
			指定修理厂险
			不计免赔特约险

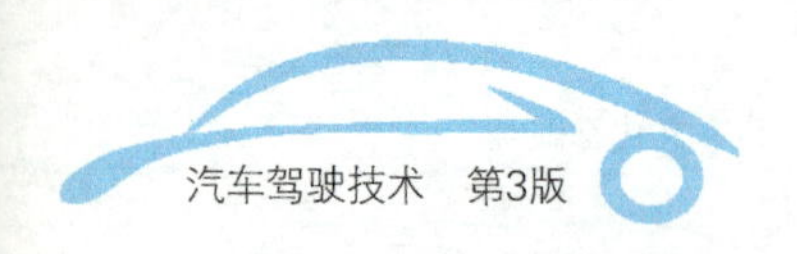

2. 交通事故强制保险

交通事故强制保险是由保险公司对被保险机动车发生道路交通事故造成受害人（不包括本车人员和被保险人）的人身伤亡、财产损失，在责任限额内予以赔偿的强制性责任保险。实行交通事故强制保险制度是通过国家法规强制机动车所有人或管理人购买相应的责任保险，以提高第三者责任保险的投保面，在最大程度上为交通事故受害人提供及时和基本的保障。

交通事故强制保险负有许多社会管理职能。建立机动车交通事故责任强制保险制度不仅有利于道路交通事故受害人获得及时有效的经济保障和医疗救治，而且有助于减轻交通事故肇事方的经济负担。

交通事故强制保险还具有一般责任保险所没有的强制性。只要是在我国境内道路上行驶的机动车的所有人或者管理人都应当投保交通事故强制保险，未投保的机动车不得上路行驶。这种强制性不仅体现在强制投保上，也体现在强制承保上，具有经营机动车交通事故责任强制保险资格的保险公司不得拒绝承保，也不能随意解除合同。而商业第三者责任险属于民事合同，机动车主或者是管理人拥有是否选择购买的权利，保险公司也享有拒绝承保的权利。

二、保险的手续办理

凡是全民所有制或集体所有制企业、国家机关、事业单位、人民团体及个人或联户，均可将其所有或与他人共有，或由其负责的车辆，向保险公司投保。参加保险的车辆必须牌证齐全，经车辆管理部门检验合格。

个人办理投保手续时，应将车开至保险公司指定的检验地点，并提供投保人的身份证、被保险人的身份证、投保车辆的行驶证以及投保车辆的其他相关证件。若属从事个体营运的车辆，还应携带营业执照等证件，到当地保险分公司业务科找有关人员办理投保手续。经保险公司工作人员验明证件认为可以投保时，再填写车辆保险单。保险公司检查投保单填写无误后，将视情况对投保车辆进行必要的检查，确认符合投保条件后，将确定起保时间并核收保险费。起保时间由投保人决定，若投保人要求立即开始，保险公司将注明收投保单的时间，写清年、月、日、时直至分。然后由保险公司和投保人分别盖章签字。至此，保险即开始生效。有效期直到约定满日的 24 时止。

保险有效期以一年为限，可以少于一年，不能超过一年，期满可以续保，并重新办理手续。

集体单位投保，除带必要证件外，尚需开列出投保车辆的型号、牌照号和行驶证号码等。保险公司将视情况办理手续或派员到投保单位办理手续。

三、保险的索赔程序

1）当被保险车辆发生事故时（后），应立即通知保险人（俗称“报案”），将事故的基本情况报给保险人，如灾害事故的发生时间、地点、可能的原因、施救情况和损失概况等。报案可以用电话、传真、电报和派员等方式进行。无论用什么方式报案，最后保户均

需填写由保险公司印制的出险通知书和损失清单。

2）协助保险人进行现场查勘或进行调查，查明事故的原因和损失情况，接受保险公司理赔业务人员的询问，提供查勘的方便。

3）提供保险单、事故的证明、事故责任认定书、事故调解书、判决书、损失清单和有关费用单据，并要在保险车辆修复或交通事故结案之日起的三个月内提交，不提交这些必要单证，保险公司就认为被保险人自愿放弃权益。

思　考　题

1. 世界上第一个发明汽车的人是谁？
2. 我国的汽车发展经历了哪几个阶段？
3. 新国家标准将汽车分为哪几类？
4. 汽车的六大性能分别指的是哪些性能？每种性能各用哪些指标度量？
5. 购车之前应做哪些准备？
6. 驾驶证分类代号有哪些？各对应什么样的准驾车型？
7. 汽车保险分为哪几类？

第二章

汽车构造基础知识

汽车是一个由上万个零件组成的结构较复杂的交通工具。随着传统造车工艺水平的提高，汽车的总体结构发生了较大的改变，如悬架类型的改进、轮胎结构的改良以及车内电子电气设备的升级等。但总体而言，传统内燃机汽车的基本构造均由发动机、底盘、车身和电子电气设备组成。图 2-1 所示为传统燃油汽车的结构示意图。

近些年，为了解决燃油（汽油、柴油）汽车普及所带来的一系列环境问题，从 2014 年至今，国家相关部门先后出台多项政策支持电动汽车及配套充电设施的发展。与传统内燃机汽车相比，纯电动汽车取消了发动机而增加了电力驱动控制系统。

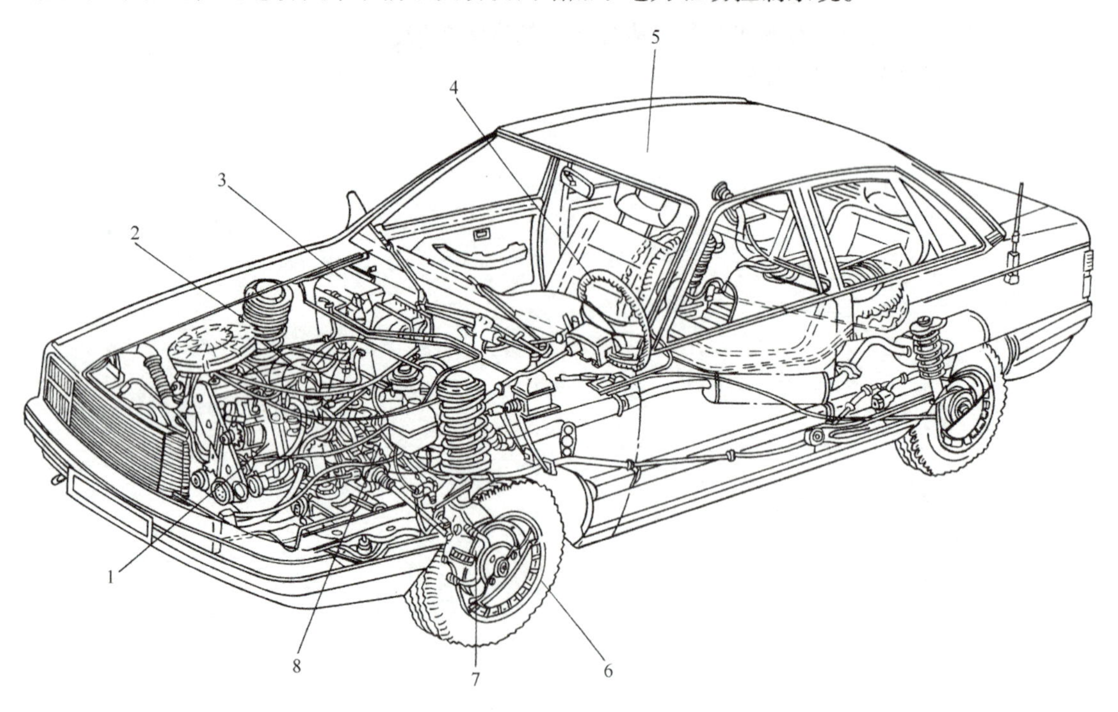

图 2-1　传统燃油汽车的结构示意图

1—发动机　2—悬架　3—空调装置　4—转向盘　5—车身　6—转向驱动轮　7—制动器　8—变速器

1. 发动机

发动机是汽车的动力装置，其作用是将所供入的燃料燃烧，使热能转变为机械能而发出动力，并通过汽车的传动系统驱动汽车行驶。

2. 底盘

底盘是汽车的承载部分，并承受发动机发出的动力，保证汽车正常行驶。底盘由传动

系统、行驶系统、转向系统和制动系统组成。

3. 车身

车身用以安置驾驶人、乘客的乘坐，或者装载货物。一般客车和轿车车身为一整体，内部有座位。货车车身包括车头、驾驶室和货箱三部分。

4. 电气设备

电气设备包括电源系统、发动机起动装置、汽车的照明、信号及仪表等装置，汽油机还包括点火系统。

第一节　汽车发动机

发动机是汽车的动力源，它将输入的燃料燃烧产生热能，热能再转变为机械能而发出动力。

汽油机由两大机构和五大系统组成，即由曲柄连杆机构、配气机构、燃料供给系统、润滑系统、冷却系统、点火系统和起动系统组成。

柴油机的组成与汽油机基本相同，但是由于柴油机混合气是压燃的，所以不需要点火系统。

一、发动机的分类及构造

（一）发动机的分类

汽车发动机主要采用往复活塞式内燃机，它利用燃料在气缸内燃烧产生的热能转换为机械能，驱动汽车行驶。发动机可按不同方式分类。

1）按工作循环分为四冲程发动机和二冲程发动机。

2）按使用燃料分为汽油机和柴油机。

3）按冷却方式分为水冷式发动机和风冷式发动机。汽车上普遍采用的是水冷式发动机，风冷式发动机在摩托车上用得比较多。

（二）发动机的总体构造

汽车发动机从总体构造上看，都是由机体组、曲柄连杆机构、配气机构、进排气系统、燃油系统、冷却系统、润滑系统、起动系统和有害排放物控制装置等组成的。如果是汽油机，还包括点火系统。若为增压发动机，则还应有增压系统。图2-2所示为一般发动机的总体构造。

二、曲柄连杆机构

曲柄连杆机构由机体组、活塞连杆组和曲轴飞轮组等组成。机体组包括气缸体、气缸套、气缸盖和气缸垫等零件。活塞连杆组包括活塞、活塞环、活塞销、连杆、连杆轴瓦及连杆螺栓等零件。曲轴飞轮组包括曲轴、飞轮和主轴承等零件。

曲柄连杆机构的功用是：在工作行程中，曲柄连杆机构在高温高压气体的推动下，将活塞所做的直线运动转变为曲轴、飞轮的旋转运动，即把燃油燃烧所产生的热能转变为曲

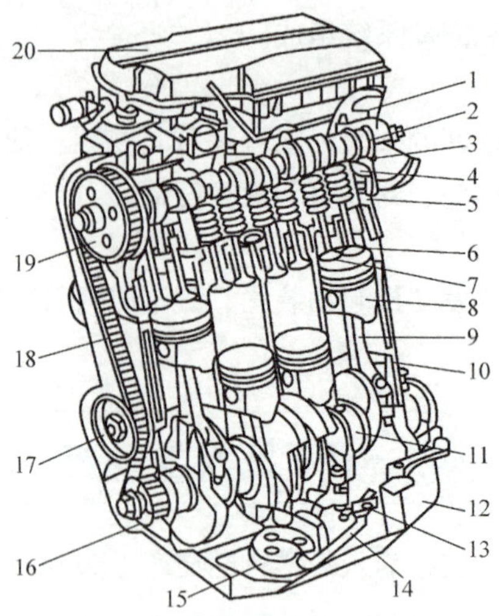

图 2-2　一般发动机的总体构造

1—气缸盖罩　2—凸轮轴　3—气缸盖　4—摇臂　5—气门间隙自动调节器　6—进气门　7—排气门　8—活塞　9—连杆　10—机体　11—曲轴　12—油底壳　13—机油泵　14—机油管　15—集滤器　16—曲轴同步带轮　17—张紧轮　18—正时同步带轮　19—凸轮轴同步带轮　20—空气滤清器

轴、飞轮旋转的机械能；进气行程时，活塞向下止点移动吸入新鲜空气；压缩行程结束时，曲柄连杆机构中的活塞、活塞环与缸体和缸盖组成燃烧室空间，使空气升压升温，提供燃油与空气混合燃烧的条件；排气行程时，活塞向上止点移动，将气缸内燃烧后的废气排入大气。在进气行程、压缩行程及排气行程时，曲柄连杆机构将曲轴和飞轮的惯性旋转运动转变为活塞的往复直线运动，以实现发动机的工作循环。曲柄连杆机构的结构如图 2-3所示。

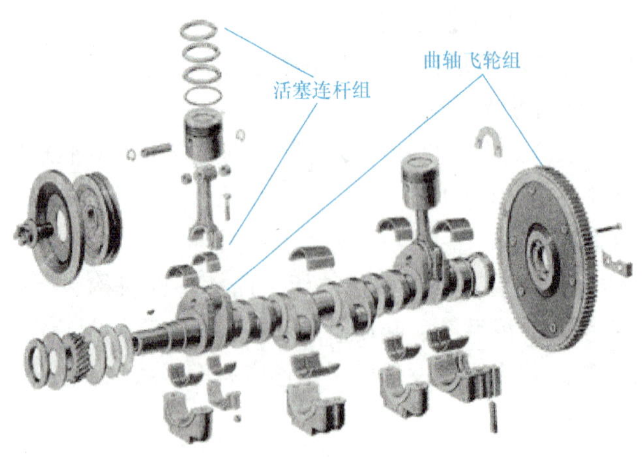

图 2-3　曲柄连杆机构的结构

三、配气机构

配气机构是进、排气管道的控制机构，它按照气缸的工作顺序和工作过程的要求，准时地开闭进、排气门，向气缸供给可燃混合气（汽油机）或新鲜空气（柴油机）并及时排出废气。另外，当进、排气门关闭时，保证气缸密封。

配气机构主要由气门组和气门传动组两部分组成。

(1) 气门组　气门组包括气门、气门座、气门导管、气门弹簧、弹簧座及锁片等。

(2) 气门传动组　气门传动组包括正时齿轮、凸轮轴、挺柱、推杆、调整螺钉、摇臂和摇臂轴等。

配气机构按气门的位置不同，可分为顶置式气门和侧置式气门两大类。图 2-4 所示为顶置式气门配气机构。

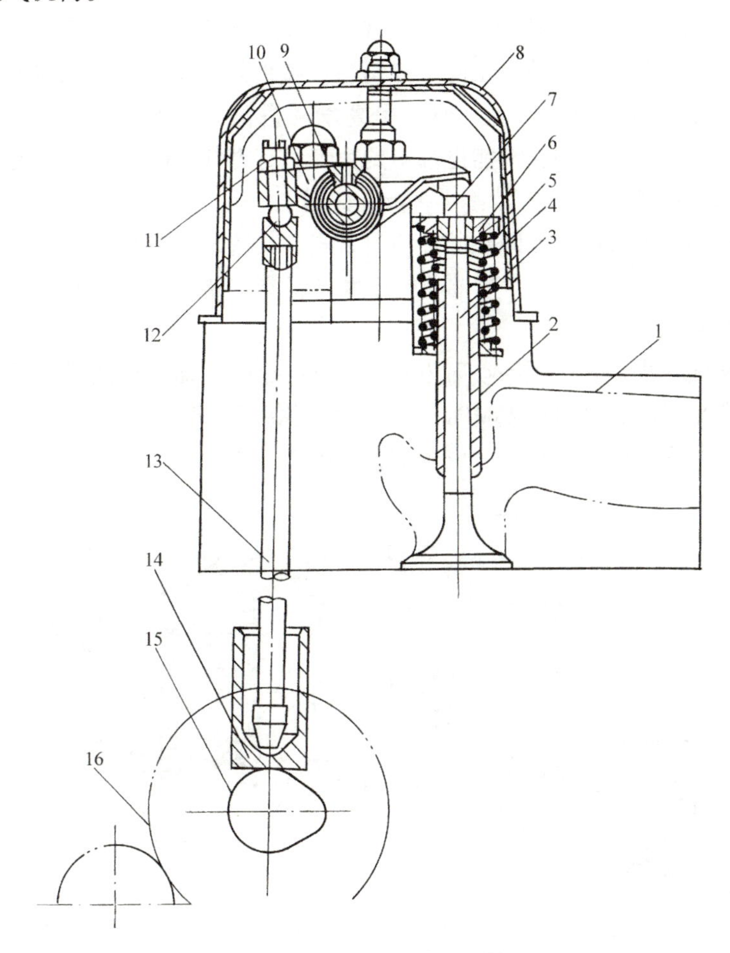

图 2-4　顶置式气门配气机构

1—气缸盖　2—气门导管　3—气门　4—气门主弹簧　5—气门副弹簧　6—气门弹簧座　7—锁片　8—气门室罩　9—摇臂轴　10—摇臂　11—锁紧螺母　12—调整螺钉　13—推杆　14—挺柱　15—凸轮轴　16—正时齿轮

四、燃料系统

1. 燃料系统的作用

汽油机燃料供给系统的功用是根据发动机燃烧的要求，配制出一定数量和浓度的混合气，供入气缸，并将燃烧后的废气从气缸内排出到大气中；柴油机燃料供给系统的功用是把柴油和空气分别供入气缸，在燃烧室内形成混合气并燃烧，最后将燃烧后的废气排出。

2. 燃料系统的组成

燃料系统主要包括以下部分：

（1）燃油供给装置　燃油供给装置包括汽油油箱、汽油泵、汽油滤清器和油管。

（2）空气供给装置　空气供给装置包括空气滤清器、进气管。

（3）可燃混合气形成装置　可燃混合气形成装置包括化油器式混合气形成装置、燃油喷射式混合气形成装置。

（4）废气排出装置　废气排出装置包括排气管道、排气消声器和三元催化转化器。

目前，大多数汽车上使用的都是电子控制燃油喷射发动机（电控发动机），电控发动机与传统的化油器供油发动机相比一般可提高发动机输出功率约5%，节省燃油5%～20%。发动机的起动性能和加速性能也都得到完善，有害气体的排放量得到有效抑制。电控发动机按喷油器数量有“单点”和“多点”之分。

单点电控燃油系统采用单点间歇脉冲喷射方式，其特征是多缸发动机只安装一个喷油器，燃油喷射压力低（0.1MPa），喷油器位于发动机空气进气道节气门上方的进气管中，结构简单，成本低。

多点电控燃油系统是采用顺序喷射方式，每缸一个喷油器，喷油器位于发动机各缸进气歧管处，燃油喷射压力高（0.25MPa），进一步提高了发动机的动力性、经济性，能够达到更高的排放标准，但结构复杂，成本高，如图2-5所示。

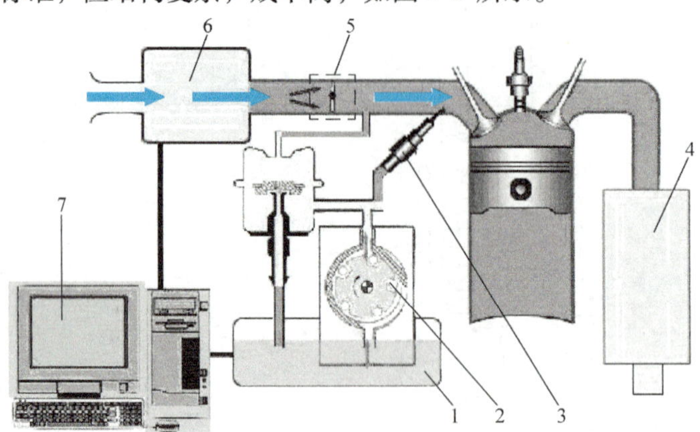

图2-5　燃油系统

1—汽油箱　2—汽油泵　3—喷油器　4—消声器　5—节气门体　6—空气流量计　7—控制装置

五、润滑系统

1. 润滑系统的作用

润滑系统的作用是将清洁的、压力和温度适宜的发动机机油不断地供给到各运动件的摩擦表面，使发动机机油起到润滑、冷却、清洗、密封、减振和防锈蚀的作用。

2. 润滑系统的主要部件

润滑系统通常由润滑油道、机油泵、机油滤清器和一些阀门等组成。发动机机油经机油泵加压后，通过润滑油道送往发动机各部润滑。油压表指示机油压力，发动机润滑正常

应有一定压力。图2-6所示为发动机的润滑系统。

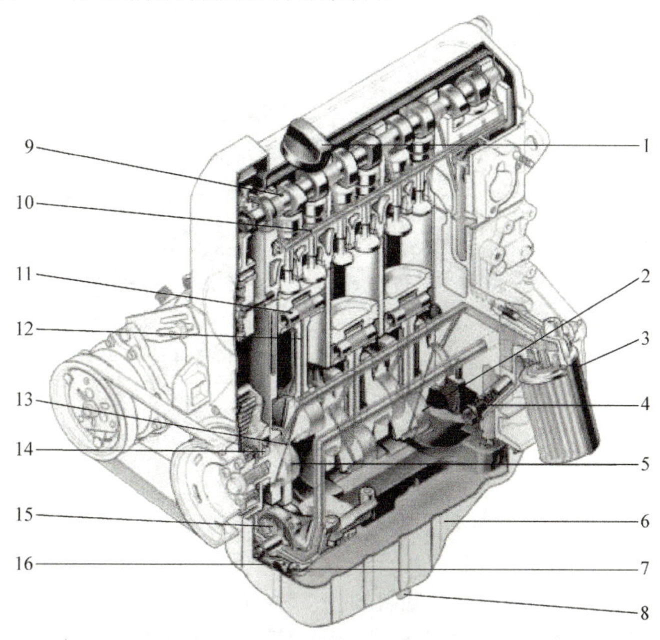

图2-6　发动机的润滑系统

1—加机油口盖　2—曲柄销轴颈　3—机油滤清器　4—机油压力调节阀　5—曲轴主轴颈　6—油底壳　7—机油泵传动链条　8—油底壳放油螺栓　9—凸轮轴轴颈　10—气缸盖主油道　11—活塞销　12—连杆油道　13—曲轴油道　14—曲轴链轮　15—机油泵　16—机油泵链轮

六、冷却系统

冷却系统的作用是对发动机进行适当冷却，保证发动机在最适宜的温度状态下工作。通常以气缸盖冷却液温度处在80～90℃时为宜。冷却液温度过高或过低都会造成发动机动力下降、油耗增大和使用寿命缩短。

发动机冷却方式有水冷却和风冷却两种。一般汽车上使用的是水冷发动机。

水冷却系统是以冷却液作为冷却介质，把发动机受热零件吸收的热量散发到大气中。目前汽车发动机上采用的大都是强制循环式水冷系统，利用水泵强制冷却液在冷却系统中进行循环流动。它由散热器、水泵、风扇、冷却水套和温度调节装置等组成，如图2-7所示。

七、点火系统

点火系统的作用就是适时点燃气缸内的混合气。最常用的方法就是利用电火花。

汽油机的燃烧室中都装有火花塞。火花塞有一个中心电极和一个侧电极，两电极之间是绝缘的。当在火花塞两电极间加上直流电压并且电压升高到一定值时，火花塞两电极之间的间隙就会被击穿而产生电火花，从而点燃混合气。能在火花塞两电极间产生电火花所需要的最低电压称为击穿电压，能在火花塞两电极间产生电火花的全部设备称为发动机点火系统，如图2-8所示。

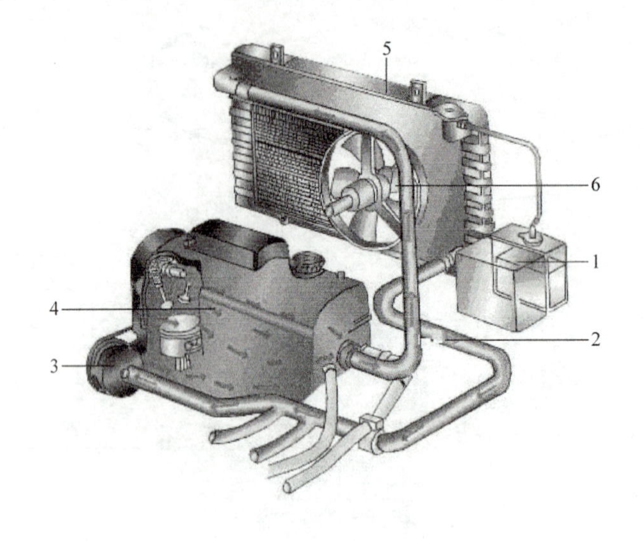

图2-7　强制循环水冷系统示意图

1—储水箱　2—水管　3—水泵　4—冷却液　5—散热器　6—风扇

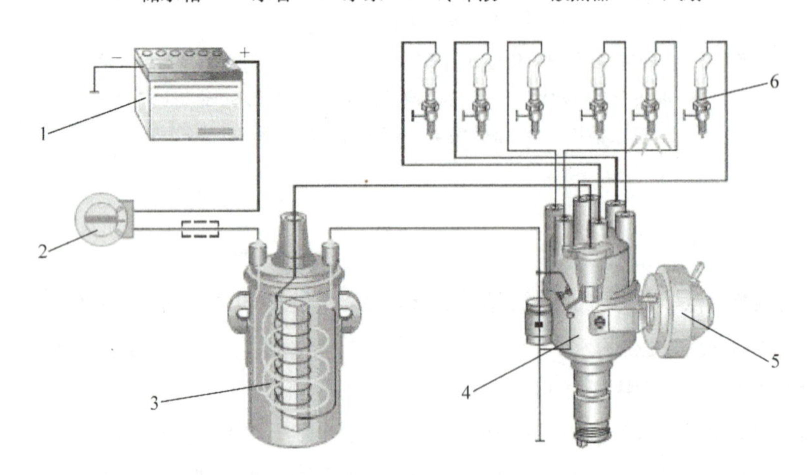

图2-8　发动机点火系统

1—蓄电池　2—点火开关　3—点火线圈　4—分电器　5—点火提前调节装置　6—火花塞

汽油机上常用的点火系统有磁电机点火系统和半导体点火系统。

(1) 磁电机点火系统　磁电机点火系统由磁电机自己产生低压电流，不需要另设低压电源，且其点火线圈、断电器和配电器组合成一个整体，实现点火功能。其起动性能和发动机低转速时点火性能不好，故只适合于中高速发动机（如竞赛汽车）或某些没装蓄电池的摩托车、拖拉机的发动机使用。

(2) 半导体点火系统　半导体点火系统也称为晶体管点火系统或电子点火系统（含微机控制点火系统）。它是一种新型的点火系统，其电源虽然也是蓄电池，但初级电流的控制是由晶体管来完成的。

八、起动系统

1. 起动系统的作用

要使发动机由静止状态过渡到工作状态，必须先用外力转动发动机的曲轴，使活塞做往复运动，完成吸气行程、压缩行程，然后点燃气缸内的可燃混合气燃烧膨胀做功，推动活塞向下运动使曲轴旋转，发动机才能自行运转，工作循环才能自动进行。

曲轴在外力作用下开始转动到发动机开始自动地怠速运转的全过程，称为发动机的起动。完成起动过程所需的装置，称为发动机的起动系统。

起动发动机时，必须克服气缸内被压缩气体的阻力和发动机本身及其附件内相对运动零件之间的摩擦力。起动汽车发动机常用的有电动机起动和手摇起动两种。

手摇起动是将起动手摇柄端头的横销嵌入发动机曲轴前端的起动爪内，以人力转动曲轴。

电动机起动是用电动机作为机械动力，当将电动机轴上的齿轮与发动机飞轮的齿圈啮合时，动力就传到飞轮和曲轴，使之旋转。目前绝大多数车用发动机都采用电动机起动。

2. 起动机

目前汽车发动机普遍采用串励直流电动机（其励磁绕组与电枢绕组串联）作为起动机。因为这种电动机在低转速时转矩很大，随着转速的升高，其转矩逐渐减小，这一特性非常适合发动机起动要求。

起动机主要由电动机、操纵机构和离合机构三部分组成。

（1）电动机　电动机的作用是将蓄电池的电能转变为机械能，带动曲轴旋转使发动机起动。

（2）操纵机构　操纵机构又称为起动开关，其作用是接通或切断电动机与蓄电池之间的电路。

发动机起动后，放松起动按钮，保持线圈的电流经吸拉线圈构成回路。此时两线圈产生的电磁力方向相反而相互抵消，于是活动铁心在回位弹簧的作用下迅速回位，驱动齿轮退出啮合。接触盘回位后，切断了起动电路，起动机停止运转。

（3）离合机构　离合机构也称为啮合器或传动机构，其作用是将起动机齿轮与飞轮齿圈啮合，带动曲轴转动，起动发动机；起动后，及时使起动机齿轮与飞轮齿圈分离，使飞轮不反过来驱动起动机，避免了起动机损坏。

第二节　汽车底盘

底盘是汽车的基础，是各总成的安装基体。它将整车连成一个整体，并接收发动机发出的动力，使汽车产生运动并保证汽车能正常行驶。

底盘由传动系统、行驶系统、转向系统和制动系统四部分组成。

一、传动系统

汽车传动系统的基本功用是将发动机发出的动力传给驱动轮。发动机发出的动力依次经过离合器、变速器、万向传动装置、主减速器、差速器和半轴传给驱动轮。目前汽车上广泛应用机械式传动系统和液力机械式传动系统，图 2-9 所示为机械式传动系统。

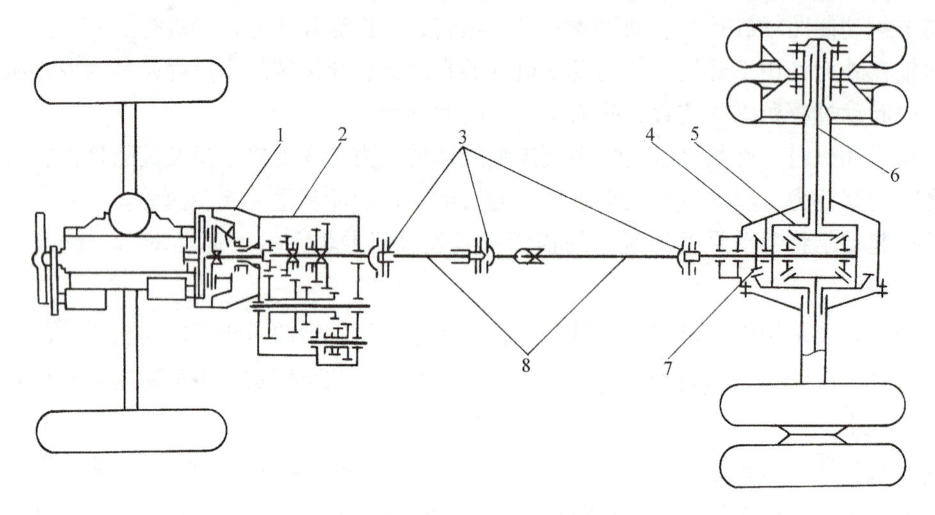

图 2-9　机械式传动系统

1—离合器　2—变速器　3—万向节　4—驱动桥　5—差速器　6—半轴　7—主减速器　8—传动轴

1. 汽车传动系统的组成和布置形式

汽车传动系统的组成和布置形式是随发动机的类型、安装位置，以及汽车用途的不同而变化的。传动系统一般由离合器、变速器、万向传动装置、主减速器、差速器和半轴等组成。机械式传动系统常见布置形式主要与发动机的位置及汽车的驱动形式有关，可分为：

（1）前置后驱（FR）（发动机前置、后轮驱动）　前置后驱是一种传统的布置形式。国内外的大多数货车、部分轿车和部分客车都采用这种形式。

（2）后置后驱（RR）（发动机后置、后轮驱动）　在大型客车上多采用后置后驱形式，少量微型、轻型轿车也采用这种形式。发动机后置，使前轴不易过载，并能更充分地利用车厢面积，还可有效地降低车身地板的高度或充分利用汽车中部地板下的空间安置行李，也有利于减轻发动机的高温和噪声对驾驶人的影响。其缺点是发动机散热条件差，行驶中的某些故障不易被驾驶人察觉。

（3）前置前驱（FF）（发动机前置、前轮驱动）　前置前驱形式操纵机构简单、发动机散热条件好。但上坡时汽车质量后移，使前驱动轮的附着质量减小，驱动轮易打滑；下坡制动时则由于汽车质量前移，前轮负荷过重，高速时易发生翻车现象。

（4）前置全驱　越野汽车一般为全轮驱动，发动机前置，在变速器后装有分动器将动力传递到全部车轮上。目前，轻型越野汽车普遍采用 4 ×4 驱动形式，中型越野汽车采用4 ×4或 6 ×6 驱动形式，重型越野汽车一般采用 6 ×6 或 8 ×8 驱动形式。

2. 离合器与变速器

（1）离合器　离合器位于发动机与变速器之间的飞轮壳内，通过螺钉固定在飞轮后平面上，离合器的输出轴即是变速器的输入轴。在汽车从起步到行驶停车的整个过程中，驾驶人可根据需要踩下和松开离合器踏板，使发动机与变速器之间的动力传递能暂时分离和逐渐接合。

离合器的功用是使汽车平稳起步，便于变速器换档，防止传动系统过载。

（2）机械变速器的基本组成和原理　机械变速器主要是用来实现变速变矩，改变传动比，扩大驱动轮转矩和转速的变化范围，适应经常变化的行驶条件，并使发动机在功率较高而耗油率较低的工况下工作；其次是实现倒档，发动机旋转方向不变，通过改变传动方向而使汽车能倒向行驶；再就是实现汽车空档，中断动力传递，以使发动机能够起动、怠速，并便于换档或进行动力输出。

汽车上广泛采用齿轮传动的变速器，也有一些高级轿车为了驾驶操作简便，而采用液力传动的无级变速器。齿轮传动变速器由变速传动机构和变速操纵机构两部分组成。变速操纵机构就是平时所说的变速杆。变速传动机构主要由齿轮、轴及变速器壳体等零部件组成。汽车变速器一般就是利用若干对齿数不同的齿轮啮合传动来实现变速、变矩和改变旋转方向的。传动时，发动机输出的动力经离合器传至输入轴，输入轴上的齿轮与输出轴上的齿轮啮合，形成不同档位，将动力输入到差速器、半轴，最后传至车轮。图2-10所示为离合器与齿轮变速器。

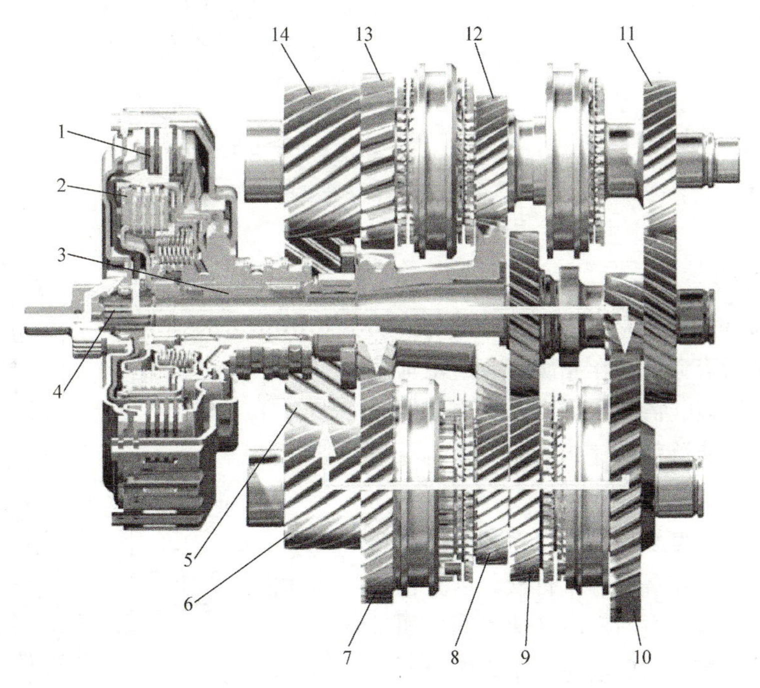

图2-10　离合器与齿轮变速器

1—离合器1　2—离合器2　3—离合器3　4—输入轴1　5—分动器　6、14—动力输出　7—2档　8—4档　9—3档　10—1档　11—5档　12—6档　13—倒档

(3) 自动变速器 自动变速器即自动操纵式变速器，能够根据汽车行驶速度和发动机负荷自动改变传动系统传动比，使汽车获得良好的动力性和经济性，减少排气污染。

目前，主流的自动变速器有AT手自一体自动变速器、CVT无级变速器和双离合自动变速器三种：

1）AT手自一体自动变速器。AT手自一体自动变速器是当今市面上应用最广、普及率最高的变速器，其成熟的机械结构也被诸多厂家继承开发并发扬光大。AT手自一体自动变速器性能稳定，能够承受的转矩也很高，宝马和丰田的大部分车型使用了此类变速器。

2）CVT无级变速器。CVT无级变速器整体构造简单、体积小，生产成本较低，并且CVT无级变速器的燃油经济性较好，代表性的车型是卡罗拉。

3）双离合自动变速器。相比常规自动变速器，刚性连接的双离合自动变速器动力传送更好，换档更快，大众的DSG双离合自动变速器是其中的典型代表。

3. 万向传动装置

万向传动装置的作用是连接不在同一直线上的变速器输出轴和主减速器输入轴，并保证在两轴之间的夹角和距离经常变化的情况下仍能可靠地传递动力。它主要由万向节、传动轴和中间支承组成。图2-11所示为万向传动装置的位置。

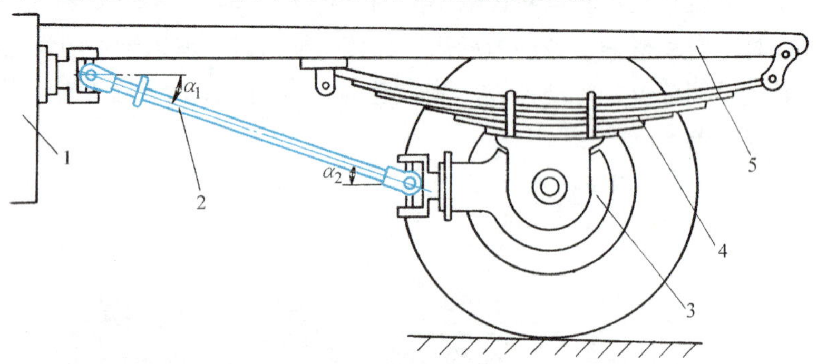

图2-11 万向传动装置的位置

1—变速器 2—万向传动装置 3—驱动桥 4—后悬架 5—车架

4. 主减速器

主减速器如图2-12所示，因为万向传动是沿着汽车车身方向，而车轮旋转方向是垂直于汽车车身，所以，需要利用锥齿轮改变传动方向，同时进一步降低转速、增大转矩。

5. 差速器

由于轮胎气压差别、制造误差和磨损不均匀，在凹凸不平道路等条件下行驶，以及转弯等情况，会造成汽车左右车轮转速不同。如果用一根刚性轴连接左右驱动轮，则必然会产生轮胎边滚动边滑动的不良后果。为此，汽车驱动桥上均有差速器。

差速器的功用就是使左右车轮可以不同的

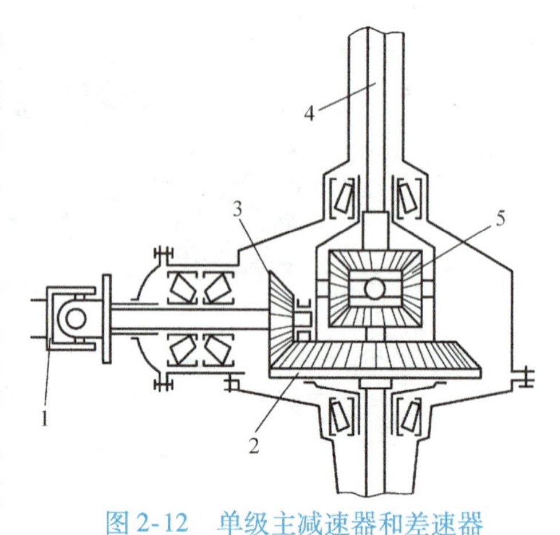

图2-12 单级主减速器和差速器

1—传动轴 2—从动锥齿轮 3—主动锥齿轮 4—半轴 5—差速器壳

车速进行纯滚动或直线行驶，同时将主减速器传来的转矩平均分给两半轴，使两侧的车轮驱动力相等，如图 2-13 所示。

汽车上广泛采用锥形行星齿轮式差速器，主要由行星齿轮、行星齿轮轴（十字轴）、半轴齿轮和差速器壳等组成，如图 2-14 所示。

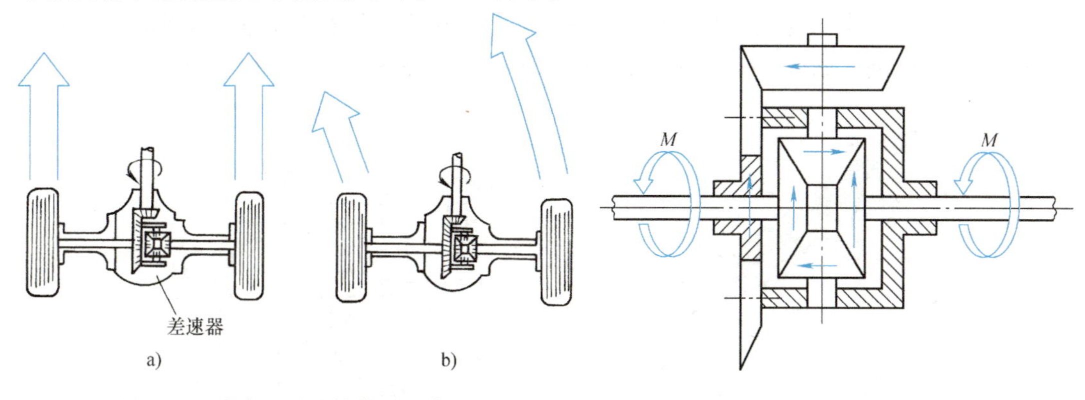

图 2-13　汽车差速器的作用示意图

a）直线行驶　b）转弯

图 2-14　机械式差速器

二、转向系统

转向系统的作用是通过驾驶人的操作，根据需要改变汽车行驶的方向，保证汽车安全稳定行驶。

转向系统可按转向动力源的不同分为机械转向系统和动力转向系统两大类。

1. 机械转向系统的组成

机械转向系统以驾驶人的体力作为转向动力源，其中所有传力件都是机械的。它由转向操纵机构、转向器和转向传动机构三大部分组成，其一般布置情况如图 2-15 所示。

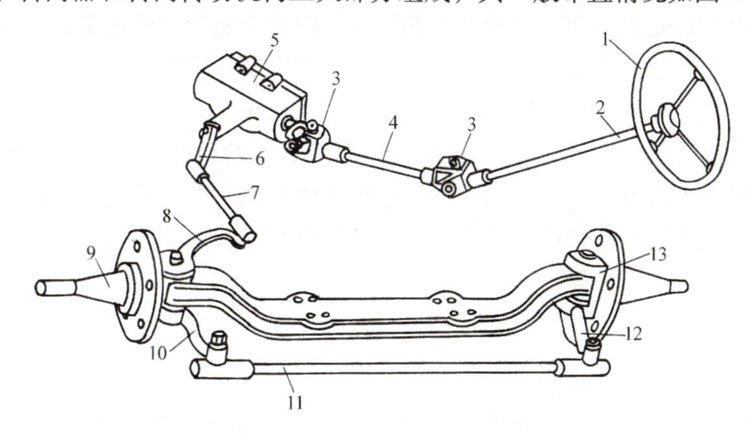

图 2-15　机械转向系统示意图

1—转向盘　2—转向轴　3—万向节　4—转向传动轴　5—转向器　6—转向摇臂　7—转向直拉杆　8—转向节臂　9—左转向节　10、12—梯形臂　11—转向横拉杆　13—右转向节

转向盘由轮缘、轮辐和轮毂组成。转向盘轮毂的细牙内花键与转向轴连接，转向盘上都装有喇叭按钮，有些轿车的转向盘上还装有车速控制开关和安全气囊，如图 2-16 所示。

2. 动力转向系统的组成

重型汽车或装有超低压胎的轿车转向时阻力较大，为减轻驾驶人的劳动强度，改善转向性能，在机械转向系统的基础上加设一套助力装置，构成动力转向系统。现在大多数汽车均采用了动力转向装置。

动力转向系统是在驾驶人的控制下，借助于汽车发动机产生的液体压力或电动机驱动力来实现车轮转向，如图2-17所示，所以动力转向系统也称为转向动力放大装置。

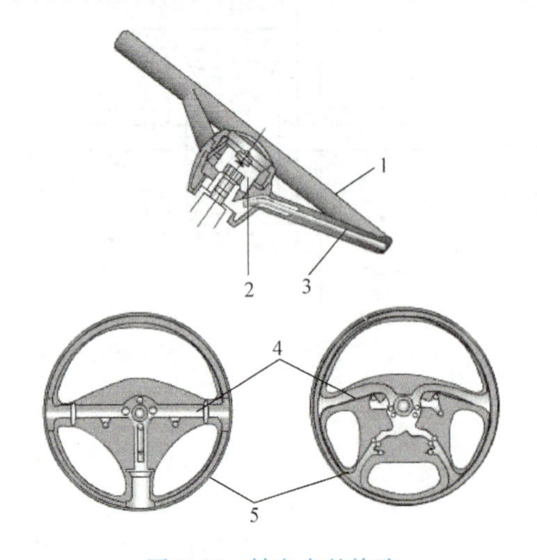

图2-16　转向盘的构造

1、5—轮缘　2—轮毂　3、4—轮辐

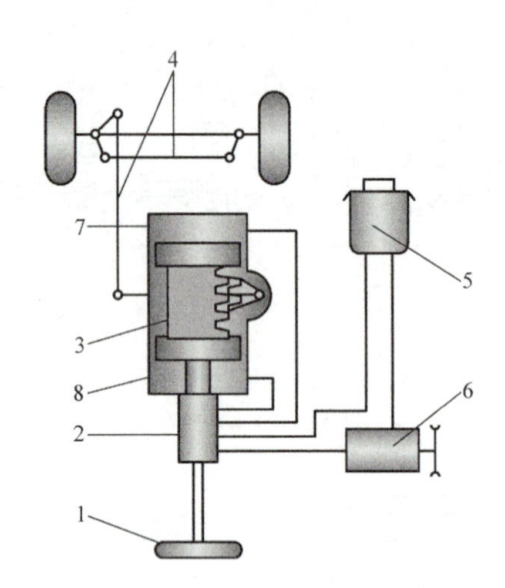

图2-17　动力转向系统

1—转向操纵机构　2—转向控制阀
3—机械转向器与转向动力缸总成
4—转向传动机构　5—转向油罐
6—转向油泵　7—转向动力缸右腔
8—转向动力缸左腔

3. 转向盘自由行程

转向盘自由行程是指不使转向轮发生偏转而转向盘所能转过的角度。转向盘自由行程对于缓和路面冲击，使操纵柔和以及避免使驾驶人过度紧张是有利的，但不宜过大，以免过分影响转向灵敏性和产生转向轮摇摆现象。转向盘从相应于汽车直线行驶的中间位置向任何一方向的自由行程不应超过10°，当超过25°时，必须及时进行调整。转向盘自由行程过大是由于转向系统各机件之间装配不当或机件的磨损所致。其具体原因主要有：转向器传动副的啮合间隙过大，转向传动机构各连接处松旷，转向节主销与衬套的配合间隙过大，转向轮的轮毂轴承松旷等。

三、制动系统

为了保证汽车的行驶安全，汽车上设有用来强制其减速和停车的装置，即汽车制动系统。

汽车制动系统一般至少装用两套各自独立的系统：行车制动装置和驻车制动装置。每套制动装置都由产生制动作用的制动器和制动传动机构两部分组成。

按制动器形式分为盘式制动器和鼓式制动器。

（1）盘式制动器　盘式制动器又称为碟式制动器，它摩擦副中的旋转元件是以端面

工作的金属圆盘，称为制动盘。摩擦元件从两侧夹紧制动盘而产生制动。其结构如图2-18所示。

（2）鼓式制动器　鼓式制动器是利用制动传动机构使制动蹄将制动摩擦片压紧在制动鼓内侧，从而产生制动力，根据需要使车轮减速或在最短的距离内停车，以确保行车安全，并保障汽车停放可靠不能自动滑移，其结构如图2-19所示。

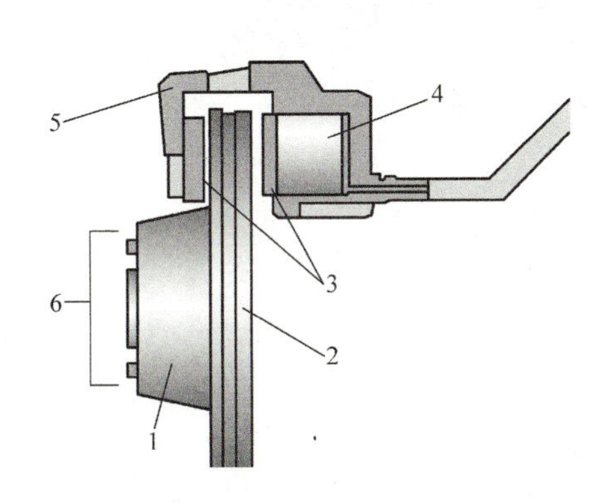

图2-18　盘式制动器的结构

1—轮毂　2—转子　3—制动衬块
4—活塞　5—卡钳　6—车轮连接处

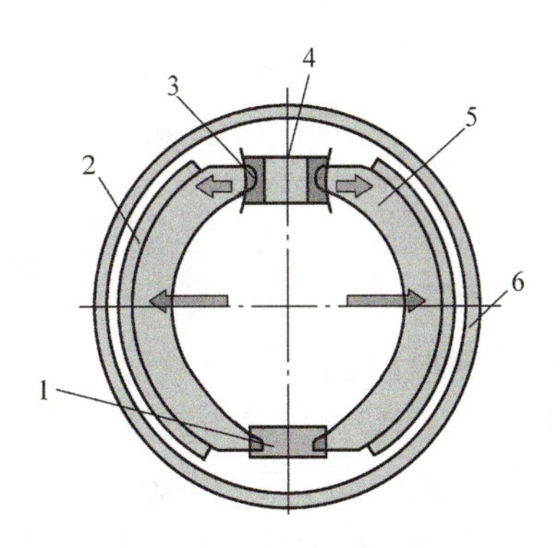

图2-19　鼓式制动器的结构

1—顶杆　2—摩擦衬片　3—活塞
4—制动轮缸　5—制动蹄　6—制动鼓

四、行驶系统

汽车行驶系统由车架、车桥、车轮与轮胎、悬架四部分组成。其作用是：①将汽车构成一个整体，支承汽车的总质量；②将传动系统传来的转矩转化为汽车行驶的驱动力；③承受并传递路面对车轮的各种反力及力矩；④减振缓冲，保证汽车平顺行驶；⑤与转向系统配合，正确控制汽车的行驶方向。

1. 车架

（1）车架的作用　车架是整个汽车的基体。车架上装有发动机、变速器和万向传动装置、车桥、操纵机构、车身等总成和部件，并使它们保持正确的相对位置。

（2）车架的类型　车架按其结构形式不同可分为边梁式车架、中梁式车架、综合式车架和无梁式车架。

2. 车桥

（1）车桥的作用　汽车车桥（又称为车轴）通过悬架与车架（或承载式车身）相连接，其两端安装车轮。车桥的作用是承受汽车的载荷，维持汽车在道路上的正常行驶。

（2）车桥的类型　如图2-20所示，车桥可以是整体式的，如一个巨大的杠铃，两端通过悬架系统支承着车身，因此整体式车桥通常与非独立悬架配合；车桥也可以是断开式的，像两把雨伞插在车身两侧，再各自通过悬架系统支承车身，所以断开式车桥与独立悬架配用。根据驱动方式的不同，车桥也分成转向桥、驱动桥、转向驱动桥和支持桥四种。其中转向桥和支持桥都属于从动桥。大多数汽车采用前置后驱（FR），因此前桥作为转向桥，后桥作为驱动桥；而前置前驱（FF）汽车前桥成为转向驱动桥，后桥充当支持桥。

（3）转向轮定位　转向轮定位是指转向轮、转向节和前轴三者之间在安装时所具有

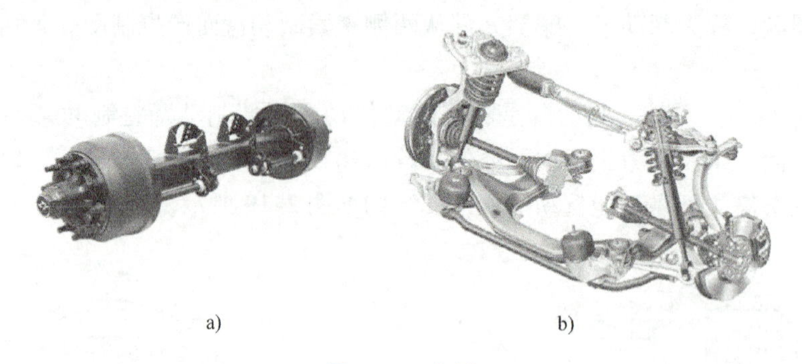

a)　　b)

图 2-20　车桥

a）整体式车桥　b）断开式车桥

的一定的相对位置（图 2-21）。其主要作用是使汽车保持稳定直线行驶，转向轻便，减少汽车行驶中轮胎和转向机件的磨损。转向轮定位包括主销后倾、主销内倾、前轮外倾和前轮前束四个内容。

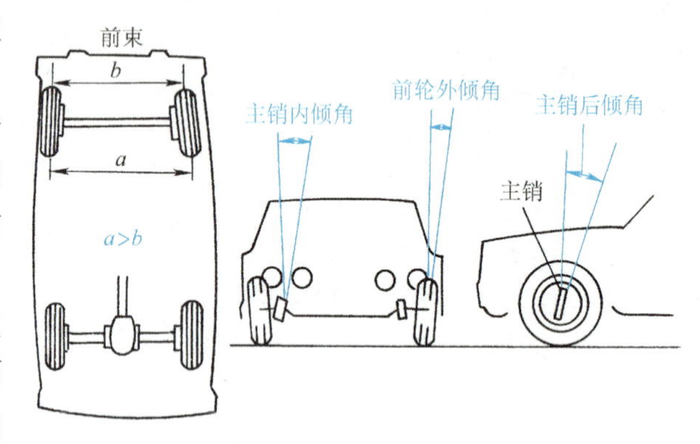

图 2-21　转向轮定位示意图

1）主销后倾。主销后倾是指主销在前轴上安装，其上端略向后倾斜，于是主销轴线与通过前轮中心线的地面垂线之间在汽车纵平面内形成一个夹角，称为主销后倾角。其主要作用是当汽车直线行驶时保持其稳定性，并能使汽车转向后前轮自动回正。

2）主销内倾。主销内倾是指主销在前轴上安装，其上端略向内倾斜，于是主销轴线与地面垂线之间在汽车横向平面内形成一个夹角，称为主销内倾角。该内倾角一般不超过8°，其主要作用是使转向轮自动回正，转向操纵轻便。

3）前轮外倾。前轮外倾是指前轮安装后，其上端向外倾斜，于是前轮的旋转平面与纵向垂直平面间形成一个夹角，称为前轮外倾角。其一般为1°左右，主要作用是使转向轻便，使车轮紧靠轮毂内轴承，以减小外轴承及轮毂螺母的负荷，有利于安全行驶。

4）前轮前束。前轮前束是指前轮安装后，两前轮的前端距离 b 小于后端距离 a，其差值（$a-b$）即为前轮前束值。其作用是为了消除在行驶中因前轮外倾而引起的不利影响，使转向轮直线滚动而无横向滑拖现象。

3. 车轮与轮胎

（1）车轮　车轮一般由轮毂、轮盘和轮辋组成，如图 2-22 所示。轮毂通过圆锥滚柱轴承装在半轴套管或转向节轴上，轮毂用以安装轮胎，轮盘是用来连接轮毂和轮辋的。车轮可分为盘式和辐式两种形式。

（2）轮胎　现代汽车几乎都使用充气轮胎，轮胎的作用是：①支承汽车的总质量；②吸收和缓和汽车行驶时所受到的部分冲击和振动，使汽车有良好的平顺性；③保证轮胎与路面之间有良好的附着作用，提高汽车的牵引力和制动力。

4. 悬架

悬架是车架与车桥之间一切传力连接装置的总称。其作用是将车架与车桥弹性地连接起来，以吸收或缓和车轮在不平道路上所受的冲击和振动，并传递力和力矩。

悬架由弹性元件、导向装置和减振器三部分组成。按其导向装置的基本形式不同可分为非独立悬架和独立悬架两大类，如图 2-23 所示。

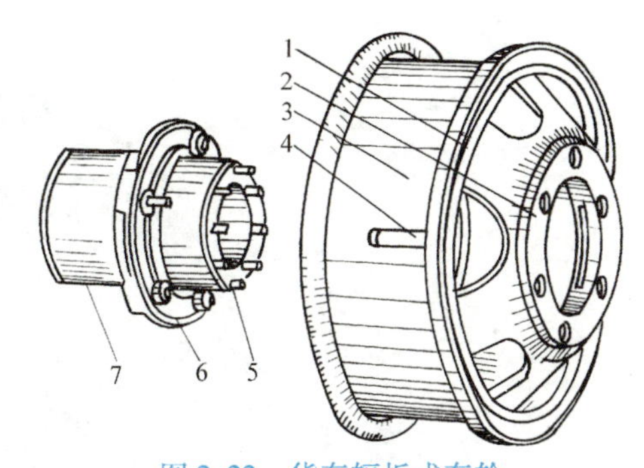

图 2-22　货车辐板式车轮

1—挡圈　2—轮辐　3—轮辋

4—气门嘴伸出孔　5—螺栓　6—凸缘　7—轮毂

非独立悬架结构的特点是两侧的车轮分别安装在一根整体式的车轴两端，车轴则通过弹性元件与车架或车身相连接。这种悬架当一侧车轮因道路不平而跳动时，将会影响另一侧车轮的工作。

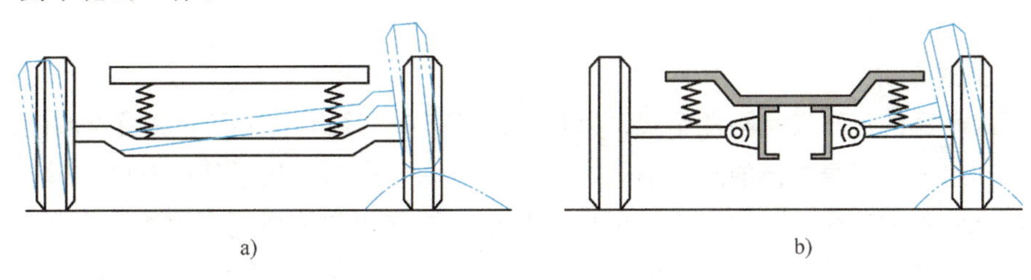

图 2-23　非独立悬架与独立悬架

a）非独立悬架　b）独立悬架

独立悬架结构的两侧车轮分别安装在断开式车轴两端，每段车轴和车轮单独通过弹性元件与车架相连接。这样当一侧车轮跳动时对另一侧车轮不产生影响，故独立悬架行驶平顺性好，在轿车上应用广泛。非独立悬架因结构简单、工作可靠、制造和维修方便、轮胎磨损小、成本低，所以，在中型、重型汽车上普遍采用。

第三节　汽 车 车 身

车身是驾驶人和乘员工作和乘坐的场所，汽车车身的作用主要是保护驾驶人以及构成良好的空气力学环境。其结构如图 2-24 所示。

一、车身的结构

汽车车身结构从形式上主要分为非承载式车身和承载式车身两种。

1. 非承载式车身

非承载式车身的汽车有刚性车架，又称为底盘大梁架。车身本体悬置于车架上，用弹性元件连接。车架的振动通过弹性元件传到车身上，大部分振动被减弱或消除，发生碰撞时车架能吸收大部分冲击力，在坏路行驶时对车身起到保护作用，因此车厢变形小，平稳

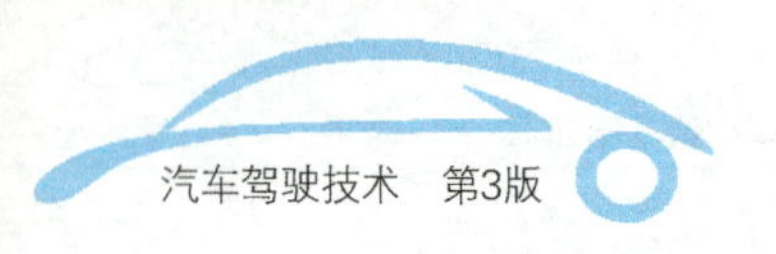

图 2-24　汽车车身

性和安全性好，而且厢内噪声低，但比较笨重，质量大，汽车质心高，高速行驶稳定性较差。

2. 承载式车身

承载式车身的汽车没有刚性车架，只是加强了车头、侧围、车尾和底板等部位，车身和底架共同组成了车身本体的刚性空间结构。这种承载式车身除了其固有的承载功能外，还要直接承受各种负荷。这种形式的车身具有较大的抗弯和抗扭刚度，质量小，高度低，汽车质心低，装配简单，高速行驶稳定性较好，但由于道路负载会通过悬架装置直接传给车身本体，因此噪声和振动较大。

二、车身的组成

车身总的来讲由白车身和附件两部分组成。其中，白车身是指装焊好但未喷漆的白皮车身。白车身主要包括车身结构件、车身覆盖件和前后板制件三部分。

（1）车身结构件　车身结构件包括车身骨架、门柱和梁等。

（2）车身覆盖件　车身覆盖件包括发动机舱盖、顶盖、行李舱盖、前后围板、翼子板和车身地板等。

（3）前后板制件　前后板制件包括发动机舱内支承梁等。

（4）车身附件　车身附件包括座椅、后视镜、风窗刮洗系统、遮阳板、内护板、地毯和行李舱垫等。

三、安全防护装置

1. 车内防护装置

当汽车碰撞时，其前进速度迅速下降，而车内乘员的身体由于惯性的作用仍以较大的速度向前冲，有可能撞到转向盘、仪表板和风窗玻璃上，引起伤亡。安全带和安全气囊是避免人体与上述构件相撞的两种常用的防护装置。

（1）安全带　汽车上最常用的是三点式安全带。带子由结实的合成纤维织成，包括

斜跨前胸的肩带和绕过人体胯部的腰带两部分。在座椅外侧和内侧的地板上各有一个固定点，第三个固定点位于座椅外侧支柱上方，如图2-25所示。

（2）安全气囊　安全气囊系统通常称为辅助约束系统（SRS），可与安全带一起对前排乘员提供有效的保护。对于未佩戴安全带的乘员，安全气囊系统的防护作用是有限的；而对于佩戴安全带的乘员，安全气囊系统可以有效地减轻头部的受伤。有些汽车为了提高其安全性，还设置了侧面安全气囊系统。图2-26所示为普通的安全气囊系统。

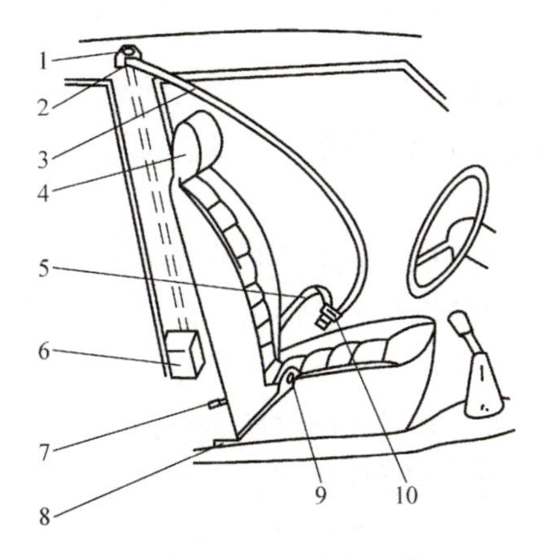

图2-25　三点式安全带

1—外侧上方固定点　2—导向板　3—肩带　4—头枕　5—腰带　6—收卷器　7—外侧地板固定点　8—内侧地板固定点　9—锁扣　10—插板

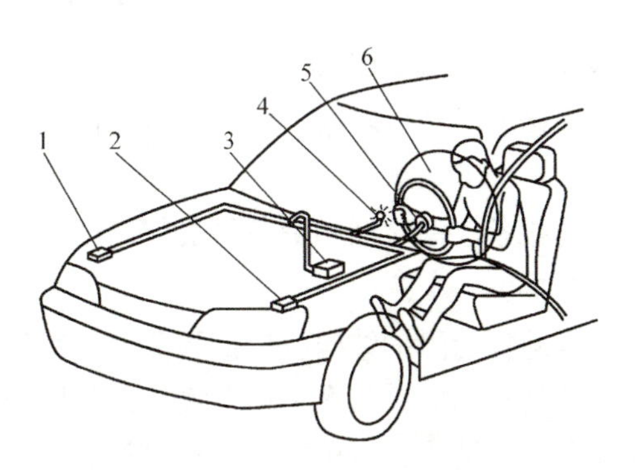

图2-26　安全气囊系统

1—右前方传感器　2—左前方传感器　3—中部传感器总成　4—安全气囊指示灯　5—气体发生器　6—安全气囊

（3）儿童座椅　汽车上的安全带是按成人标准来设计的，是适合体重36kg、身高140cm以上的成人使用的。如果给儿童使用，安全带卡在儿童的脖子上，发生事故时对儿童的危害更大。汽车以50km/h的速度在行使的过程中突然发生碰撞或制动，车内的物体会产生30～40倍自身重量的冲击力。假若儿童体重为10kg，碰撞时产生的冲击力就有300～400kgf(1kgf＝9.8N)，并且是突然发生的，怀抱中的儿童会飞出。因此，为了保证行驶过程中车内儿童的安全，专门设计了儿童座椅，如图2-27所示。

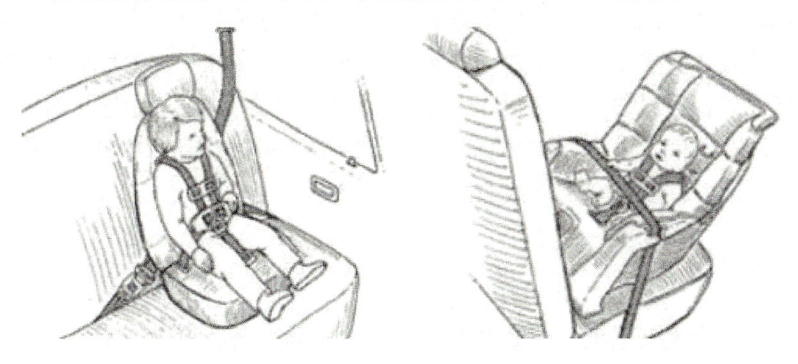

图2-27　儿童座椅

（4）头枕　头枕也是座椅的一部分，是汽车后部受撞击时限制人的头部向后甩动的

安全装置，头枕可降低颈椎受伤的可能性。

（5）安全玻璃　目前在汽车上广泛应用的安全玻璃有钢化玻璃和夹层玻璃两种。当钢化玻璃受冲击损坏时，整块玻璃出现网状裂纹，脱落后分成许多无锐边的碎片。当夹层玻璃受冲击损坏时，内、外层玻璃碎片仍粘附在中间层上。中间层韧性较好，在承受撞击时拱起从而吸收一部分冲击能量，起缓冲作用。大量事故调查表明，夹层玻璃的安全性优于钢化玻璃。

2. 车外防护装置

（1）车身壳体结构的防护　车身壳体的正确结构是使乘员舱具有较大的刚度，以便在碰撞时尽量减少变形，同时使车身的头部、尾部等其他离乘员较远部位的刚度相对较小，在碰撞时产生较大的变形而吸收撞击能量。

（2）保险杠及护条　汽车最前端和最后端都有保险杠，许多轿车左右两侧还有纵贯前后的护条。保险杠和护条的安装高度应符合规定，以便汽车相撞时两车的保险杠或护条能首先接触。

保险杠的防护结构应包括两部分：首先是减少行人受伤的保险杠软表层，由弹性较大的泡沫塑料制成；其次是可吸收一部分撞击能量的装置，有金属构架、全塑料装置、半硬质橡胶缓冲结构、液压或气压装置等。

车身侧面的护条以防止汽车相互剐擦为主，与行人接触的概率较小，一般由半硬质塑料或橡胶制成。

（3）汽车其他外部构件　根据事故统计资料，除了保险杠外，经常使行人受伤的构件主要有前翼子板、前照灯、发动机舱盖、前轮和风窗玻璃等。这些构件不应尖锐和坚硬，最好是平滑又富有弹性。有些轿车的整个正面都用大块聚氨酯泡沫塑料制成，并将发动机舱盖顶面用软材料包垫，以提高安全性。

第四节　汽车电子与电气设备

随着汽车技术的发展，汽车已经不再是单纯的运输工具，它正向着高速、安全、经济、舒适、环保以及智能化、人性化的方向发展。汽车电子与电气设备是汽车的重要组成部分，其性能的好坏直接影响汽车的动力学、经济性、可靠性、舒适性以及环保性。

汽车电气设备种类繁多，但大致分为三大部分：电源系统、用电设备、汽车电气线路；汽车电子即车体汽车电子控制装置，是用传感器、微处理器（MPU）、执行器、数十甚至上百个电子元器件及其零部件组成的电控系统。

一、电源系统

电源系统又称为充电系统，由蓄电池、发动机、调节器及充电指示装置组成。发动机不工作时由蓄电池供电，发动机起动后，转由发动机供电。当发动机端电压高于蓄电池端电压时，在向用电设备供电的同时，又向蓄电池充电。调节器的作用是在发动机工作时，保持其输出电压的稳定。

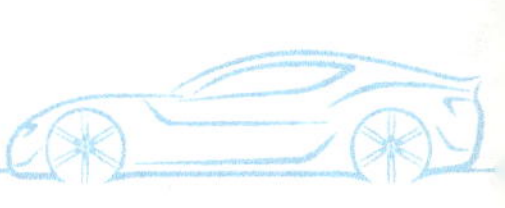

二、用电设备

汽车用电设备主要包括起动系统、点火系统、照明系统、信号系统和辅助电器系统等。

1. 照明系统

为了保证汽车行驶安全和工作可靠，在汽车上装有各种照明装置，用以照明道路，表示车辆宽度和车辆所处的位置，照明车厢内部、指示仪表以及夜间车辆检修等。此外，在转弯、制动、会车、停车和倒车等工况下，还应发出光亮或音响信号，以警示行人和其他车辆。照明灯的种类和用途如下：

（1）前照灯　前照灯俗称大灯，装在汽车头部两侧，用来照明车前道路。

（2）雾灯　雾灯安装在汽车头部或尾部。在雾天、下雪、暴雨或尘埃等情况下，用来改善车前道路的照明情况。

（3）牌照灯　牌照灯装于汽车尾部牌照上方或左右两侧，用来照明后牌照，确保行人在车后 20m 处看清车牌照上的文字及数字。

（4）倒车灯　倒车灯安装在汽车尾部，当变速器挂倒档时，自动发亮，照明车后侧，同时警示后方车辆行人注意安全。

（5）制动灯　制动灯俗称刹车灯，安装在汽车尾部。在踩下制动踏板时，发出较强红光，以示制动。

（6）转向灯　主转向灯一般安装在汽车头部和尾部的左右两侧，用来指示车辆行驶趋向。

车内照明装置包括顶灯、仪表灯、车门灯、阅读灯和工作灯。顶灯主要用于车内照明，灯光一般为白色。通常由灯光总开关和顶灯开关共同控制，有的车辆顶灯还具有门灯的作用，当车门关闭不严时灯亮，提醒驾驶人注意。这时，顶灯还受门柱开关控制。

（7）示宽灯　将灯开关开至第一档时，前后亮的小灯就是示宽灯。是表示车的宽度，以提示对方和后车，也用于在傍晚行驶时，让别的车辆看见。

2. 信号系统

汽车信号系统的作用是通过声、光信号向其他车辆的驾驶人和行人发出有关车辆运行状况或状态的信息，以引起有关人员注意，确保车辆行驶安全。现代汽车的电气设备和仪表比较多，为了便于识别、控制它们，在汽车驾驶室的仪表盘、操纵杆、按钮和开关等处通常标有各种醒目的形象化的符号，常用的标识符号如图 2-28 所示。

3. 辅助电器系统

辅助电器系统用来为驾驶人和乘客提供良好的工作条件和舒适的乘坐环境。主要包括风窗玻璃及洗涤刮水器、电动车窗、电动座椅、后视镜、空调装置、音响设备、卫星导航和定位系统及防盗设备。

三、汽车电气线路

现代汽车电气线路主要包括中央控制盒、保险装置、继电器、电线束及插接件、电路

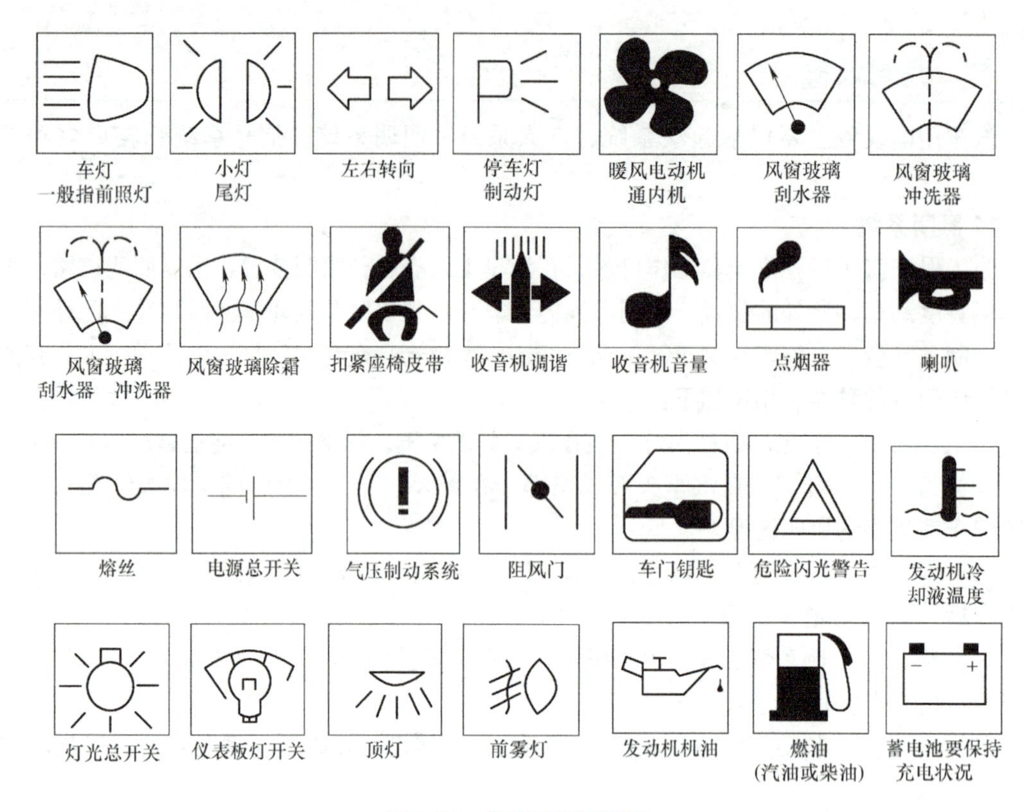

图 2-28　常用的标识符号

开关等，电路构成一个统一的整体。

随着现代汽车技术的发展，电子控制系统采用得越来越多，所占的比重日益加大。各电控系统由独立变成了相互联系，构成了汽车局域网络。

四、汽车电子

汽车电子化被认为是汽车技术发展进程中的一次革命。汽车电子化的程度被看作是衡量现代汽车水平的重要标志，是用来开发新车型、改进汽车性能最重要的技术措施。汽车制造商认为增加汽车电子设备的数量、促进汽车电子化是夺取未来汽车市场重要的有效手段。

汽车电子在汽车上的主要应用有：电子控制喷油装置、电子点火（ESA）、电控自动变速器（ECAT）、防抱死制动系统（ABS）、牵引力控制系统（TCS）、自适应悬架系统和协调控制系统（CCS）等，其作用见表 2-1。同时，随着汽车电子技术的发展和汽车控制单元的增加，汽车电子技术正向集中化、智能化、网络化和模块化方向发展。

表 2-1　汽车电控系统

应用	作　用
电子控制喷油装置	自动地保证发动机始终工作在最佳状态，使其在输出一定功率的条件下最大限度地节油和净化空气。使发动机一直处于最优工作条件下运行，从而使发动机的综合性能得到提高

（续）

应用	作　用
电子点火	根据传感器送来的发动机各种参数进行运算、判断，然后进行点火时刻的调节，这样可以节约燃料，减少空气污染
电控自动变速器	根据发动机的载荷、转速、车速、制动器工作状态及驾驶人所控制的各种参数，经过计算机计算、判断后自动地改变变速杆的位置，从而实现变速器换档的最佳控制，即可得到最佳档位和最佳换档时间
防抱死制动系统	保证车辆制动时不发生抱死拖滑、失去转向能力等不安全的工况，提高汽车的操纵稳定性和安全性，减小制动距离
牵引力控制系统	防止起动和加速时的驱动轮打滑，有助于提高汽车加速时的牵引性能以及改善其操作稳定性
自适应悬架系统	根据悬架装置的瞬时负荷，自动地适时调节悬架弹簧的刚度和减振器的阻尼特性，以适应当时的负荷，保持悬架的既定高度
协调控制系统	根据行车阻力自动调整节气门开度，使驾驶人不必经常踩加速踏板，以调整车速

第五节　电 动 汽 车

纯电动汽车是指以车载电源为动力，用电动机驱动车轮行驶，符合道路交通、安全法规各项要求的车辆。纯电动汽车不产生排气污染，对环境保护和空气的清洁是十分有益的，有“零污染”的美称；电动汽车无内燃机，产生的噪声小，电动汽车的构造如图2-29所示。

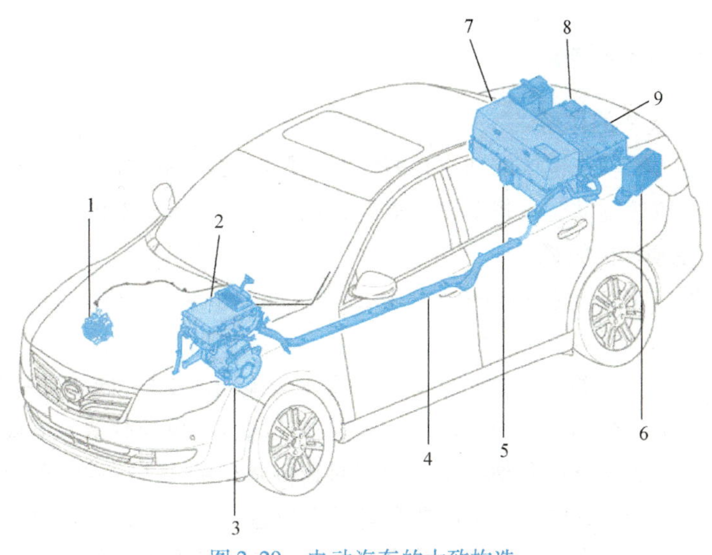

图2-29　电动汽车的大致构造

1—电动空调压缩机　2—整车控制器　3—驱动电动机　4—动力电池线束
5—动力电池A维修开关　6—车载充电机　7—动力电池A　8—动力电池B　9—动力电池B维修开关

纯电动汽车的结构与燃油汽车相比，主要增加了电力驱动控制系统，而取消了发动机。电力驱动控制系统的组成与工作原理图如图2-30所示，它由电力驱动主模块、车载

电源模块和辅助模块三大部分组成。

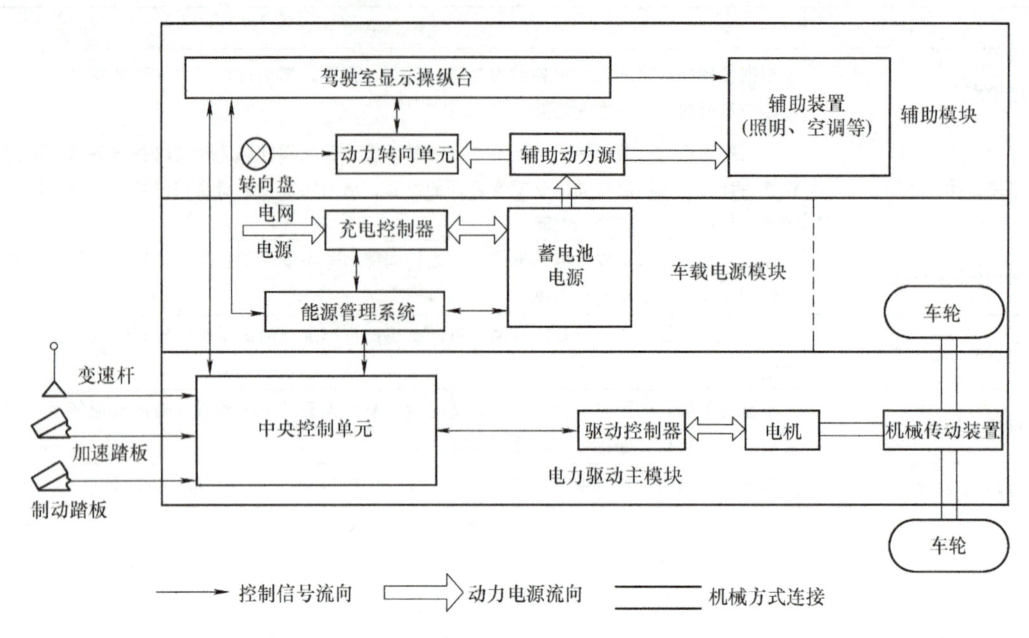

图 2-30 电力驱动控制系统的组成与工作原理图

当汽车行驶时，由蓄电池输出电能（电流）通过控制器驱动电动机运转，电动机输出的转矩经传动系统带动车轮前进或后退。电动汽车续驶里程与蓄电池容量有关，蓄电池容量受诸多因素限制。要提高一次充电续驶里程，必须尽可能地节省蓄电池的能量。

一、电力驱动主模块

1. 电力驱动主模块的作用

纯电动汽车电力驱动主模块的功用是将储存在蓄电池中的电能高效地转化为车轮的动能，并能够在汽车减速制动时，将车轮的动能转化为电能存入蓄电池。

2. 电力驱动主模块的组成

电力驱动主模块主要包括中央控制单元、驱动控制器、电机、机械传动装置和车轮等。

（1）中央控制单元　根据加速踏板和制动踏板的输入信号，向驱动控制器发出相应的控制指令，对电机进行起动、加速、减速和制动控制。中央控制单元不仅是电力驱动主模块的控制中心，也要对整辆电动汽车的控制起到协调作用。在电动汽车降速和下坡滑行时，中央控制单元配合车载电源模块的能源管理系统进行发电回馈，及时向蓄电池反向充电。对于与汽车行驶状况有关的速度、功率、电压、电流及有关故障诊断等信息，还需传输到辅助模块的驾驶室显示操纵台进行相应的数字或模拟显示，也可采用液晶屏幕显示来提高其信息量。另外，如驱动采用轮毂式电动机分散驱动方式，当汽车转弯时，中央控制单元也需与辅助模块的动力转向单元配合，即控制左右轮毂式电动机，来实现电子差速转向。为减少电动汽车各个控制部分间的硬件连线，提高可靠性，现代汽车控制系统已较多

地采用了多CPU总线控制方式，特别是对于采用轮毂式电动机进行前后四轮驱动（4WD）控制模式的，更需要运用总线控制技术，来简化电动汽车内部线路的布局，提高其可靠性，也便于故障诊断和维修。采用该模块化结构后，一旦技术成熟，其成本也将随批量的增加而大幅度下降。

（2）驱动控制器　按照中央控制单元的指令、电流反馈信号，对电机的速度、驱动转矩和旋转方向进行控制。驱动控制器必须和电机配套使用。目前对电机的调速主要采用调压、调频等方式，这主要取决于所选用的驱动电机类型。由于蓄电池以直流电方式供电，所以对直流电机主要是通过DC-DC转换器进行调压调速控制的，而对于交流电机需通过DC-AC转换器进行调频调压矢量控制，对于磁阻电机是通过控制其脉冲频率来进行调速的。当汽车进行倒车行驶时，需通过驱动控制器使电机反转来驱动车轮反向行驶。当电动汽车处于降速和下坡滑行时，驱动控制器使电机运行于发电状态，电机利用其惯性发电，将电能通过驱动器回馈给蓄电池，所以一般驱动控制器与蓄电池电源的电能流向是双向的。

（3）电机　在正常行驶时，电机将电能转化为机械能；在减速和下坡滑行时，电机将车轮的惯性动能转化为电能。

（4）机械传动装置　将电机的驱动转矩传递给汽车的驱动轴，从而带动汽车车轮行驶。

二、车载电源模块

1. 车载电源模块的作用

车载电源模块主要功用是向电机提供驱动电能，检测电源使用情况以及控制充电机向蓄电池充电。

2. 车载电源模块的组成

车载电源模块主要包括蓄电池电源、能量管理系统和充电控制器等。

（1）蓄电池电源　在仅装备蓄电池的纯电动汽车中，蓄电池的作用是汽车驱动系统的唯一动力源。包括铅酸蓄电池、镍氢电池、钠硫电池、二次锂电池和空气电池等。

（2）能量管理系统　能量管理系统主要功用是对电动汽车用电池单体及整组进行实时监控、充放电、巡检和温度检测等。

（3）充电控制器　充电控制器把交流电转化为相应电压的直流电，并按照要求控制其电流。

三、辅助模块

辅助模块主要包括辅助动力源、动力转向系统、驾驶室显示操纵台和各种辅助装置等。辅助模块除辅助动力源外，依据不同车型而不同。

1. 辅助动力源

辅助动力源主要由辅助电源和DC-DC功率转换器组成，其功用是供给电动汽车其他各种辅助装置所需要的动力电源，一般为12V或24V的直流低压电源，它主要给动力转

向、制动力调节控制、照明、空调和电动门窗等各种辅助装置提供所需的能源。

2. 动力转向系统

动力转向系统是为了实现汽车的转弯而设置的，它由转向盘、转向器、转向机构和转向轮等组成。作用在转向盘上的控制力，通过转向器和转向机构使转向轮偏转一定的角度，实现汽车的转向。

3. 驾驶室显示操纵台

驾驶室显示操纵台类同于传统汽车驾驶室的仪表盘，其功能根据电动汽车驱动控制的特点有所增减，其信息指示更多地选用数字或液晶屏幕显示。

4. 各种辅助装置

各种辅助装置主要有照明、各种声光信号装置、车载音响设备、空调、刮水器、风窗除霜清洗器、电动门窗、电控玻璃升降器、电控后视镜调节器、电动座椅调节器和车身安全防护装置控制器等。它们主要是为提高汽车的操控性、舒适性和安全性而设置的，根据需要进行选用。

思 考 题

1. 汽车主要由哪几部分构成？
2. 汽油机和柴油机的组成有什么不同？
3. 简述曲柄连杆机构的组成和功用。
4. 目前汽车常用的电控发动机分为哪几类？
5. 润滑系统主要由几部分组成？
6. 发动机冷却液温度过高或过低对于发动机有什么影响？
7. 起动机主要由哪几部分组成？试说明各组成部分的作用。
8. 简述汽车底盘的功用和组成。
9. 简述汽车传动系统的组成及布置形式。
10. 与机械变速器相比自动变速器有什么优势？
11. 何谓转向盘的自由行程？其大小对于汽车转向操纵性有什么影响？
12. 什么是转向轮定位？它主要由哪几部分组成？
13. 车身内部安全防护装置主要包括哪些？
14. 电动汽车由哪几大模块组成？

第三章

汽车驾驶基本操作和式样训练

汽车驾驶人在正常条件下，安全准确地操控汽车的方法与技艺，以及掌握汽车结构知识和交通法规知识等方面的能力，称为汽车驾驶技术。

驾驶技术的高低，对车辆的行驶安全、使用效果和运输效率等都有较大的影响。比如，同一辆汽车在相同使用条件和行驶里程的情况下，仅由于驾驶水平不一样，汽车的燃料消耗和平均故障间隔里程的差别就很大。所以，每一名汽车驾驶人，特别是初学驾驶人，应该在掌握好安全驾驶操作规程的基础上，认真学习和掌握汽车驾驶的基础理论知识，不断提高安全驾驶技术。而掌握汽车驾驶的基本操作，是驾驶人安全、快速和经济驾驶汽车的技术保证，也是发展和提高汽车驾驶技术的基础。

第一节　汽车驾驶预备训练

汽车驾驶的预备训练主要是指汽车的原地驾驶训练，这是驾驶技术学习中最基本的科目，通过驾驶预备训练，能够使驾驶人初步了解各种操纵机构的名称、作用和操作方法，端正驾驶姿势。正确的驾驶姿势能够减轻驾驶人的疲劳强度，便于正确运用各种驾驶操纵机件，观察汽车前方和左右的情况，观察各种指示仪表，从而能够正确、持久、灵活和安全地驾驶汽车。

一、上下车的动作

上车前，先进行安全确认，确认汽车周围无人和障碍物后再上车。上车时，首先打开车门，然后按右脚、腰部、上身、左脚的顺序上车，上车后左手顺势将车门关闭，当车门关到离汽车 10cm 左右时，再用力将车门关闭，一定要确保车门关牢。将车门关好后，锁好车门。

下车开车门前，首先应通过车内后视镜及车外后视镜观察左右及后面有无车辆及行人通过，然后将车门略微打开确认安全后，再开大车门至自然停止位置，以免与其他行驶的车辆发生碰撞。车门打开后左手扶门窗下缘，左脚从侧方跨出驾驶室，右手扶住转向盘左缘，将身体重心落在左脚，继而将右脚退出驾驶室，然后用左手顺势将车门关牢。下车后关车门时，应先关到离关闭位置 10cm 左右时，再用力将门关闭。将车门关闭后，应通过钥匙或遥控装置锁门，并轻轻拉门扣检查车门是否锁好。

二、座椅的调整

为保证驾驶人乘坐舒适、操纵方便，驾驶座椅可以根据不同的情况进行相应的调整。

1. 前后的调整

座椅与操作机构过近或过远，都不利于驾驶人对转向盘和脚踏板的操作，同时，也增加了驾驶人的劳动强度。为获得最舒适的驾驶姿势，驾驶人可对座椅的前后位置进行调整。

座椅的远近，应以左脚操纵离合器踏板时，能自然地踩到底为最远位置，一般还可稍近一些。此外，还应保持上身与转向盘边缘间有25cm左右的距离，便于两手灵活操纵转向盘。

2. 高度的调整

汽车座椅高度的调整要考虑驾驶人高度、手臂长度和转向盘离身体的位置等因素，座椅的高度要满足以下这些条件：

1）头部离车顶部至少有一个拳头的距离。

2）转向盘的高度大约低于肩部10cm左右。

3）当驾驶人目光平视时，视线能够落在前风窗玻璃的中线上，以便保持最佳的视野。

在调整座椅时应注意，行驶中不得调整驾驶人的座椅。

三、后视镜的调整

汽车后视镜主要包括车内后视镜和车外后视镜。

1. 车内后视镜的调整

汽车内后视镜的作用是用来看清汽车正后方道路上跟随的车辆。车内后视镜一般有一个，安装在车内驾驶人座位右上方，如图3-1所示。车内后视镜正确的调整方法如下：

图3-1　车内后视镜的调整

1）对于小轿车，白天驾驶时，后视镜左、右位置应调整到镜面的左侧边缘正好切至自己在镜中影像的右耳际，在一般的驾驶情况下，从中央后视镜里是看不到自己的，而上、下位置是将远处的地平线置于镜面中央，能看清车后道路面积的2/3左右；晚上稍微向上调整，用来消除后面车辆灯光照射所产生的眩目。

2）对其他车辆，应调整到驾驶人能看清后视窗玻璃的大部分面积。

2. 车外后视镜的调整

车外后视镜的作用是用来观察车两侧行人的位置情况和后面汽车的行驶情况，如图3-2所示。车外后视镜为凸面

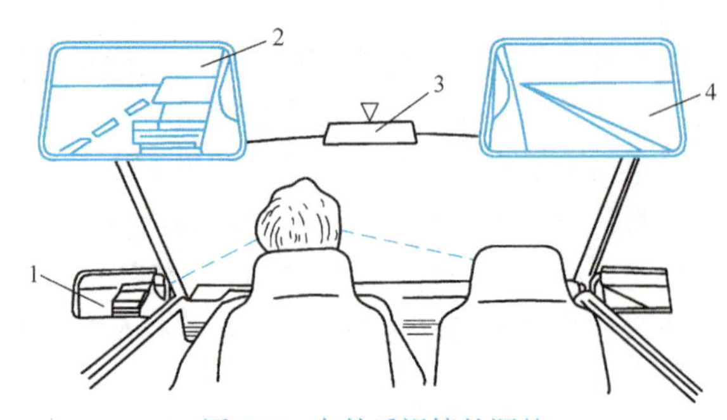

图3-2　车外后视镜的调整

1—车外后视镜

2、4—车外后视镜（放大镜）　3—车内后视镜

镜，左右各有一个，安装在车窗前端两侧。其正确的调整方法如下：

（1）车外左后视镜的位置　调整到驾驶人自然坐正时看到的视镜图像是：上、下位置将远处的地平线置于中央，左、右位置则调整至车身占据镜面范围的1/4，能看到左后面的道路和所驾驶汽车的左侧面，使它不与车内后视镜看到的情况相同。

（2）车外右后视镜的位置　因为驾驶座位在左侧，因此驾驶人不容易掌握车右侧的情况，再加上有时需要路边停车，所以车外右后视镜调整好之后，驾驶人看到的后视镜图像是：上、下位置地面面积约占镜面的2/3，左、右位置同样调整到车身占1/4面积。

四、安全带的检查与使用

（1）安全带的检查　缓慢用手将安全带向下拉时，安全带应能顺利地从卷绕器中拉出。猛拉安全带时，应自行锁死拉不动，否则安全带失效，应立即进行更换。

（2）安全带的正确使用　佩戴好安全带，使安全带位于肩与颈根之间，并通过胸部的适当位置，再将搭扣插头插入插座的插孔里；准备下车时，用拇指按下搭扣插座上端的按钮，插头便会从插座中脱出，从而解脱安全带。

（3）安全带使用注意事项　安全带如有擦破、污染或损坏应更换；汽车严重碰撞后，应更换安全带总成，防止安全带扭曲损坏。

五、驾驶姿势的调整

汽车驾驶人保持正确的驾驶姿势，有利于道路交通环境条件和汽车仪表盘的观察，便于集中精力和有较好的方位感，如能够正确地判断汽车前后和左右轮的位置、汽车车身前后左右与道路行人或其他车辆或道路构造物之间的距离，选择准确的方位和安全通道，将有利于汽车的正确驾驶操作和减轻驾驶操作的劳动强度，有效地防止驾驶疲劳等对汽车驾驶操作的不利影响，从而有效地防止道路交通事故的发生。

正确调整驾驶姿势的操作如下：驾驶时，身体应正对转向盘坐稳，两手分别如图3-3所示的方法握稳转向盘左右两侧，头部端正，两眼向前平视，看远、顾近、注意两边。上身稍向后仰，轻靠后背垫，胸部略挺，使重心落在臀部的后半部。便于两腿灵活操作，背的下半部应靠稳靠背。

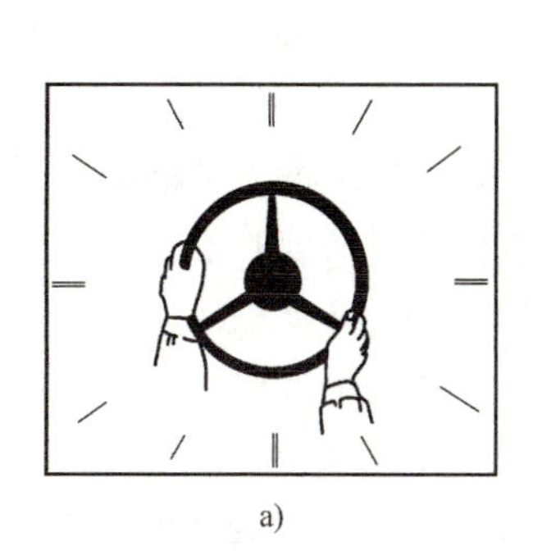

a)

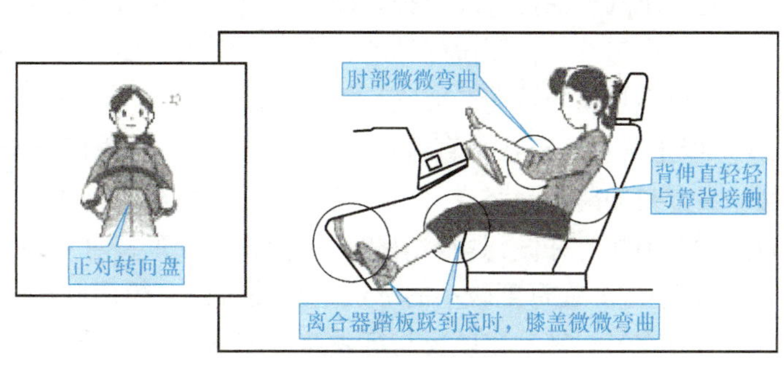

b)

图3-3　驾驶姿势的调整

a）转向盘的握法　b）驾驶姿势

为保证以上要求，必要时应对坐垫或靠背进行适当调整。两膝分开，左脚除了操纵离合器外，应经常放在离合器踏板的左下方；右脚除了操纵制动踏板以外，应经常放在加速踏板上。在行车中，应始终保持精力充沛、思想集中和操作自如的姿势。

六、驾驶操纵装置的运用

汽车的各种驾驶操纵装置的形态和设置部位因车型不同而略有差异，但基本作用和操作方法大同小异。各种汽车的操纵装置和仪表大都布置在驾驶人的眼、手、脚能及的位置，以便观察和操作。驾驶操纵装置主要有转向盘、离合器踏板、加速踏板（俗称油门）、制动踏板、变速杆和驻车制动器操纵杆等。

1. 转向盘

正确地运用转向盘，是确保汽车能够沿着正确路线安全行驶的重要因素，并能减少转向机件和前轮胎的非正常磨损，所以掌握正确使用转向盘的方法极为重要。

（1）握转向盘的方法　两手分别稳握转向盘边缘左右两侧，假设把转向盘比作是钟表，那么左手应握在9～10时位置，右手应握在3～4时位置，四指由外向里握住转向盘轮缘，四指内沿自然伸直按住转向盘轮缘。其目的是当右手操纵其他机件时左手仍可在一定范围内自如地调整汽车的行驶方向，如图3-4a所示。

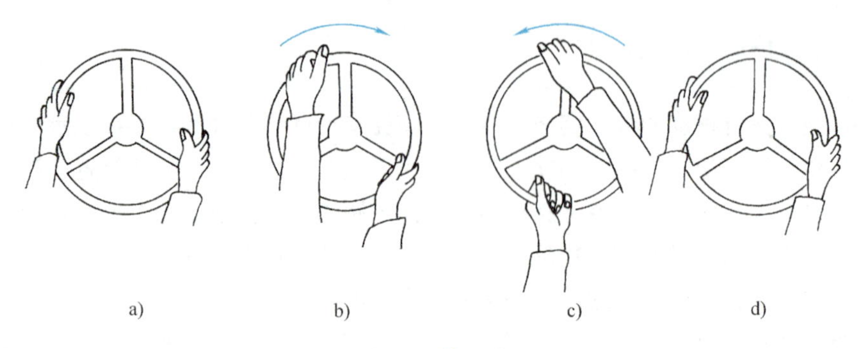

图3-4　修正法

（2）转向盘的操纵方法　汽车在平直的路面上行驶时，两手应稳握转向盘，并随时修正方向，使汽车保持直线行驶。修正方向时，左右两手动作应平衡，以左手为主，右手为辅。用力均匀柔和，要做到早动、少回、缓动。要了解转向盘的游动间隙，掌握虚量和实量，避免不必要的转动造成汽车左右晃动。

1）修正法。汽车在平直道路上直线行驶时，采用修正法。操作时两手应自然握住转向盘，当方向偏离行驶路线时，才进行修正。为避免车辆不必要的晃动，操作转向盘时转动的幅度要小些，并做到均匀柔和，待行驶路线正直时立即复原，如图3-4所示。

2）传递法。在弯度较小的弯道上行驶时，一般用此法。操作时一手推送，另一手接拉，用力要均匀。转动速度要与行驶速度相适应，一传一递要协调，移动幅度不要太大，一次不够两次，两次不够三次。回方向时，应右手拉回原来位置，回方向时的幅度与次数应与转动时的幅度和次数相同，如图3-5所示。

3）两手交替法。车辆行驶遇有急转弯（如锐角弯、车辆循环掉头）需要连续快速转

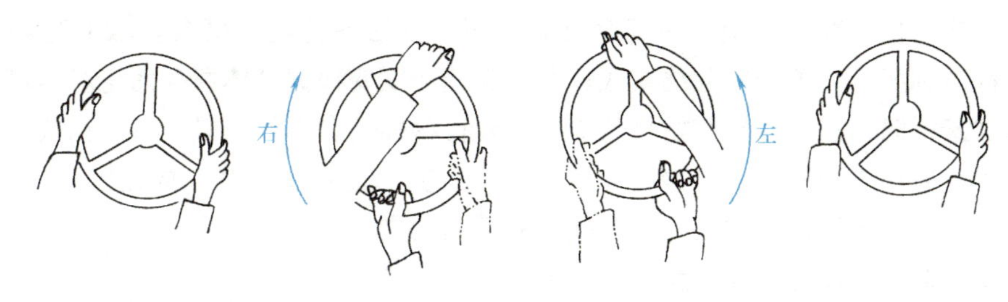

图 3-5　传递法

向时，常用两手交替法操纵转向盘。在原地驾驶训练中应着重练习这种方法。其具体方法是：以右转弯为例，左手向右推送，右手顺势下拉，当左手转动转向盘至时钟 3 ~4 时位置时，右手迅速握住时钟 12 时左右位置接力拉动，同时左手在右手下方迅速抽出，回握至时钟8 ~9 时位置，并继续推送至时钟 3 ~4 时位置。如此反复，视需要进行。回方向时，右手推送至时钟 9 ~10 时位置，左手迅速握住时钟 12 时左右位置下拉，同时右手由左手下方迅速抽出，回握至时钟 3 ~4 时之间继续回转，直至方向回正。向左转弯则动作相反。在练习两手交替快速转向时，动作要连贯协调，避免双手同时脱离转向盘，如图 3-6所示。另外在实际运用中根据需要将两手交替法和传递法结合起来使用。

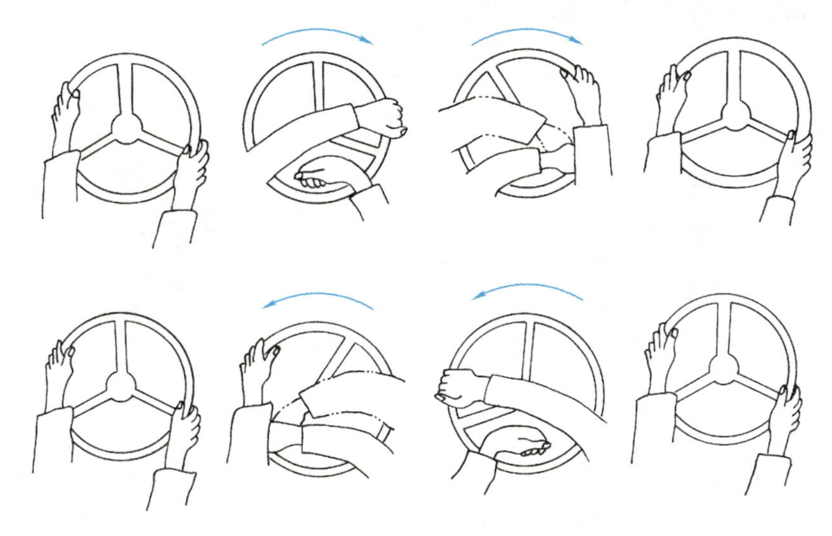

图 3-6　两手交替法

（3）操纵转向盘应注意的事项

1）汽车在行驶中不准两手同时离开转向盘，否则会导致汽车行驶方向失控。

2）汽车在高低不平的道路行驶时，两手应握稳转向盘，以免因汽车颠簸产生的作用力使转向盘猛烈振动或转动，击伤驾驶人的手指或手腕。

3）汽车转弯时，转动转向盘的角度要根据各种不同路口的角度和行驶轨迹来确定。转动转向盘的速度快慢与汽车行驶速度、弯道弯度有关。

4）停车后严禁原地转动转向盘，以免造成轮胎磨损和机件损坏。

2. 离合器踏板

操纵离合器时，应握稳转向盘，用左脚掌踩在离合器踏板上，以膝关节和踝关节的伸屈动作踩下或放松。踩下踏板后，离合器就分离，放松抬起就是接合。踩下时动作应迅速，并一次踩到底，使离合器分离彻底；而抬起的速度要根据具体情况而定。当汽车起步放松离合器踏板时，在离合器开始接合前的一段行程即是自由行程段，可以稍快松起，至开始接合时，应稍停顿后再逐渐慢松，接合完全后就迅速将脚移开，放在踩板的左下方，如图 3-7 所示。离合器踩下和松开的要领可概括为“二快一慢一停顿”。起步后逐级换档时，放松离合器的动作可比起步稍快，但也不可松抬过猛。

使用时，还要注意控制踏板的自由行程，一般是在左脚踩上踏板时就将自由行程踩完，再视需要及时踩下；松起时，由于踏板回位弹力较大，左脚应相应用力控制住踏板，再视需要抬起，不可猛然把脚离开。

3. 加速踏板

操纵加速踏板时，用右脚跟放在踏板下方的驾驶室底板上作为支点，脚掌放在踏板上，用踝关节的伸屈动作踩下或抬起踏板。使用中做到用力柔和，不宜过猛，要“轻踩、缓抬”，不得连续抖动或忽踩忽放。在行驶过程中，加速踏板要和离合器踏板配合使用，必须做到节奏有序，协调一致，即左脚下，右脚上；左脚上，右脚下。左脚上的速度快，右脚下的速度快。汽车在行驶中，使用加速踏板时要根据行驶速度和道路情况等的变化而随时变化，以便正确控制车速，如图 3-8 所示。

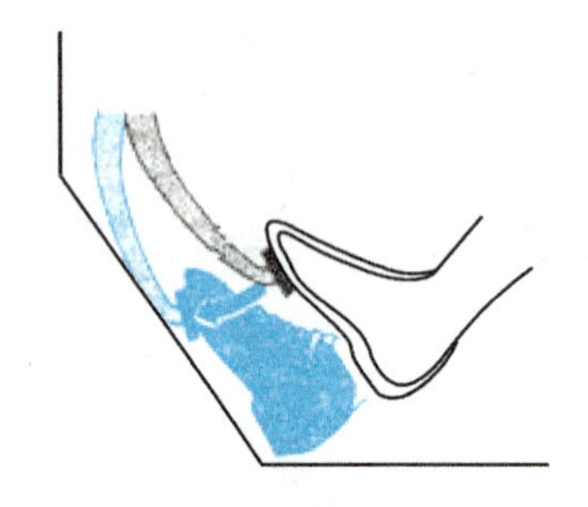

图 3-7 离合器的踩法

图 3-8 加速踏板的踩法

4. 制动踏板

使用制动踏板时，应两手稳握转向盘。操纵液压制动时，右脚掌端正地踩在制动踏板上，以膝关节或踝关节的伸屈动作为主踩下或放松制动踏板。操纵气压制动时，脚跟应靠住驾驶室底板，以踝关节的伸屈为主踩下或放松制动踏板。

为有效地使用制动器，在右脚踩上制动踏板的同时应将踏板轻轻下压，消除其自由行程后，控制在工作行程的起点前。再根据情况的需要，可分别采取立即完全踩下、先轻踩下再逐渐下踩或随踩随放等方式，以达到平稳减速或停车的目的。当放松踏板时，动作要迅速敏捷，并及时将右脚放回加速踏板。

5. 变速杆

变速杆的正确握法是用右手掌心贴住杆顶的球头，五指握向掌心，以把球头自然地握在掌心为好。根据挂档位置与用力方向，可适当变换握球头的位置。操纵时以手腕和手臂肘关节的力量为主，肩关节为辅，适当用力，准确地拉入或推入所需档位，如图 3-9 所示。

在行驶中变换档位时，两眼应注视前方，左手握稳转向盘，用右手操纵变速杆来实现。切不可注视变速杆，也不得强拉硬推。一般应逐级换档，不得越级换档。当汽车由前进变后退或由后退变前进时，必须先将车辆停稳后，再进行换档，以免齿轮撞击发响，甚至撞坏变速齿轮。

6. 自动变速器的操作

（1）档位功能　自动变速器的档位如图 3-10 所示。自动变速器档位说明见表 3-1。

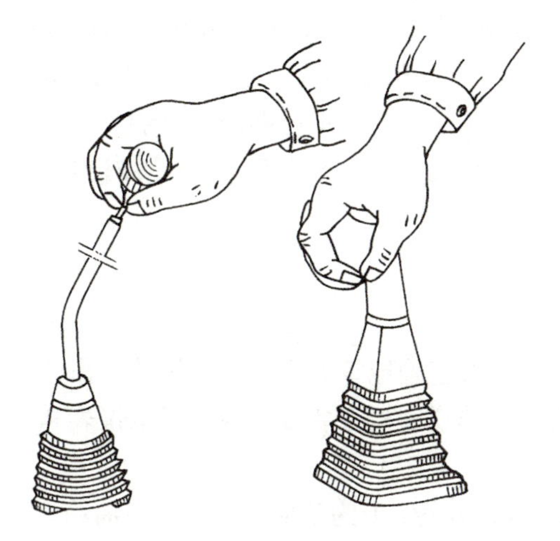

图 3-9　变速杆的握法

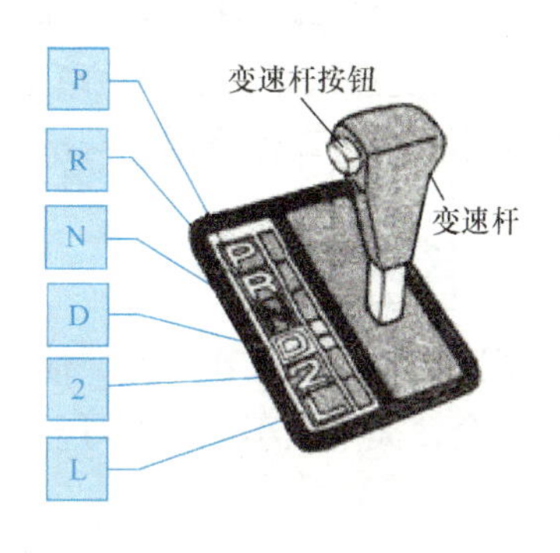

图 3-10　自动变速器的档位

（2）驾驶自动变速汽车的注意事项

1）发动机起动时，必须将变速杆挂入 N 位或 P 位；行驶中熄火，也不得在 D 位起动。

2）发动机已经起动，选择和挂入档位时，必须踩下制动踏板控制车速，不得踩加速踏板。

表 3-1　自动变速器档位说明

符　号	档　位	功　能
P	停车档	锁住输出轴，使驱动轮不能转动，防止汽车移动
R	倒车档	倒车时使用，使汽车只能倒行
N	空档	发动机起动时选用，此时变速器不能输出动力
D	行驶档	实现不同的传动比，使汽车变速前进
2	2 速档	发动机制动或瞬间加速时选用
L	低速档	坏路、上坡路或下坡制动时选用

3）挂入前进位，放松制动踏板，车辆将稍微向前蠕动，再轻踩加速踏板平稳起步；上坡起步必须拉紧驻车制动器操纵杆，踩加速踏板在停车状态下做“坡道起步”，但注意制动时间不宜过长。

4）下坡行驶用发动机牵阻制动时，一般选用 2 档或 L 位；严禁用 N 位滑行，以免变速器高速旋转的齿轮因无充分润滑而损坏。

5）超车加速时，必须瞬间将加速踏板踩到底，然后略回松，这样才能迅速加速。

6）暂停车时，只需踩下制动踏板，不必将变速杆移入N位，但发动机必须保持怠速运转，若停车时间较长必须用N位。汽车停放时，踩下制动踏板熄火后，拉紧驻车制动器操纵杆，将变速杆移入P位。

7）倒车时，充分利用自动变速器的“蠕动”特性，使之平稳起步慢慢倒车；若需越过障碍物，则还要踩加速踏板。

8）在检查发动机运转的车辆时，必须把变速杆推到P位，并将驻车制动器操纵杆拉到底。如果静止的车辆挂上某一前进位又需打开发动机舱盖工作时，决不可拉动加速装置，否则车辆会立即行驶起来，即使已使用驻车制动器，也不可能停住车辆。

9）自动变速汽车不能长距离被牵引，因为这时发动机不运转，变速器内的油泵不工作，变速器内的运动件将因无润滑而损坏。

七、驾驶仪表的使用

为了监控发动机工作情况，使驾驶人随时能够正确地掌握汽车各系统的工作状况，保证行车安全，提高汽车运行的可靠性，在驾驶室的仪表板上装置有各种指示仪表和指示报警器。

（1）燃油表　燃油表指示油箱的汽油存量，分为：1为油满，1/2为半油箱，0为无油。一般汽车燃油的续驶里程为400～600km。

（2）冷却液温度表　冷却液温度表指示发动机冷却液的温度，发动机正常工作温度应为80～90℃（现代高级车也有100～105℃为正常）。温度过低时，应避免发动机高速运转及负荷过重；温度过高时，应立即停车，检明原因后方可继续行驶。

（3）电流表　电流表指示蓄电池充电和放电的程度：“+”号方向表示充电，“-”号方向表示放电。

（4）油压表　油压表指示发动机在运转时机油的压力。

（5）制动气压表　制动气压表指示气压制动系统储气筒内压缩空气的压力。

（6）制动警告灯　驻车制动器操纵杆拉紧或者制动液面太低，该灯即发亮。驻车制动器操纵杆放松后，如该灯不熄灭或行驶时依然发亮，说明制动液罐内液面太低，应及时补充。

（7）充电警告灯　充电警告灯指示充电系统工作状态。汽车行驶中，如此灯发亮，表示充电系统发生故障，应立即停车检查。

（8）气压警告灯　气制动发生故障或管路漏气、储气筒气压降至一定压力时灯亮。

（9）油压警告灯　油压警告灯指示发动机润滑系统的工作状态。汽车行驶中，如果灯亮或闪烁，表示润滑系统发生故障，应立即停车，关闭发动机，检查排除故障，绝对禁止驾驶。

（10）燃油残量警告灯　当燃油存量小于10L时，燃料残量警告灯亮，应及早补充油料。

（11）遇险警告灯　在紧急情况下，提前向其他车辆发出警报，以防尾随撞车事故的发生。

（12）暖风开关 暖风开关用于开闭暖风机。

（13）雾灯开关 雾灯开关用于开闭防雾灯。

（14）变光开关 变光开关用于变换前照灯远近光。

（15）机油压力表 机油压力表是用来指示发动机运转时润滑系统内主油道的机油压力，以了解润滑系统的工作是否正常。各型汽车发动机的机油压力不符合规定时，不允许行驶。

（16）车速里程表 车速里程表是一只复合仪表，由装在变速器后端与输出轴相连的软轴驱动。上部为车速表，用来显示汽车的行驶速度；下部为里程表，用来累计汽车的行驶总里程。

（17）转向指示灯 转向指示灯用来指示转向灯的工作情况。在转向灯工作时，它也同时闪烁发亮。

（18）远光指示灯 远光指示灯与前照灯远光并联使用。当前照灯为远光时，指示灯即亮。

（19）燃油警告灯 燃油警告灯是油箱储存油量的指示警告装置。当储存的油量接近“0”时，警告灯开始闪烁，警告驾驶人应及时加油。

（20）驻车制动器指示灯 当该灯亮时，表示驻车制动器操纵杆处于制动位置；当解除停车制动后，此灯熄灭，方可起步。

八、常用标识符号

汽车仪表盘上常用的操纵件、指示器及信号装置的标志、图形及颜色，都有统一的规定，我国已有国家标准《汽车操纵件、指示器及信号装置的标志》（GB 4094—2016）。表 3-2 ~ 表 3-6 所示为一些常见的标志图形。

表 3-2 常用灯光照明系统标识符号

序号	操作件、指示器及信号装置的标志意义	图形	序号	操作件、指示器及信号装置的标志意义	图形
1	前照灯远光操纵件及信号装置标志		5	驻车灯操纵件及信号装置标志	
2	前照灯近光操纵件及信号装置标志		6	前雾灯操纵件及信号装置标志	
3	前照灯水平手调机构操纵件标志		7	后雾灯操纵件及信号装置标志	
4	位置（侧）灯操纵件及信号装置标志		8	灯光总开关及信号装置标志	

表 3-3　刮水洗涤系统标识符号

序号	操作件、指示器及信号装置的标志意义	图形	序号	操作件、指示器及信号装置的标志意义	图形
1	前风窗玻璃刮水器操纵件标志	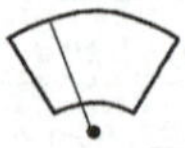	4	后风窗玻璃刮水器操纵件标志	
2	前风窗玻璃洗涤器操纵件标志	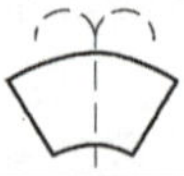	5	后风窗玻璃洗涤器操纵件标志	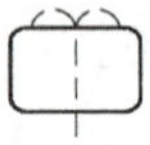
3	前风窗玻璃刮水器及洗涤器组合操纵件标志		6	单独操纵控制的前照灯清洗器操纵件标志	

表 3-4　空调通风系统

序号	操作件、指示器及信号装置的标志意义	图形	序号	操作件、指示器及信号装置的标志意义	图形
1	空调装置		3	风窗玻璃除雾除霜	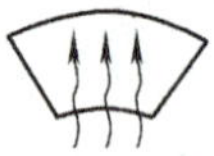
2	风扇（暖风/冷气）操纵件标志		4	后风窗玻璃除雾除霜	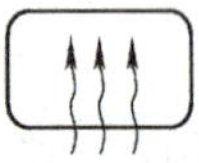

表 3-5　驾驶操作系统

序号	操作件、指示器及信号装置的标志意义	图形	序号	操作件、指示器及信号装置的标志意义	图形
1	发动机舱盖操纵件标志	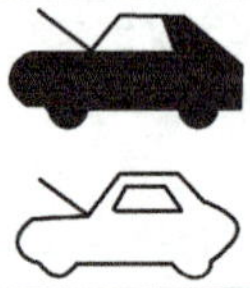	2	后行李舱盖操纵件标志	

表 3-6　警告指示系统

序号	操作件、指示器及信号装置的标志意义	图形	序号	操作件、指示器及信号装置的标志意义	图形
1	燃油液面高度指示器和警报信号装置标志		5	驻车灯操纵件及信号装置标志	
2	发动机冷却液温度指示器和警报信号装置标志		6	电控发动机故障信号装置标志	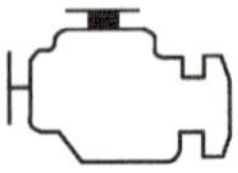
3	蓄电池充电指示器和警报信号装置标志	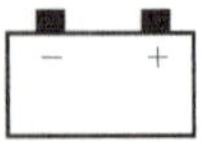	7	发动机预热信号装置标志	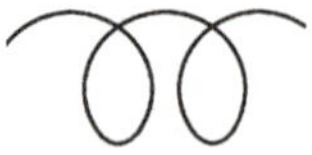
4	安全带操纵件及警报信号装置标志		8	喇叭操纵件标志	

（续）

序号	操作件、指示器及信号装置的标志意义	图形	序号	操作件、指示器及信号装置的标志意义	图形
9	机油压力指示器及警报信号装置标志		12	无铅燃油标志	
10	转向指示灯操纵件及信号装置标志		13	制动防抱死系统故障信号装置标志	ABS
11	危险警告灯操纵件及信号装置标志		14	制动系统故障（制动防抱死系统故障除外）信号装置标志	

第二节　汽车起步与停车

汽车起步与停车是驾驶人驾驶汽车必不可少的程序，能够熟练地起步与停车可以减少机件的磨损，延长车辆的寿命。

一、发动机的起动与熄火

发动机的起动与停熄是驾驶基本操作内容之一，也是驾驶的经常性工作。发动机的起动与停熄直接影响着发动机的使用寿命和燃料消耗。因此，每个驾驶人都应该了解、熟悉和掌握发动机的起动与停熄的正确操作方法，并在汽车驾驶过程中认真做到。

1. 发动机起动前的准备

在上车起动发动机之前，应绕行汽车一周，观察车体周围是否有人或其他障碍物，并做以下准备工作：

1）检查散热器（水箱）中的冷却液是否足够。

2）检查曲轴箱油底壳内的机油平面高度。

3）检查燃油箱中的存油量。

4）将变速杆置于空档位置，并拉紧驻车制动器操纵杆。

5）检查转向、制动系统。

6）检查底盘各紧固螺钉、轮胎气压等。

以上检查工作，不一定要每次起动发动机之前都进行检查，但是为了使发动机能够正常工作，延长发动机的使用寿命，保证汽车在行驶中的安全，一定要定期进行检查，而且在行车过程中要保持一定的警觉性，培养一种对汽车的动态定位，如发现异常情况应立即停车检查。

2. 发动机的起动

常规起动是指在常温下起动发动机。其步骤如下：

1）用点火钥匙接通点火锁（将钥匙顺时针转动至第 I 档）。

2）将变速杆放在空档位置。

3）踩下离合器踏板。

4）将钥匙转至第Ⅲ档，发动机即可起动。起动后迅速松开钥匙，钥匙自动回位。

5）待发动机运转平稳后，匀速地松开离合器踏板，保持低速运转，严禁猛踩加速踏板。

6）起动时，注意起动机的使用，每次应保持在5~7s内。3、4次仍无法起动，则应检查油路、电路有无故障，排除后再起动。严禁长时间使用起动机或用溜坡、倒车、拖车和推车的办法起动发动机，以免蓄电池和车辆机件受到严重损坏。

3. 自动档汽车发动机的起动

只有变速杆档位在P位和N位时才能起动发动机，同时应注意如下：

1）作为安全措施要先将驻车制动器操纵杆拉紧，踩住制动踏板。

2）将变速杆放到P位上，虽然放在N位上也能起动发动机，但是为了安全还是要放在P位起动最佳。

3）向右扳动发动机开关到START（开始）位置，听到发动机的起动声后即可放手。

4）轻轻调节加速踏板到发动机运转流畅为止。

4. 发动机起动后的升温和检视

发动机起动后，应维持在较高的怠速运转，逐渐升高冷却液温度到50~60℃。然后经高速、中速、低速运转检查，若发动机无异常响声、仪表指示正常，并没有异常气味和漏水、漏油等情况，方可挂档起步。否则，应立即熄火检查。

在低温冷起动发动机后，可用略高的怠速运转，使发动机的温度逐渐升高，绝不可猛踩加速踏板，以免因润滑不良而使气缸受到严重磨损。

5. 发动机的停熄

一般在正常情况下，停熄发动机只需将点火开关关闭，并查看电流表指针的摆动情况，以判明电路是否已经切断。在停熄前，切勿猛踩加速踏板轰车（即轰空油），否则会增加发动机的磨损，而且也浪费燃料。如发动机温度过高或经过重负荷行驶后，停熄前应使发动机怠速运转1~2min，使发动机的各机件均匀冷却，待冷却液温度降至90℃以下时，再关闭点火开关，将发动机停熄。

二、汽车起步

汽车起步时，因汽车从静止状态到运动状态需要较大的牵引力，所以，一般都使用低档起步。在平坦坚实的道路上，空车可用2档（4个以内前进位的车型用1档起步），重车和拖带挂车时应用1档起步。

1. 起步操作步骤

1）上车前，应环视车辆四周和车下有没有障碍物，前后灯具总成是否有损坏，轮胎胎压是否符合标准；上车后，保持正确的驾驶姿势，并检查后视镜位置是否合适。

2）按发动机起动顺序和方法起动，起动后检视各仪表工作情况是否正常。

3）检视各种仪表指示达到正常指标后，踩下离合器踏板，将变速杆挂入适当的档位（1档或2档）。

4）开左转向灯。

5）鸣笛，然后观察车辆前方及后视镜，查看有无妨碍起步的情况。

6）解除驻车制动。

7）握稳转向盘。

8）松抬离合器踏板，缓踩加速踏板，使车辆平稳起步。

2. 起步时离合器操作要领

离合器运用不当是平路起步中最大的问题。正确运用离合器的关键是“联动点”的判断。当离合器松抬到某一位置（也可以是某一点），发动机的动力开始传递给传动机构，这个传力的开始点就是“联动点”。判断离合器的“联动点”通常有以下几种方式：

1）听发动机声音的变化。当发动机在没有负荷时，发动机的声音比较轻松，如果加上负荷，即抬离合器达到传力的开始点时，发动机的声音就开始低沉下来，尤其在汽车负荷较大的情况下，反应更加明显。

2）凭抖动的感觉。在离合器松到传力开始点时，汽车由静到动会先有一股抖动的感觉，如果将双手轻轻地浮搁在转向盘上，那么很容易感觉到这股抖动的力量。这时，离合器恰在“联动点”上，也称“半联动”。

3）凭脚感。当发动机的声音发生变化，车辆发生轻微振动的同时，离合器踏板即会有顶脚的感觉，这时的离合器正处在刚刚联动状态。

如果在这个“联动点”上，加速踏板、离合器和驻车制动三者的联合动作配合得当，就能使汽车平稳起步。

3. 起步时加速踏板的操作要领

掌握了松抬离合器踏板的要领后再练习给油技巧。一般情况下，给油应该略在离合器“联动点”之前，节气门开度取中、小程度为佳，也就是发动机处于低速、中速较为合适（发动机转速约为800r/min）。这时发动机发出的动力足以克服汽车起步所受到的阻力，发动机也不会出现较长和较大的空转，耗油也少。

三、汽车停驶

正确停车是安全行车的一个重要组成部分。在我国每年发生的交通事故中，因停车不当或措施不规范而造成的事故占有相当大的比例。因此，掌握正确的停车方法在安全行车的全过程中显得尤为重要。

在路边停车时，按以下步骤进行操作：

1）放松加速踏板，降低车速，开右转向灯，以警示后方来车及行人，慢慢地向右侧或停车地点停靠，将右脚从加速踏板移到制动踏板上，均匀地用力踩下制动踏板。

2）当接近停车地点时，踩下离合器踏板（此时也可同时入空档），继续踩制动踏板，缓慢地向停车地点停靠，这时将制动踏板适当放松一点，然后再稍加压力，使车平顺地停在路右边。

3）汽车停稳之后，拉紧驻车制动器操纵杆，把变速杆移至空档，然后放松离合器踏板和制动踏板，关闭转向灯开关和点火开关，熄灭发动机。

停车操作的顺序可归纳为：减速靠右车身正，适当制动把车停，拉紧制动放空档，踏板松开再关灯。平稳停车的关键在于根据车速的快慢和距离停车目标的远近，适时地松抬加速踏板以及恰当地运用离合器踏板与制动踏板的接合。因此，加速踏板、离合器踏板以及制动踏板三者要熟练地配合好。

第三节　汽车变速驾驶操作

对于手动换档汽车，换档操作在汽车运行过程中是相当频繁的。及时、正确、平稳、迅速地换档，可延长汽车使用寿命，提高汽车机动性，保持平顺行驶，节约燃料，同时还可衡量一个汽车驾驶人驾驶技术水平的高低。要更好地掌握并不断地提高换档技术，就必须了解换档过程的有关知识。

一、换档的技术要求

换档的技术要求可以概括为八个字——及时、正确、平稳、迅速，具体如下：

（1）及时　起步后，随着车速的提高要及时按顺序逐级换入高速档，使车辆的行驶速度和发动机的转速经常处于合理的联动状态，做到不“抢档”、不“拖档”。

（2）正确　加速踏板、离合器踏板和变速杆三者的配合要协调，档位要准确。

（3）平稳　换入新的档位后，联动要及时平稳，做到没有明显冲动或拖拉感，“不知不觉”地完成换档。

（4）迅速　换档动作越迅速越好。动作迅速，缩短了换档的时间，减少了车辆动能的损失，有利于降低燃油的消耗。

二、汽车的换档操作

车辆的行驶速度要与档位保持合适的对应关系，因发动机的功率和转矩是固定的，不能满足汽车正常行驶，所以设计出了变速器。变速器分为低速档、高速档和倒档。低速档时，发动机可以输出比较大的转矩，但车速不快；高速档时，车速可以很快，但此时的转矩很小。总之，档位越低力越大，档位越高车越快。各档位下的行驶速度见表3-7。

表3-7　各档位下的行驶速度

档　位	1档	2档	3档	4档	5档
速度范围/(km/h)	0～20	20～35	30～45	40～65	50～150

由低速档位换入高速档位简称加档，由高速档位换入低速档位简称减档，这是两种不同的操作程序，在操作方法上也有区别。

1. 加档操作

汽车起步之后，只要道路和交通情况允许，就要平稳地踩下加速踏板，逐渐提高车速，当车速合适换入高一级档位时，就应立即进行加档操作，具体步骤如下：

1）首先应踩下加速踏板，提高车速。

2）达到适合换入高一级档位的速度时，迅速踩下离合器踏板，将变速杆移入高一级档位。

3）缓抬离合器踏板，同时逐渐踩下加速踏板，进行加速，再换入更高一级档位或等速行驶。

加档的关键在于加档前恰当地提高车速，而车速提高的程度要视情况而定。操作加速踏板要“稳踩”“快抬”。通常情况下，由 1 档起步后不要提高车速，即可换入 2 档，2 档加 3 档时，轻轻地踩下加速踏板即可，在以后的由 3 档换 4 档和 4 档换 5 档的过程中，提高车速的程度应逐渐增加，但不得过度提速。另外，在中速档以下加档的过程中，当换入高一级档位后，离合器踏板松抬至半联动位置时，要稍停再慢抬，使发动机动力平稳传递，避免车辆发生“冲动”“抖动”等现象。

2. 减档操作

汽车在行驶中，遇到阻力较大路段感到动力不足，原来档位不适应继续行驶时，应迅速减档，具体操作如下：

（1）普通减档法

1）放松加速踏板，判定车速达到适宜减档速度。

2）迅速踩下离合器踏板，将变速杆摘至空档。

3）抬起加速踏板，快速踩下离合器踏板，操纵变速杆换入低档位。

4）缓抬离合器踏板，及时踩下加速踏板，汽车将维持低档位运行。

（2）制动减档　在汽车运行速度较快时进行减档，则需要先制动减速，然后根据速度降低的情况进行换档。

1）放松加速踏板，依车速适当踩下制动踏板，使车速迅速降至所减档位的车速。

2）按减档要领完成减档过程。

3）越级减档时，应在踩下制动踏板后，踩下离合器踏板，且将变速杆移至空档，其余同上。

4）将变速杆移入低一级档位。

5）在放松离合器踏板的同时，适当踩下加速踏板。

3. 换档时机

加档和减档都要掌握好换档的时机，适时变换档位。加档时间过早和减档时间过晚，都会由于动力不够造成传动部分抖动而加速机件损坏，甚至造成发动机熄火；而加档时间过晚和减档时间过早，又会造成低速档使用时间过长，燃料消耗增加。

当在行驶中，踩下加速踏板，发现发动机动力过大，感到原来的档位不适应，应及时换入高一级档位，换档前应先将车速适当提高到接近高一级档的初速度。加档后没有动力不足和传动部分抖动的现象，就为加档时机适宜。如果发动机抖动或者车身抖动厉害，说明目前速度跟不上档位，应该加速或者直接降档，减档后汽车行驶正常，就为减档时机适宜。

正确地加档和减档要求换档及时、接合平稳，并顺次逐级进行，一般不得越级换档和错档。为不换错档位，在操作中，当第一次踩下离合器踏板将变速杆移入空档时，应将变速杆置于需要进入的档位前稳住，不得在空档左右晃动；当再次踩下离合器踏板时，才可准确挂入所要的档位。同时还应注意，左手握稳转向盘，右手操纵变速杆，两眼注视前方的情况，不得低头看操纵机件。

三、自动档汽车的换档操作

1）自动档汽车行驶过程中变速杆的位置。自动档汽车在行驶时，如果档位是按照L—2—D的顺序进行变换时，可以不受任何车速条件的限制，即不管汽车的行驶速度高还是低都可以按此顺序变换变速杆的位置；如果是按D—2—L的顺序变换变速杆的位置，就必须要在实际车速不高于相应的升档车速的条件下才能进行。

2）减小节气门开度提前升档（收节气门提前升档）。自动档汽车虽然能自动换档，但不是在D位起步后，一直加大节气门前行就可以快速地换到高速档，因为对自动档汽车来说，一定的节气门开度与车速之间有着确定不变的关系，当发动机节气门开度不变时，必须在汽车加到一定的速度时变速器才能自动地升上高档。

在用D位起步后，先以较大的节气门开度（约50%）将汽车迅速加速到20～30km/h，然后快速地收一下节气门，这样自动变速器就会自动地从Ⅰ档升到Ⅱ档。待汽车在Ⅱ档加速到50km/h左右时，再快速地收一下节气门，则自动变速器又会从Ⅱ档自动地升到Ⅲ档。这种驾驶方法不但升档速度快，而且由于发动机转速的增幅相对较小，既降低了发动机的磨损，又降低了汽车加速过程中的油耗和噪声，使车内的乘客有较为舒服的感觉。

第四节　汽车速度与方向的控制

速度调节的方法通常有以下三种：加速踏板调节、制动踏板调节和离合器踏板调节。汽车方向的控制主要包括直线行驶和曲线行驶时的方向控制。

一、加速踏板调节车速的操作

利用加速踏板调节车速是速度调节的主要方法，因其简便易行而在驾驶实践中被广泛使用。其调节范围在本档位的最高车速和最低车速之间。

（1）加速　缓慢踩下加速踏板，使车速迅速提高，等达到所需要的车速时，适度放松加速踏板且保持不动，即可保持车速。

（2）降速　缓慢放松加速踏板到适当位置且保持不动，利用发动机的牵阻作用，使车速下降到低速状态下匀速行驶。如果需要降低的幅度较大，也可以完全放松加速踏板，待车速降低到最低车速时，再适度踩下加速踏板跟油，停止发动机的牵阻降速作用而保持车速。车速降低的最大幅度或者说跟油的最佳时机以不拖档为宜。

二、制动踏板调节车速的操作

在发现特殊情况后，判断有充足的时间应对时，应先放松加速踏板，利用发动机牵阻作用降低车速，并根据情况间断缓和地轻踩制动踏板，使汽车减速。

利用发动机的牵阻作用进行降速，有时不能适应情况的需要，特别是遇到一些突发情况，需要迅速降速时，仅靠放松加速踏板很难达到目的。因此，还需要利用制动踏板，强

制性地快速降低车速。

汽车的制动是驾驶人通过操纵制动装置来实现的，可通过制动踏板使汽车强制地降低行驶速度直至停车，或在下坡时保持一定的速度。

1. 制动操作的方法

汽车行驶中，可分为预见性制动和紧急制动。

（1）预见性制动　预见性制动是驾驶人在汽车运行过程中，对已发现的行人、地形和交通情况的变化或预料可能出现的情况，提前做好思想准备，有目的地采取制动而减速或停车。

1）制动减速。方法是右脚离开加速踏板，轻踩制动踏板（只踩制动踏板的自由行程），然后根据车辆惯性情况和距离障碍的远近情况踩下制动踏板，但不完全踩下，使车辆保持一定的余速，即所谓刹慢不刹停，待情况解除后再换档前进。

2）预见性停车。是指当车辆在行驶中遇到路口红灯、前方交通堵塞等情况时，驾驶人预先有目的地采取制动措施将车停住，称为预见性停车。预见性停车可结合采用发动机牵阻和制动器制动的办法，使车轮制动以“早踩长磨”方式实施制动，以加快车辆减速。当速度降至10km/h以下时，踩下离合器踏板，在驶近停靠地点时，逐渐放松制动踏板，让车辆在到达停靠点前略有一点余速，待车辆将停未停时，采用“轻—重—轻”的制动方法踩下制动踏板，这样可减少惯性冲动，使停车平稳。

（2）紧急制动　紧急制动是指汽车在行驶中突然遇到危急情况时，驾驶人正确、迅速地使用制动器，将车迅速停住，以达到避免事故的目的。紧急制动对汽车的机件和轮胎都会造成较大的损伤，并且由于左、右车轮制动力不一致，或与路面的附着系数有差异，以致造成汽车“跑偏”“侧滑”，失去方向控制而危及安全。因此，紧急制动只有在不得已的情况下方可使用。

紧急制动的操作方法：握紧转向盘，迅速放松加速踏板，并果断地用力踩下制动踏板，然后踩下离合器踏板。有时为了充分发挥车辆的最大制动能力，在使用脚制动器的同时，还可以拉紧驻车制动器操纵杆，使车辆尽快减速或停住。紧急制动时，切忌先踩离合器踏板和情况未变化时就放松制动踏板，否则会造成制动距离增加，发生危险。

为适应紧急制动的需要，在复杂环境中行驶时，如果不加速时右脚应放在制动踏板上，以减少紧急制动时的反应时间。行驶的汽车使用强烈的紧急制动时，车轮要抱死，这时常出现后轴侧滑，引起汽车剧烈回转运动，特别是在附着性能差的路面上，这种现象更为常见和明显。因此，当汽车行驶在雨、雪、冰冻和泥泞道路上时，禁止使用紧急制动，以防发生侧滑。

为了保证行车安全，驾驶人在出车前、下长坡前都要试踩制动踏板，检查制动的性能，只有在制动性能安全可靠的情况下，才可以出车或者下长坡。在行驶中，应与前车始终保持大于制动停车的距离，以防万一。

2. 汽车制动应注意的问题

1）熟练掌握踏板幅度、制动力和车速变化的相互关系。

2）汽车行驶中，应与前车保持足够的间距，以避免发生追尾事故。

3）尽量避免紧急制动，可以在预见性制动中采用早踩长磨的方法，使汽车平稳

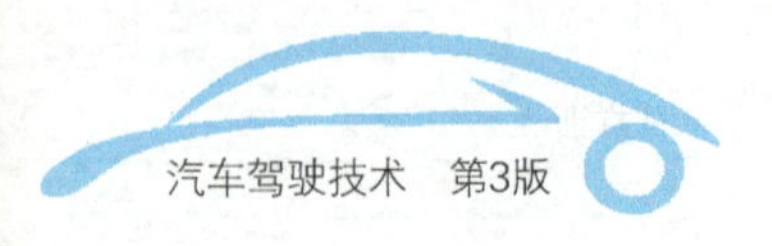

减速。

4）汽车在狭窄弯路或雨、雪、冰冻、泥泞等道路上行驶时，应降低车速，禁止使用紧急制动，以防侧滑。

5）紧急制动时，切忌先踩离合器踏板后踩制动踏板，这样会造成制动距离增加，发生危险。应该先踩制动踏板然后根据速度情况变化及时放松制动踏板。

6）除制动器失效或不宜使用制动器等情况外，严禁在道路复杂地段用高速档换入低速档的方法代替制动减速。

三、离合器踏板调节车速的操作

离合器踏板调节车速是利用离合器半联动的滑动摩擦作用实现速度调节的。它经常被用于汽车通过一些复杂交通状况时，在保持发动机正常工作的前提下，获得各级档位均无法得到的适宜车速，减少汽车惯性反作用于发动机的冲击力，从而保证汽车平稳行驶。

离合器踏板调节车速的实质就是半联动的延伸使用。它的操作方法是间歇地使用半联动驱动汽车。

离合器踏板调节车速的方法和注意问题如下：

1）在超低速行驶时，通过控制抬起离合器踏板半联动的程度和节气门的大小来控制汽车的行驶速度，实现不受档位和发动机工作状态的限制而获得超低行驶速度。

2）在遇到连续凹凸路时，阻力小时全抬起离合器踏板，阻力大时稍踩下离合器踏板，这样，利用汽车自身的惯性和部分发动机的动力平稳通过，既防止了由于路面起伏过大造成汽车惯性反作用于发动机的冲击力，影响发动机的正常工作，又使汽车有一定的驱动力，保证平顺行驶。

3）掌握离合器踏板使用的时机，学会间歇地使用半联动的操作方法。可以在转急弯、狭窄区内调车、原地转向等情况下灵活应用离合器踏板调节车速的方法，但使用时间不宜过长，否则容易使离合器摩擦片烧毁和分离轴承烧蚀。

四、直线行驶时方向的控制与操作

据资料统计，汽车在行驶过程中，90%的时间和95%的里程都是直线行驶。因此，直线行驶是应用驾驶的基础，直线驾驶的操作技法是每个驾驶人必须十分熟练掌握的动作之一。

直线行驶时，转向盘的操作量是与汽车行驶速度成反比的。车速越快，转向盘操作量越小，转动的速度也要越慢。

1. 参照点的选择

为了准确控制汽车行驶方向，要正确选择参照点。

（1）参照点的位置　通常是车轮在路面上行驶轨迹的延长线，注视点的远近随着车速的增加而前移，绝不可始终盯着车跟前。

（2）参照点的距离　通常以车速的1/200为宜，即当车速为40km/h时，注视距离为200m；当车速为80km/h时，注视距离为400m。

2. 方向修正的操作技巧

直线行驶的操作要领如下：

1）当发现汽车偏离正直行驶方向时，先向相反的方向消除转向盘游动间隙。

2）再依偏离量，将转向盘向正确的方向适当修正。

3）当汽车快要回正而还未回正时，即开始逐渐回正方向，也就是将方向回到游动间隙中间。因为如果不能提前回轮，汽车就会又偏向另一方向，出现蛇形行驶。

3. 在直线行驶时必须掌握的动作要点

1）修正方向的时机要依车速的快慢掌握提前量。

2）道路上参照点的选择。在实际操作中，车速低则操作量大，车速高则操作量小，总量以在转向盘游动间隙范围内操作为宜。若操作量过大，不便于及时回正方向。

五、曲线行驶时方向的控制

曲线弯道行驶时，前轮轨迹通常应沿着路边沿线的曲度移动，即汽车顺弯行驶。为了便于在驾驶工位上准确控制行驶方向，开始时一般以车身的某个部位作为参照点，让参照点始终沿着边线运动，就可以保证汽车顺弯行驶。

驾驶汽车在进入弯道之前，首先应降低汽车的行驶速度，提前打开转向指示灯，向同向和相向行驶的汽车示意自己的转弯意图，并做好随时准备停车的准备，然后对弯道的线型、弯道的走向及弯道处的交通状况等进行详细的观察和判断，也要遵循“一慢、二看、三通过”的操作程序。尽可能不在弯道处采取制动器制动操作，可利用发动机的牵阻制动进行减速，以维持汽车在弯道的行驶稳定性。转向盘的操作也应尽量控制在小转角转动的范围内，不宜将转向盘打死，根据弯道的线型、路面宽度和汽车行驶速度及时调整好转向盘的操作是很重要的。

直角弯道和回形弯道是常见的曲线行驶情况。

1. 直角弯道

在保持足够内轮差的前提下，应使车轮轨迹尽可能地靠近内角和内边线。在操作中，应首先控制汽车保持其与内边线的横向距离，留出足够内轮差的空间，然后找到开始打方向的参照点，汽车即可平滑转弯。直角弯道场地的设置如图 3-11 所示，图 3-12 所示为直角弯道练习图。

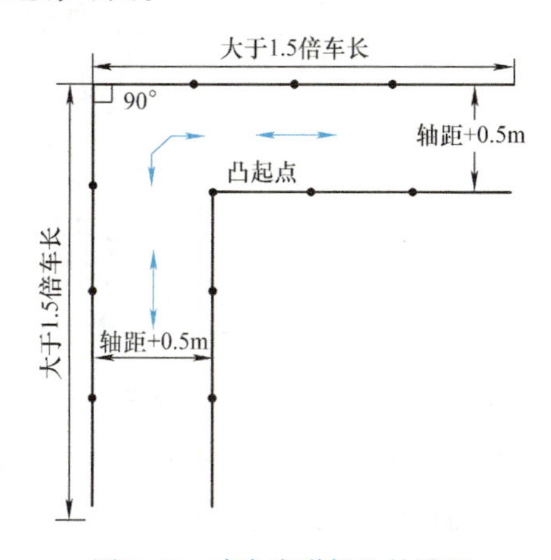

图 3-11　直角弯道场地的设置

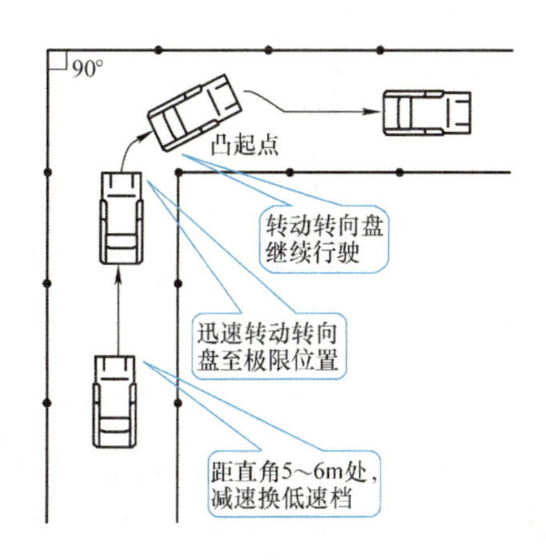

图 3-12　直角弯道练习图

直角弯道练习注意事项如下：

1）直角转弯练习采用左转及右转方式，用低速档通过，目测要准，判断要准确，正确估计内轮差。内后轮禁止压凸起点、边线，中途不得停车，要一气通过。

2）当车头将要转入新方向时，回方向要及时，并做到一次到位。要特别注意防止右（左）前轮压及外侧线。

2. 回形弯道

由于弯道曲率半径小，要想快速通过，减小行车的离心力，就得采取一些特殊技法才能完成。

（1）慢入快出转弯法　慢入快出转弯法就是入弯前先减速，再进入弯道，然后从弯道处快速走出来的方法，如图3-13所示。

1）慢入。转弯前，放松加速踏板或稍踩制动踏板，然后将车靠向道路右沿弯道边线进入弯角，这就是最初的慢入。

2）快出。为了快出弯道，需在后半部分的弯道中尽可能使汽车直线行驶，因此，选择切线点或称加速点是快出的关键，切线点的位置通常放在弯道的约1/3处。当汽车行驶到弯道的1/3处时，便可迅速控制汽车由弯道内侧切入驶出弯道且逐渐加速。

这种通过方法改变了转弯的前半部分和后半部分的曲率半径，使前半部分的曲率半径比实际的要小，而后半部分比实际的大。这样，就可以使汽车驶出弯道时基本沿直线行驶，从而快速驶出。

（2）外内外转弯法　外内外转弯法就是转弯前紧靠道路外侧，入弯后由外侧逐渐向内侧靠近，当行至弯道的2/3处，又靠向道路外侧的方法，如图3-14所示。

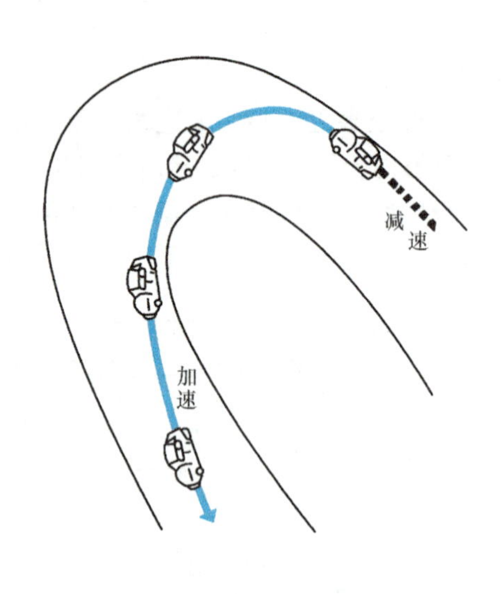

图3-13　慢入快出转弯法

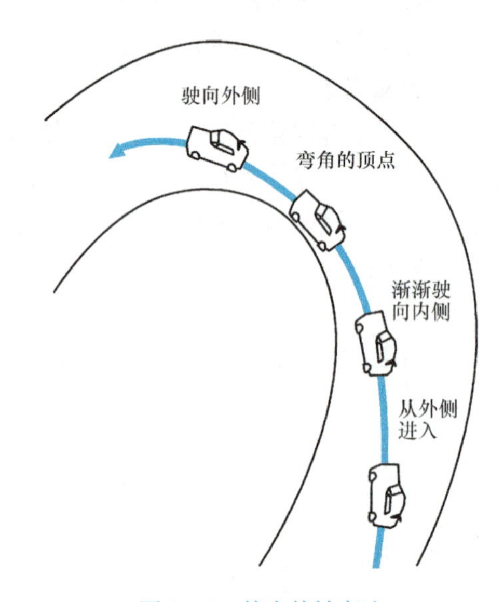

图3-14　外内外转弯法

外内外转弯法就是尽可能地使汽车行驶轨迹的曲率半径增大，这样就可以用高速通过弯道，但在采用这种方法时，绝对不要越过中心线，而且要确实认定对面没有来车。

第五节　汽车场地驾驶训练

汽车起步、变速、制动和停车等都是汽车驾驶的基础，但在实际驾驶汽车时，则必须把这些单项的操作根据需要有机地结合起来运用。汽车的掉头、倒车、倒车入库和侧方移位等操作场地驾驶训练更接近日常的汽车驾驶，所以掌握正确的驾驶式样训练，对以后熟练地驾驶汽车至关重要。

汽车掉头、倒车入库、坡道定点停车和起步、侧方停车、曲线行驶、直角转弯和桩考等项目是获取C类驾驶证的必考项目。

一、汽车掉头操作

所谓汽车掉头，是指汽车方向进行180°改变。

1. 道路行驶掉头

汽车掉头必须严格遵守《中华人民共和国道路交通安全法实施条例》的规定：机动车在铁路道口、人行横道、桥梁、急弯陡坡、隧道或容易发生危险的路段，不得掉头。因此，掉头必须选择交通量小的交叉路口，或平坦、宽阔、路面坚实的安全地段。

根据路面宽度和交通情况，汽车掉头可分一次顺车掉头或顺车与倒车相结合掉头。如无上述条件，可选择利用路旁的空地进行掉头。

（1）一次顺车掉头　在交叉路口或较宽的道路上，要尽量应用一次顺车掉头。此法迅速、方便、经济、安全，如图3-15所示。

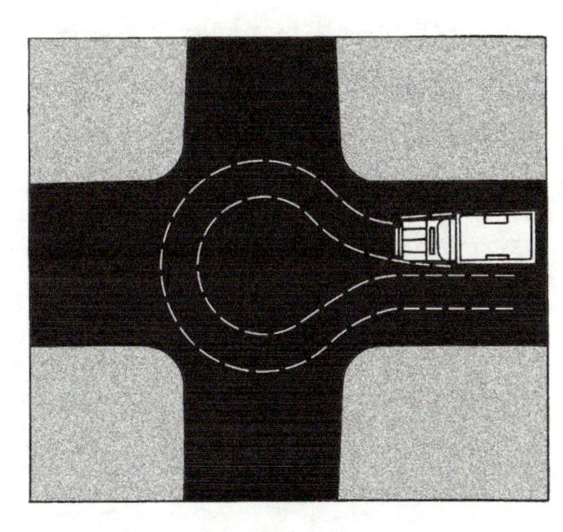

图3-15　交叉路口的一次顺车掉头

操作方法如下：

1）选择交通规则允许的较宽道路、路口、场地及可以进行一次顺车掉头的地段、空地等。

2）掉头时，先打开左转向灯发出掉头信号，鸣笛起步，低速行驶，将车尽量靠道路右边；也可在汽车驶近掉头地点时，降低车速，并将车辆逐渐驶靠右侧路边，然后挂入中速档或低速档。

3）观察道路情况，确认安全后，迅速向左转动转向盘至极限位置，注意兼顾多方位交通动态。

4）车头驶向与原方向相反时，迅速回正转向盘，逐渐踩下加速踏板，关闭转向灯，继续行驶。

（2）顺车与倒车相结合掉头　如果道路狭窄不能一次顺车掉头，可运用前进与后退相结合的方法掉头。

比如，在比较狭窄的道路上利用路口或路旁空地掉头，如图3-16所示。在路口（或空地）前1m处停车，确认后方、内角的安全状况；倒入路口；注意左右交通状况，起步左转向进入行车道。

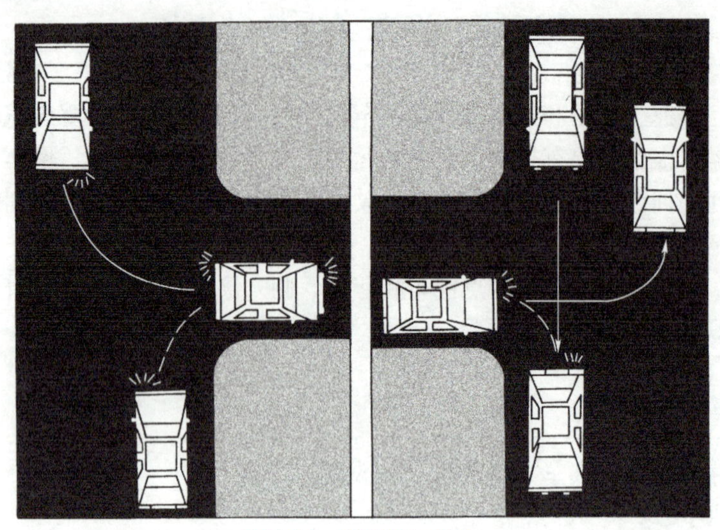

图3-16　利用路口掉头

如果不能一次顺车掉头且没有可利用的路口时，则可在交通流量较小的时候进行掉头。其具体办法是：先降低车速，靠道路右侧缓行或停车；打开左转向灯，观察前后方（通过后视镜或驾驶后视窗）道路，注意有无影响掉头的情况；确认安全后，迅速将转向盘向左转至极限位置；待前轮驶近左侧路边（路肩）或车前端接近障碍物时，踩下离合器踏板，轻踩制动踏板；同时在车辆尚未停稳之前，迅速向右回转转向盘，随即停车，准备后倒；挂倒档起步后，迅速向右将转向盘转至极限位置，待后轮接近路右侧边缘时，迅速向左回转转向盘，随即停车；挂前进位起步，向左转动转向盘，使车辆沿与原来相反方向驶出，逐渐驶入正常路线。

经一次前进和后倒不能实现掉头时，可用顺车与倒车相结合的方法进行多次前进、倒车，直到能顺车驶出为止，如图3-17所示。

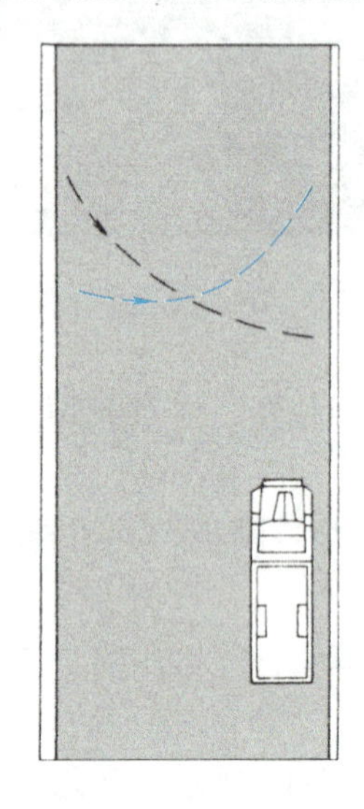

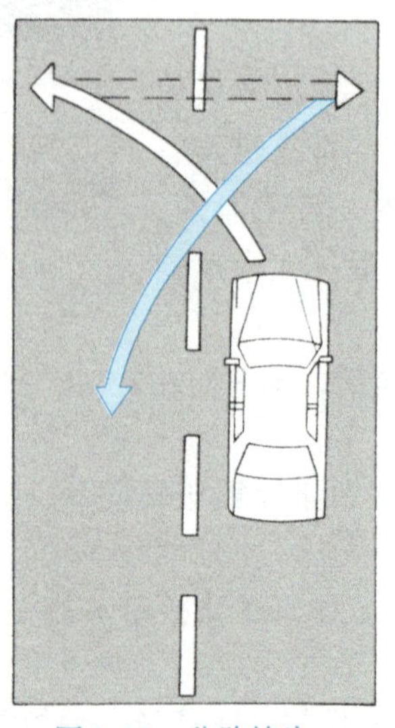

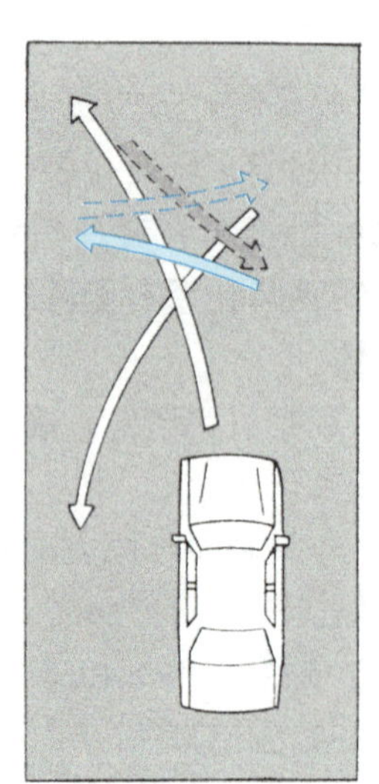

图3-17　公路掉头

2. 三进二退划线掉头

由于公路掉头操作难度较大而且影响交通，掉头操作训练难以在公路上进行，为此先在合适的场地用划线模拟的办法进行训练，这就是划线掉头。

（1）划线掉头的场地设置　划线掉头场地设置的路宽尺寸为2倍汽车轴距+0.20m，左右两边线长度为2倍车长，如图3-18所示。

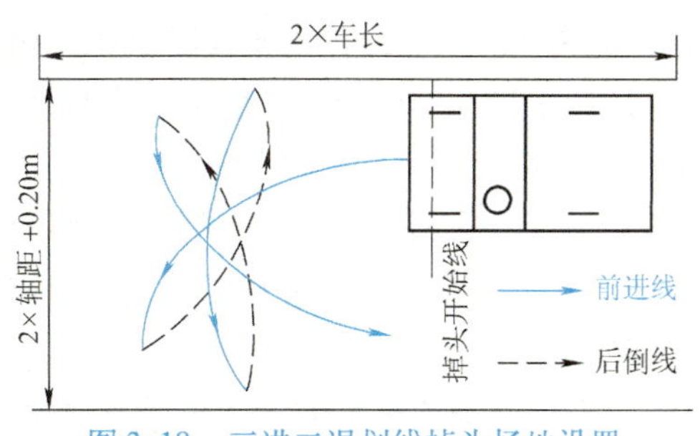

图3-18　三进二退划线掉头场地设置

（2）三进二退划线掉头操作要求

1）掉头时要求以三进二退完成掉头作业。

2）不准原地转动转向盘，行车过程中不使用离合器半联动或中途任意停车。

3）进入场内后不得熄火。

4）行驶平稳不闯动。

5）前进和后倒过程中，汽车前后轮胎均不得压线。

（3）三进二退划线掉头操作步骤训练

1）调正车身。使汽车右边前、后轮胎外侧尽量紧靠右侧边线，怠速前进（2档或1档），一般以右侧车轮轮胎外侧与右边线保持在0.20~0.30m的横向间距为宜。

2）第一次前进。先开左转向灯示意，待汽车前轮驶过起步线后，迅速向左转动转向盘至极限位置，使汽车驶向左侧。从左门窗看左前翼子板（或顾及左前轮）中部越过左侧划线时，即左前轮接近左侧边线时（约距1m），迅速向右回转三把方向，然后停车。

3）第一次后倒。先从左侧门窗观察后倒路线和车位情况，然后鸣笛挂入倒档慢速后倒，起步后迅速向右转动转向盘至极限位置，让车尾右拐，同时观察右边后视镜，待车倒至后轮距离路沿或障碍物约1m时，迅速向左回转三把方向，然后停车。

4）第二次前进。挂入前进起步档，一经起步后，随即向左转动转向盘至极限位置，待左前轮接近左侧边线时，迅速向右回转方向，随即停车。

5）第二次后倒。起步后，迅速向右转动转向盘至极限位置，同时观察右边后视镜，观察右后轮接近后划线0.50m时，迅速向左回转转向盘，随即停车。

6）第三次前进。再次挂1档前进时，仍需迅速向左转足方向，以保证右前轮不压越右侧划线，将车驶向右侧边线停正，关闭左转向灯，即完成此科目。

此操作在比较狭窄的公路或夜间在公路上掉头时，一般应有人指挥，如无他人指挥时，凭估计目测，并尽量考虑停车时前后距离的提前量，并按上述操作方法可增加进退次数，以确保安全。

3. 掉头注意事项

1）掉头时必须严格遵守交通法规的有关规定，起步、前进、后倒、停车等都应按照操作规程进行。

2）掉头过程中，每一次进、退均以低速行驶；各车轮接近路边的距离不等，估计车位时，应以先接近路边的车轮为准。

3）横过公路时，要认真观察道路上有无来车、行人及其他影响掉头的情况；在有行道树的道路上掉头，需注意不使车辆刮碰树干。

4）倒车目标的选择，一般从后视窗看路沿的行道树或其他可见目标；也可以车门窗看道路中心作为判断依据，前进应尽量到边，后倒则应留有余地。

5）前进、后倒将停车时，都必须迅速回转转向盘，为后倒或前进创造转向条件；同时应注意踩下离合器踏板不宜过早，防止拱形路面的边沿较低，使车速突然变快而造成操作上的困难。

6）在危险地段掉头时，应注意使车尾朝向安全的一边，在路宽为两轴距的道路上，应三进二退完成。

二、汽车倒车操作

汽车的行驶、停放经常需要倒车，但是，由于不易看清车后道路情况，加之倒车时后轮变为前导，前轮变为后跟，容易造成主观感觉上的差异，使得倒车行驶比前进行驶困难得多。

1. 倒车的技巧

（1）掌握正确的倒车姿势　驾驶人在倒车时，应根据自己所驾车外廓的宽度、高度及交通环境、道路和视线条件，选择不同的倒车姿势。正确的倒车姿势主要有以下三种：

1）注视后视镜倒车。借助右侧倒车镜判断后轮与路沿间的距离，并以此来确定转动转向盘幅度的大小。

2）注视后窗倒车。驾驶座位在左边的，左手握住转向盘上缘，身体向右侧转，下体微斜，右臂依托在座椅靠背上端，头朝向后窗，用眼睛注视后方目标进行倒车，如图3-19所示。

3）注视侧方倒车。驾驶座位在左边的，右手握住转向盘上端，左手打开车门，扶在门窗框上，上体向左斜伸出驾驶室，转头向后看，注视倒车目标，如图 3-20 所示。

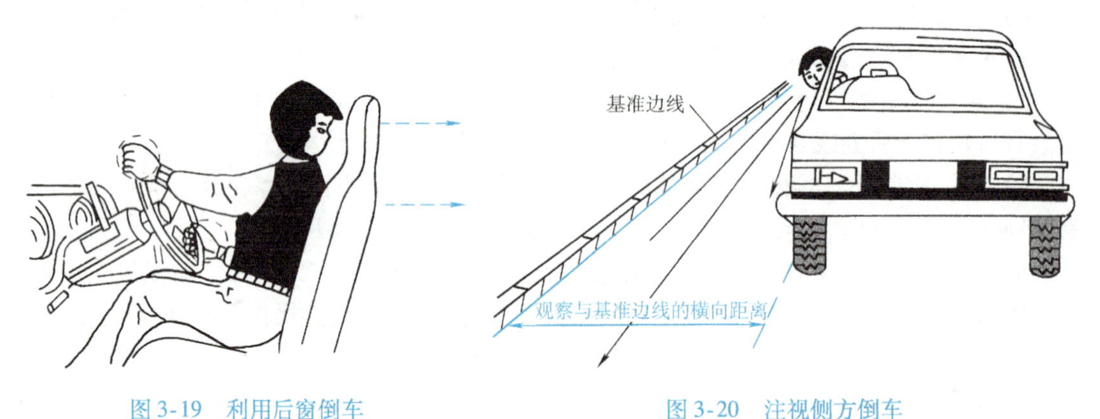

图 3-19　利用后窗倒车　　　　图 3-20　注视侧方倒车

（2）选好倒车目标　倒车时，一定要选好目标，以此控制转向盘的转动程度，保证倒车时的正确性。选择目标时，应注意选择那些较明显、易观察、牢固安全、不易被车辆碰倒，并且有对比角度的目标。以下是选择倒车目标的具体方法：

1）注视后视镜倒车时，可选择后视镜中出现的道路边线或障碍物和车身边缘影像为相对目标和基准，使车身边缘线与路边线或障碍物之间保持适当的距离进行倒车。如距离过大，就意味着过于靠近路中。

2）注视后窗倒车时，可选择库门、场地和停靠位置附近的建筑物或树木为目标，以车厢后栏板中心线或车厢两后角为基准对象选定目标，进行倒车。

3）注视侧方倒车时，可选择车厢角或一侧后轮为基准，找准停靠场地或车库的边缘目标，进行倒车。

（3）倒车要领要正确　倒车时，要看清周围的情况，稳住加速踏板，控制好车速，应避免忽快忽慢。要随时做好制动停车的准备，当感到没有把握时，应立即停车，待弄清情况后再倒车。

（4）直线倒车　直线倒车时，转向盘的应用与前进时一样，如车向左（向右）出现偏斜时，应立即向右（向左）稍稍回位，等车尾摆正后再回正转向盘，注意切不可猛打猛回。

（5）转弯倒车　转弯倒车时，需兼顾前后，谨防外侧前轮、保险杠等碰撞路旁的物体，注意回转转向盘的时机。若倒车时需要改变行驶方向，可按下列方法进行操作。如果使车尾向左（向右）转，转向盘也应向左（向右）转动；如弯急，转向时机可延迟，转向量要大；如弯缓，则转向时机可提早，但转向量要小，如图 3-21 所示。

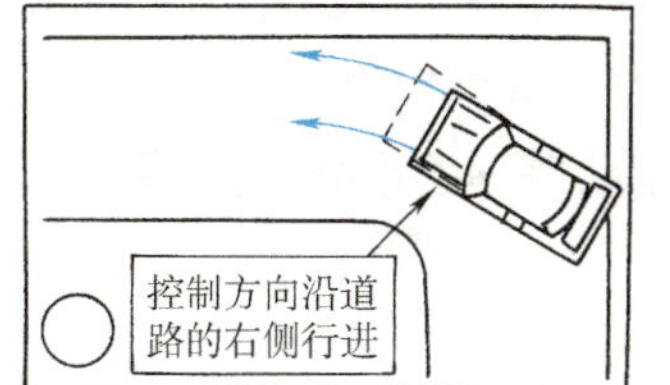

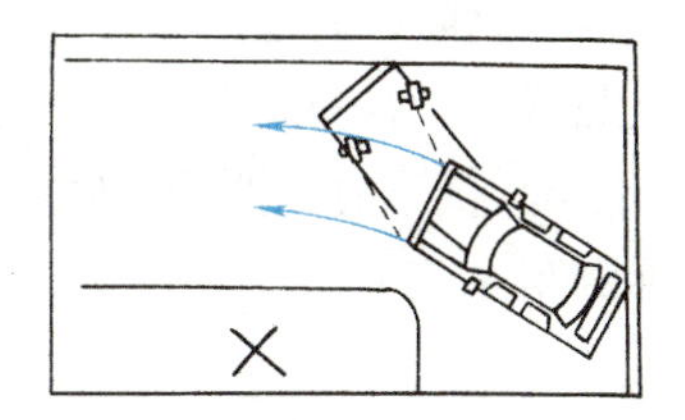

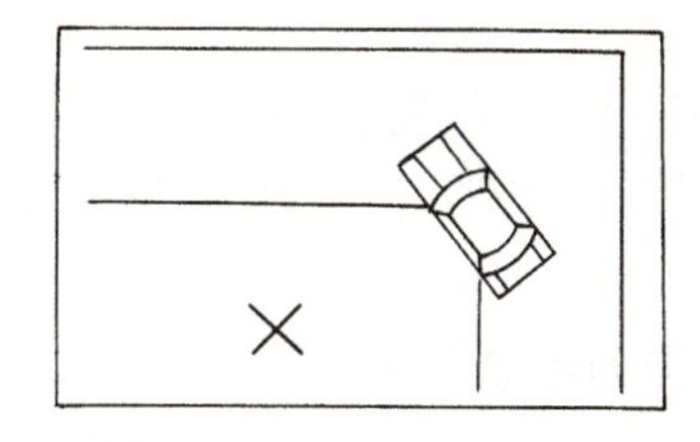

图 3-21　转弯倒车

（6）多次倒车　当车辆一次后倒难以达到目的时，不要勉强，应再次前进调整车位，以减小倒车的难度。

（7）曲线倒车　所谓曲线倒车是指汽车在倒退行驶中带有一定转弯角度的运行方式。曲线倒车的关键是在车上选择和观察正确的参考点，当参考点与路面的限位线重合后，及时地转回转向盘。曲线倒车时要以一侧后轮为基准，与路面选定的参照物保持弧形距离，适时修正。要特别注意车辆前部的安全。

2. 指挥倒车

汽车在复杂地形、危险地段掉头和倒车时最好有人指挥，以便安全地将车倒进预定的位置。指挥倒车时要注意以下几个方面：

1）指挥位置。指挥者在指挥倒车时，应面对车辆，一般位于汽车左前方 5 ~ 6m 处，以便兼顾前后，保证倒车的安全。

2）指挥手势。倒车前，指挥者要与驾驶人统一指挥手势。

3）指挥者与驾驶人要密切配合，指挥要果断，切勿弄错。驾驶人精力要集中，看清指挥手势，转动转向盘要及时，以确保安全。

4）在夜间或视线不良的环境下指挥倒车时，要用口令指挥，口齿要清楚，声音要洪亮。

3. 倒车的要求和注意事项

1）倒车行驶中要稳住加速踏板，控制车速，不可忽快忽慢，既要防止因乏力熄火，又要避免因倒车过猛而发生危险。

2）必须遵守《中华人民共和国道路交通安全法实施条例》关于倒车的规定和要求。

3）在危险地段必须倒车时，应将车头对着危险地段、车尾朝向安全地段，前行或后倒中注意留有余地。

4）倒车时要不断地鸣笛。在停稳的车位将变速杆挂入倒档，发出倒车信号，不断鸣笛，以警告其他车辆和行人避让，然后按照前述倒车姿势进行倒车。

5）倒车时如有人指挥，必须注意与指挥人员密切配合，既要听从指挥，又要有自己的估计判断，但绝不可自以为是。指挥人员不宜在车后倒退行走，应在车的安全一侧，重点照看汽车右侧后方，照顾前方，确保安全。

6）倒车时，要随时做好制动停车的准备，如感到有危险，应立即停车，弄清情况后再倒车。

三、倒车入库

倒车入库练习，目的在于提高驾驶汽车进行后倒时对汽车方位的正确目测能力，进一步提高对转向盘、离合器等的操作技能，以适应实际驾驶中较窄场地的停放、倒车入库、掉头等的需要。

1. 倒车入库的场地设置

在训练场地设置桩杆模拟车道和车库，如图3-22所示。

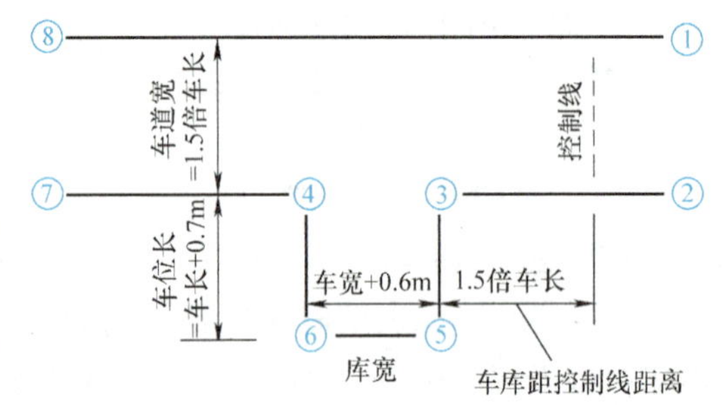

图3-22 倒车入库的场地设置

（1）车道宽 ①②、⑦⑧桩间的距离称为车道宽，车道宽=1.5倍车长。

（2）车位长 ③⑤、④⑥桩间的距离称为车位长，车位长=车长+0.7m。

（3）库宽 ③④、⑤⑥桩间的距离称为库宽，库宽=车宽+0.6m。

（4）车库距离控制线距离 车库距离控制线距离=1.5倍车长。

2. 倒车入库的要求与评判标准

（1）倒车入库的要求 从道路一端控制线（车身压控制线）倒入车库停下，再前进出库向另一端驶过控制线后倒入车库停下，然后前进驶出车库；

（2）评判标准

1）不按规定路线、顺序行驶的，不合格。

2）车身出线的，不合格。

3）中途停车的，不合格。

4）倒库没有完成的，不合格。

5）项目完成时间超时的，不合格。

3. 倒车入库的操作方法

（1）汽车从车道左端进入　汽车从车道左端进入车库如图 3-23 所示。

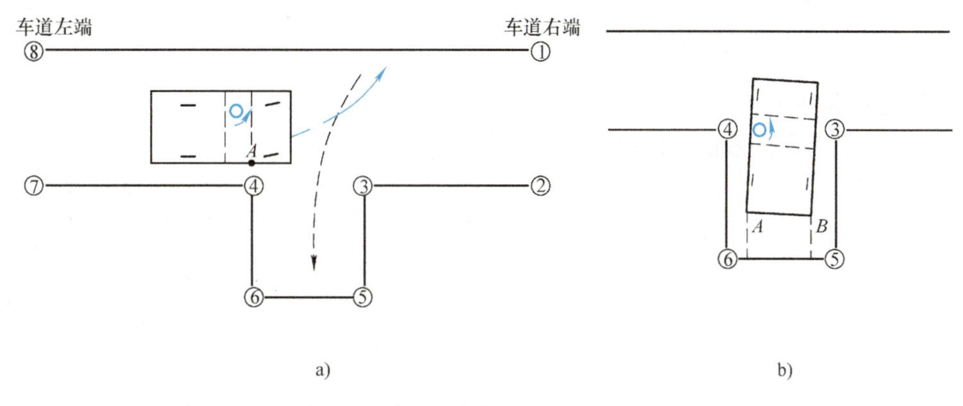

图 3-23　汽车从车道左端进入车库

a）前进状态　b）后退状态

1）汽车挂入低速档起步后，紧靠车道的右侧边线（⑦④边）怠速直线前进，如图 3-23a所示。待汽车右前轮刚驶过④桩杆，即驾驶室右前角与④桩杆平齐时，迅速向左转动转向盘至极限位置（俗称打到底），图 3-23a 中 *A* 点为驾驶室右前角。当汽车前进至车头接近①⑧线，并且汽车保险杠左端距①⑧线 1m 左右时，即迅速向右回转转向盘，当保险杠左端距①⑧线 0.2～0.3m 时，应迅速踩下离合器踏板，同时踩制动踏板停车，准备后倒入库。

2）调整好驾驶姿势，头移至后视窗中心，向后观察以③桩杆为主的倒车目标。挂入倒档起步后，向右转动转向盘，根据车厢右后角与目标的间距，同时顾及车厢左后角与④桩杆的相对位置，向库内倒车。车尾倒入③④桩杆之间，约进入车库的 1/5 时，选择⑤③桩杆为目标，逐渐向左回转转向盘，依据车厢后栏板与⑤⑥桩杆之间距离（应保持车厢左、右两后角 *A*、*B* 与⑤⑥桩杆距离对称为宜）后倒，当驾驶室至③④桩杆时，车辆所处的位置应使车身在库内基本正直，转向车轮也与车身一样处于基本正直位置，车厢后栏板正对⑤⑥桩杆居中，驾驶室左右两侧距③④桩杆基本相等，如图 3-23b 所示。

3）若稍不正，及早转动转向盘修正，保持车厢左右后两角与⑤⑥两桩杆等距离后倒，使汽车正直进库，当车厢后栏板与⑤⑥桩位的连线之间距离约为 0.2～0.3m，或车头与③④桩位连线之间距离在 0.3m 左右时，立即停车，完成倒车入库的操作训练。

（2）汽车从车道右端进入

1）汽车挂入低速档起步后，汽车紧贴左侧的边线②③怠速直线前进，待左前轮刚驶过③桩杆时，迅速向右转动转向盘至极限位置。汽车驶至前保险杠右端距①⑧线 0.2～0.3m 时迅速踩下离合器踏板，同时踩制动踏板停车，准备倒车入库。

2）挂倒档、开车门向后探视，起步后倒并注意修正方向，使左后轮贴近内杆④约

0.3～0.4m的距离，使车厢倒入③④桩杆之间（入库）。在进一步后倒中，注意左后轮外侧沿距车库边线约0.3～0.4m直线行驶，且逐渐回转转向盘，当车厢与车库边线平行时转向盘应基本回正，前轮应与车身一样，处在基本正直位置。

3）车身稍有不正现象，及早转动转向盘修正，保持正直倒入库内，当车头前端进入库内0.2～0.3m时停车，完成倒车入库作业。

四、坡道定点停车和起步

1. 坡道定点停车和起步的场地设置

坡道定点停车和起步的场地设置如图3-24所示。

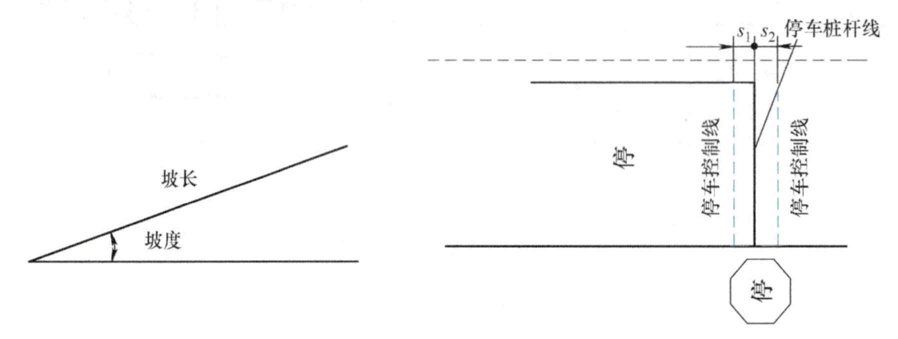

图3-24　坡道定点停车和起步的场地设置

1）停车桩杆线取值：线宽0.3m。

2）坡度取值：10%。

3）坡长取值：大型车≥30m，小型车≥20m。

4）停车控制线（s_1、s_2）到停车桩杆线中心距离取值：0.65m。

2. 坡道定点停车和起步的要求与评判标准

（1）坡道定点停车和起步的要求　机动车驾驶人应通过视觉和感觉及时判断坡道的坡度大小、长短及路宽等道路情况，采取正确的操作方法，控制车辆平稳停车和起步。做到转向正确，换档迅速，操纵加速踏板、驻车制动器操纵杆和离合器踏板的动作准确协调，控制车辆准确停车，平稳起步，车辆不得后溜。

（2）评判标准

1）起步时间超过规定时间（30s）的，不合格。

2）起步时车辆后溜距离10～30cm的，扣10分；大于30cm的，不合格。

3）车辆停止后，汽车前保险杠未定于桩杆线上，前后不超出50cm的，扣10分；前后超出50cm的，不合格。

4）车辆停止后，车身右侧前后车轮距离路边缘线30cm以上的，扣10分；超过50cm的，不合格。

3. 坡道定点停车和起步的操作方法

（1）上坡定点停车

1）使用低速档在坡道行驶，当车辆距定点桩杆10m时，适当向右转动转向盘，使车

身右侧与路边保持小于30cm的横向距离。

2）在车辆距定点桩杆5m时，以定点桩杆、风窗玻璃某一点为注视目标（由车型和驾驶人身高确定），当目测二者成一线时，迅速放松加速踏板，并同时踩下离合器踏板和制动踏板，使车辆前保险杠与定点停车线平齐。

3）车停稳后，拉紧驻车制动手柄，变速杆置入空档，然后放松离合器踏板和制动踏板。

（2）上坡起步

1）踩下离合器踏板，将变速杆置入低速档。手握驻车制动手柄，将加速踏板踩下1/3～1/2的同时抬起离合器踏板，随着离合器踏板抬起，发动机声音变得沉闷或车身抖动时，保持离合器踏板的位置不变，继续将加速踏板稍向下踩的同时，慢慢松开驻车制动手柄，汽车便开始向前移动，直至将驻车制动手柄完全放松。

2）当离合器完全接合后，继续下踏加速踏板，使车辆平稳起步。

（3）操作注意事项

1）控制好车速。坡道定点停车时，在上坡前，车速要略快一点，使汽车稍微带点冲力以便上坡。等后轮上坡后，应立刻将速度降下来，使汽车慢速行驶，以便能够调整车与边线的相对位置和对准参考点停车。

2）选好参照点。要根据具体人的身材情况和车辆型号等实际情况来确定。

3）动作协调。坡道起步时，离合器踏板、加速踏板和驻车制动器操纵杆要协调配合。放松驻车制动器操纵杆的时机很关键，晚了汽车起不了步，发动机会熄火；早了则会往后溜车。要充分掌握离合器踏板半联动的操作技巧，注意听发动机声音和感觉车身抖动。

五、侧方停车

1. 侧方停车的场地设置

侧方停车的场地设置如图3-25所示。

（1）车道宽　车道宽＝1.5倍车宽＋0.8m。

（2）车位长　大型客车车位长＝1.5倍车长－1m，小型车辆车位长＝1.5倍车长＋1m，其他车辆车位长＝1.5倍车长。

（3）车位宽　车位宽＝车宽＋0.8m。

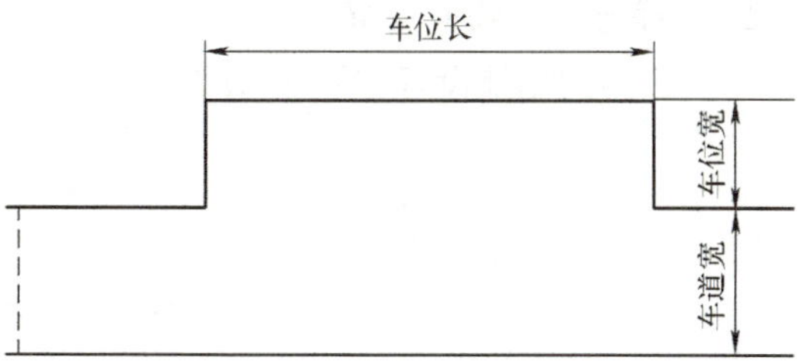

车位长

车位宽

车道宽

图3-25　侧方停车的场地设置

2. 侧方停车的要求与评判标准

（1）侧方停车的要求　车辆在车位前方靠右停稳后，一次倒车入车位，中途不得停车，车轮不轧碰车道边线、车位边线。

（2）评判标准

1）车辆入车位停止后，车身出线的，不合格。

2）中途停车的，不合格。

3）行驶中轮胎触轧车道边线的，扣 10 分。

3. 侧方停车的操作方法

侧方停车的操作方法如图 3-26 所示。

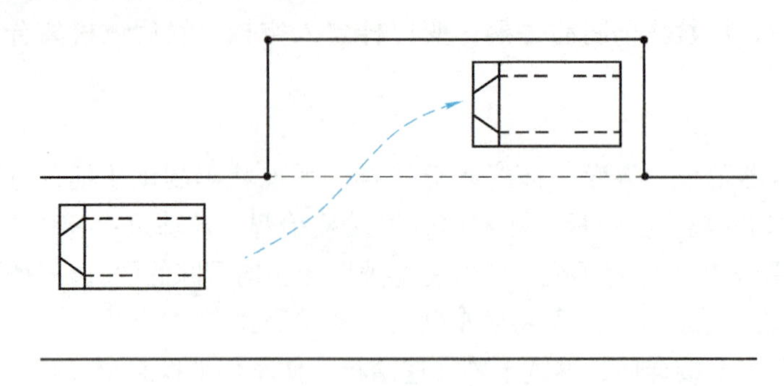

图 3-26　侧方停车的操作方法

（1）停车位置　将汽车停在车位前方的位置，车身右侧与右侧路边线约 30cm，与路边线平行。

（2）向右转动转向盘的时机　挂倒档起步，通过右后车窗向地面观察，当车位右边线将要在右后车窗消失时，将转向盘向右转到右极限位置。

（3）向左转动转向盘的时机　在左后视镜中能够看到车位右后角时，由慢至快向左转动转向盘。当左后轮接近控制线时，将转向盘向左转到左极限位置。当车头进入车位时，开始向右回正转向盘，摆正车辆停车。

（4）侧方停车重点和难点　①车速和离合器踏板的控制；②通过后视镜观察地上标线及判断车身位置；③转动转向盘的时机和角度。

六、曲线行驶

1. 曲线行驶的场地设置

曲线行驶的场地设置如图 3-27 所示。

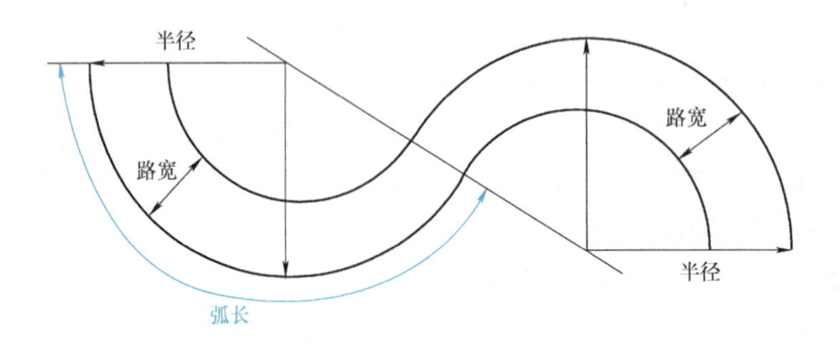

图 3-27　曲线行驶的场地设置

（1）路宽 大型车辆的路宽 =4m，小型车辆的路宽 =3.5m。

（2）半径 大型车辆的半径 =12m，小型车辆的半径 =7.5m。

（3）弧长 弧长为3/8个圆周。

2. 曲线行驶的要求与评判标准

（1）曲线行驶的要求 驾驶车辆从弯道的一端前进驶入，从另一端驶出。行驶中转向、速度平稳。中途不得停车，车轮不得砸轧车道边线。

（2）评判标准

1）车轮轧道路边缘线的，不合格；

2）中途停车的，不合格。

3. 曲线行驶的操作方法

曲线行驶的操作方法过程图如图3-28所示。

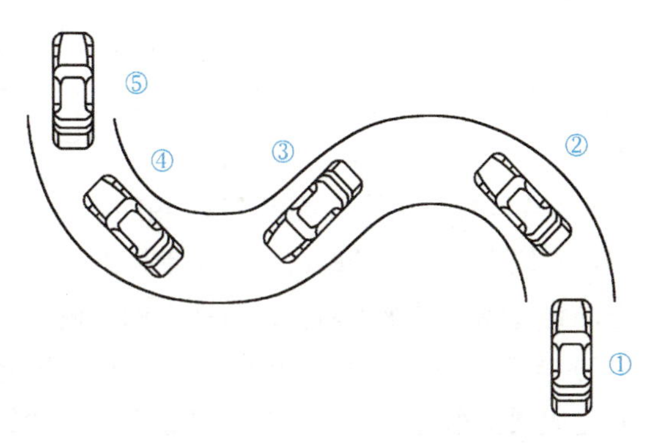

图3-28 曲线行驶的操作方法过程图

（1）左转弯曲线行驶 进入曲线行驶路段前要降低车速，将变速杆置入低速档；当车辆驶入图3-28的位置①时，让右前轮靠近路面的右侧边线，车辆与路右侧保持0.5m左右的距离，适当修正方向驶入左弯弧形路段，并向左适当转动转向盘，使汽车开始左转弯曲线行驶；在图3-28所示的②~③左转弯弧形路段行驶时，应将内轮差留在车身左侧，并注意右前轮不要越线。

（2）左、右转弯的过渡 当接近图3-28所示的位置③，此时左转弯路段将要结束时，要准备开始向右转动转向盘，转动的速度由慢至快，使左前轮贴近左侧边线行驶，车辆左侧车轮保持与路边缘线相距0.5m，适度修正方向。

（3）右转弯曲线行驶 当车辆驶过图3-28所示③的位置后，进入右转弯曲线行驶路段时，要把注意力放在左前轮上，让左前轮贴近左侧边线行驶，车辆左侧车轮保持与路边缘线相距0.5m，适度修正方向，防止右后轮出线，并把内轮差留在车身的右侧。

（4）直线行驶 进入位置⑤后，回正转向盘，进入直线行驶，驶出曲线行驶考试区域。

七、直角转弯

1. 直角转弯的场地设置

直角转弯的场地设置如图3-29所示。

（1）路长 路长≥1.5倍车长。

（2）路宽 小型车辆路宽 = 轴距 +1m，牵引车路宽 = 轴距 +3m，其他车辆路宽 = 轴距 +50cm。

2. 直角转弯的要求与评判标准

（1）直角转弯的要求 驾驶车辆按规定的线路行驶，由左向右或由右向左直角转弯，一次通过，中途不得停车，车轮不得碰轧车道边线。

(2) 评判标准

1) 车轮触轧道路边缘线的，不合格。

2) 中途停车的，不合格。

3. 直角转弯的操作方法

如图 3-29 所示，以向左直角转弯为例说明。

1) 起步后，尽量靠近道路外侧(右侧)行驶，摆正车身，低档慢速前进。

2) 当车的前保险杠与路口内侧的横向延长线平齐时，开始由慢到快地向左转动转向盘，转弯过程中，要使右前轮贴近路口前方的路边线，以便将内轮差留在车的左侧。

3) 当车头对准直角弯出口时，开始由快至慢回转转向盘，使汽车沿新的方向行驶，并向路边顺正车身，尽量使车身靠近右侧路边线。

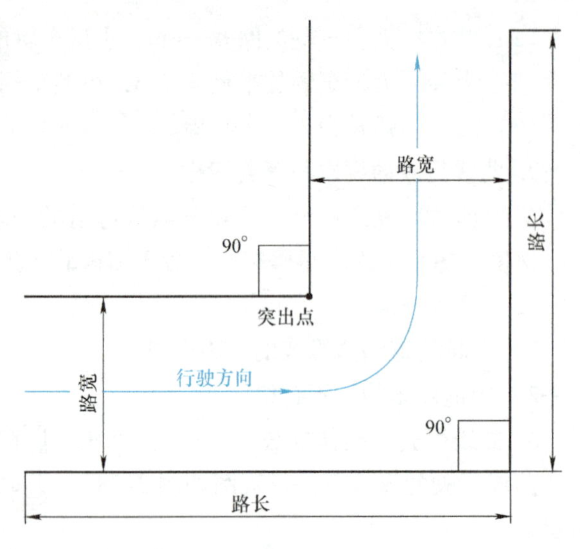

图 3-29 直角转弯的场地设置

八、桩考

桩考可分解为右转弯倒车进乙库、侧方移位、由甲库斜穿乙库、左转弯倒车进甲库等步骤。适用于大型客车、城市公交车、中型客车、大型货车等准驾车型。

1. 桩考的场地设置

侧方移位的场地设置如图 3-30 所示。

(1) 库长 库长 =2 倍车长，前驱动车库长 =2 倍车长 +0.5m。

(2) 桩宽 桩宽 = 车宽 +0.7m。

(3) 车道宽 车道宽 = 1.5 倍车长。

(4) 起止点距甲乙库外边线距离 起止点距甲乙库外边线距离 = 1.5 倍车长。

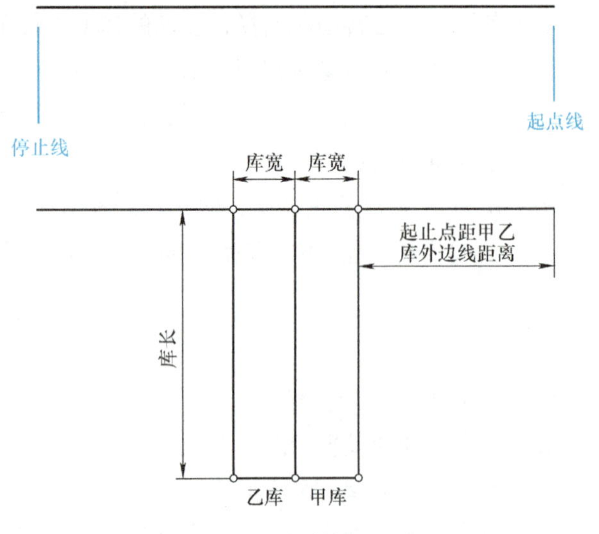

图 3-30 侧方移位场地设置

2. 桩考的要求与评判标准

(1) 桩考的要求 从起点倒入乙库停正，随后两进两退移库至甲库停正，再前进从乙库出库至停止线，倒入甲库停正，前进返回起点。车辆进退途中不得停车，运行时间不得超过 8min。

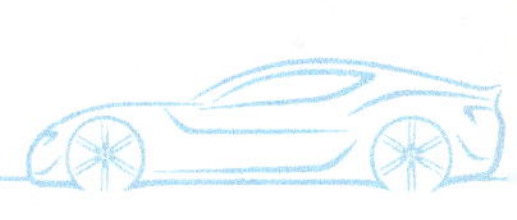

(2) 评判标准

1) 不按规定路线、顺序行驶的，不合格。

2) 碰擦桩杆的，不合格。

3) 车身出线，不合格。

4) 倒库或移库不入的，不合格。

5) 中途停车或运行时间超过规定时间的，不合格。

3. 桩考的操作方法

(1) 右转弯倒车进乙库　右转弯倒车进乙库的操作方法如图3-31所示。

根据倒车入库的要领进行操作。以①②、④⑤杆为目标，双眼平视，保持居中进入乙库。在车辆驶入乙库约1/2处，从后视窗观察到④、⑤两杆，当从后窗观测到④、⑤两杆在车厢后栏板内侧0.20m左右时，立即停车。此时车尾实际距车库后端线0.20~0.30m。

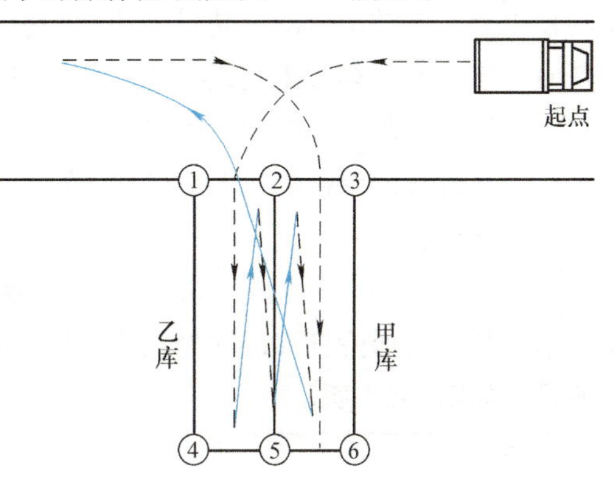

图3-31　倒车入乙库

(2) 侧方移位　侧方移位的操作方法如图3-32所示。

1) 第一次前进。挂1档起步后，迅速将转向盘向右转足，待驾驶人与车头左角以及②杆成一条直线时，迅速将转向盘向左转足，使车头对正②杆行进，待车行进到保险杠距②杆约1m时，迅速向右回正转向盘，随即停车摘档，如图3-32a所示。

2) 第一次后倒。挂倒档起步，同时迅速将转向盘向右转足，通过后窗观测。当驾驶人与车厢后栏板从左至右三分之一处及⑤杆成一条直线时，迅速将转向盘向左转足，待车厢后栏板距⑤杆约1m时，迅速向右回正方向，随即停车摘档，如图3-32b所示。

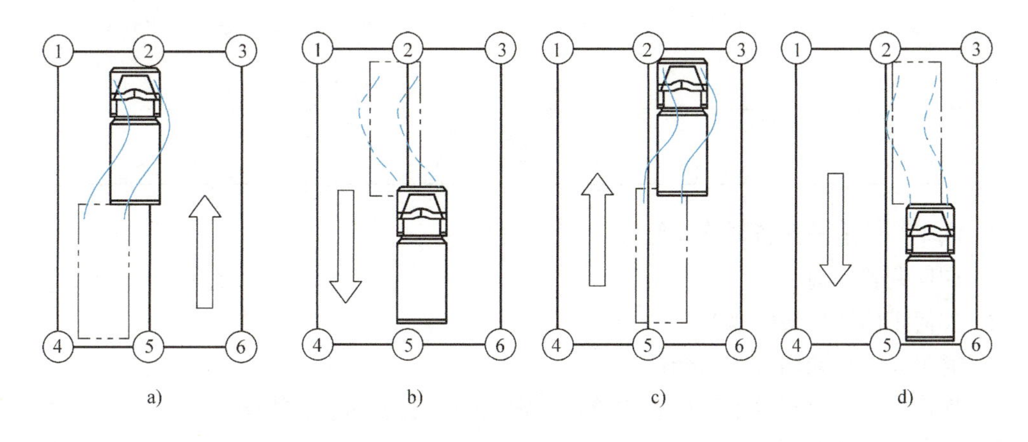

图3-32　侧方移位

a) 第一次前进　b) 第一次后倒　c) 第二次前进　d) 第二次后倒

3）第二次前进。挂1档起步后，迅速将转向盘向右转足，待右前轮距③⑥线约0.5m时，迅速将转向盘向左转动，保持左前轮距②⑤线约0.3m。使车厢移到乙库。待保险杠距前方划线约2m时，再向左转转向盘，以摆直车辆。当保险杠距前方划线1m时，迅速向右回正转向盘，然后停车摘档，如图3-32c所示。

4）第二次后倒。汽车此时应已基本移至甲库，这次倒车只是进一步将车摆正。挂倒档起步，然后边倒车边修正方向，使车在甲库正直后倒。当看到车厢后栏板越出⑤、③两杆0.2m时，停车摘档，如图3-32d所示。

（3）由乙库斜穿甲库并出库　为从①、②两杆之间穿过，车头向左驶入道上，挂低速档起步后，将转向盘向左转足。当保险杠左端距①④线约1m时，向右回转转向盘，使车身前半部分的两侧等距离通过①、②两杆，之后，适当向左转向，同时注意观察车厢后部，切勿使左侧刮碰①杆或右侧刮碰②杆。待车厢右后角刚过②杆对，迅速向左转向，使车辆右侧与警戒线保持约1.5m左右的距离前进，当车身与警戒线已平行时，停车摘档，如图3-33所示。

（4）左转弯倒车入乙库并出库　依据倒车入库有关操作要领倒入甲库，然后保持正直倒车行驶。当保险杠移出库外约1m时，停车摘档并拉紧驻车制动器，完成全部桩考全部项目，如图3-34所示。

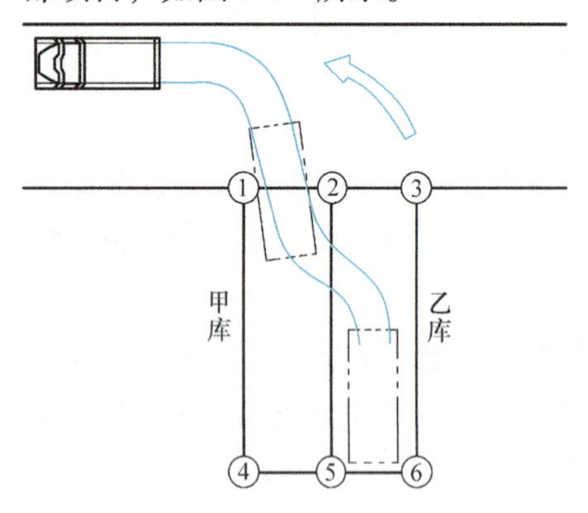

图3-33　由乙库经甲库出库

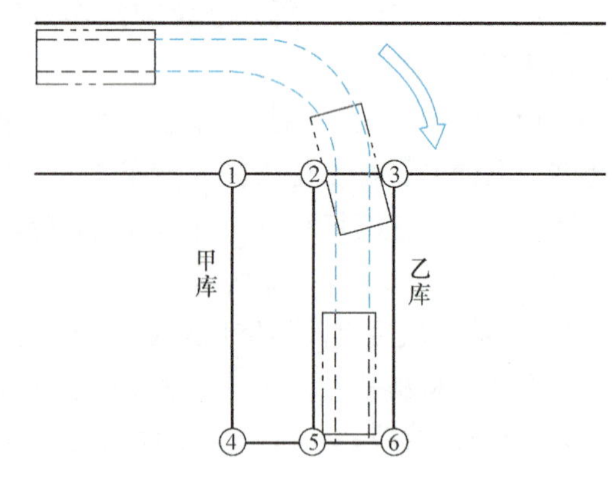

图3-34　倒车入乙库及出库

思　考　题

1. 汽车驾驶人的预备训练如何进行？
2. 如何调整座椅？
3. 如何正确操作转向盘？
4. 简单介绍自动档汽车的档位。
5. 现代汽车的电气设备和仪表比较多，常见的仪表盘标志有哪些？
6. 汽车起步的要领是什么？
7. 为什么在起动之前要对发动机进行检查？它的准备工作是什么？
8. 如何正确起动发动机？

9. 汽车起步时应注意哪些常见的操作问题？
10. 汽车行驶中如何进行加减档？
11. 自动档汽车如何进行换档操作？
12. 紧急制动如何操作？
13. 如何用离合器踏板来调节车速？
14. 驾驶汽车时，直线和曲线行驶的操作要领是什么？
15. 汽车掉头的操作和注意事项有哪些？
16. 汽车倒车操作和注意事项有哪些？

第四章

汽车道路驾驶技术

汽车道路驾驶技术是汽车驾驶基本操作和式样训练的实际综合应用。通过道路行车实践，将增进驾驶操作技能的熟练程度，加深对道路交通安全的理解和提高执行交通法规的自觉性。在汽车道路驾驶中，除了要求驾驶人应掌握道路驾驶的操作方法外，还要学会对其他车辆、行人的动态进行观察、判断和处理，这样才能保证在各种环境和道路条件下安全驾驶汽车。

第一节　汽车常见道路驾驶

一、平路驾驶

1. 行驶路线的选择

行驶路面的好坏对行车的安全，轮胎、减振器和传动机件的使用寿命，燃油消耗以及驾驶人的疲劳程度都有很大的影响。因此，行车时应根据路面及道路上的各种动态、障碍物等情况，合理地选择行驶路线，以减少车辆磨损和消耗，提高平均时速，减轻驾驶人的疲劳，确保行车安全。

在宽阔平坦的道路上，车辆应靠右侧行驶，道路上有分道线时，车辆应按规定各行其道。通过路面较窄、拱度较大的路段时，在无车行道中心线和无会车、超车的情况下，应保持在路中央行驶，使车辆两边都有回旋的余地。

在行驶中应注意选择干燥、坚实和平坦的路面，尽量避开道路上的凹坑及各种障碍物，尤其对临近的活动障碍物的变化或可能出现的情况要有充分的估计，做好采取相应措施的准备。当需要改变行车路线时，首先应根据道路情况选定一条“预定路线”，并尽量保持匀速直线行驶。

2. 速度的控制

汽车的行驶速度与行车安全、燃油消耗及机件的使用寿命有直接的关系，必须合理掌握。车速应根据车型、车况、道路、气候、载荷、交通状况及驾驶人本身的技术熟练程度、精力是否充沛等多种因素来确定，而且必须严格遵守交通法规中所规定的限速要求。

正常行车一般应以经济车速行驶，经济车速因车型不同而有所区别，汽油车是最高车速的40%～70%，一般轿车的经济车速为80～110km/h。车速过高，会造成视野变窄，

操作难度增大，易发生交通事故，并使经济性变差；车速过低则会降低运输效率，增加运输成本。

需要减速时，适当松抬或完全松抬加速踏板，利用发动机的牵阻逐渐降低车速；如不能满足减速要求，可辅以行车制动器，来达到减速目的。加速时，必须根据当时的车速情况，或直接加速，或减一级档位减速，以保证发动机有足够的动力。小范围内调整车速，只需适当踩下或抬起加速踏板即可。

总之，车速应控制在驾驶人能从容地观察和处理道路上各种交通情况，正常地发挥操作水平的范围内为宜，严禁盲目提高车速或减速。驾驶人在控制车速时，应在保证行车安全的前提下，考虑发挥汽车的经济效能和道路通过性，若二者发生矛盾时，必须以确保安全为主。

3. 行车间距的控制

同向行驶、前后相随的两辆汽车之间应保持一定的距离，这一距离称为行车间距。行车间距过小会造成因前车突然制动，后车制动不及时而发生追尾相撞事故；若行车间距过大，会使该段道路上的汽车通行量下降，通行能力降低，影响道路的使用率。

行车间距的大小取决于行驶速度、驾驶人思想集中程度、驾驶技术水平以及汽车制动装置工作性能、运行条件等。同向行驶车辆的纵向间距见表4-1。汽车的侧向间距与车速有关，见表4-2。汽车行驶的侧向间距要根据气候条件和道路条件的不同而变化。雨、雪、雾天、路滑、视线不清，间距应适当加大，如果保证不了足够的安全侧向间距，则应降低车速行驶。

表4-1　同向行驶车辆的纵向间距

行驶区域	车辆纵向间距/m
在公路上	≥30
在市区	≥20
在繁华地区	≥5

表4-2　车辆的侧向间距

行驶车速/(km/h)	车辆侧向间距/m
40～60	同向行驶车辆的侧向最小安全间距应为1.0～1.4 异向行驶车辆的侧向最小安全间距应为1.2～1.4
30	车辆的侧向最小安全间距为0.57

行车中，要注意观察周围人、车、物的动态，及时调整间距。要特别注意前车制动灯光及人、畜横穿公路的突发情况，以防意外情况发生。

4. 会车

汽车行驶中与迎面来车相遇，相互交会，称为会车。一般在有良好的视线、侧向安全距离足够的道路上随时都可以进行会车，而且也不必降低车速。会车时应遵守交通规则，发扬礼让精神。为保证车辆正常交会，会车应做到以下几点：

1）坚持礼让三先（即先让、先慢、先停）和靠右通过的原则。

2）会车前要看清来车的装载情况，有无拖挂以及前方的道路和交通情况，适当减速并选择路面宽阔、坚实的路段交会。会车时要自觉做到鸣笛缓行，并注意保持车辆侧向最小安全间距。一般汽车会车时的侧向间距与车速控制如图 4-1 所示。

3）在较狭窄道路上会车，若遇障碍物只能单车通过时，应按右侧通行原则，让前方无障碍物的车辆先行，靠近障碍物的车辆切不可争先抢道超越障碍物通行，如图 4-2a 所示。若来车速度较慢或离障碍物较远时，在本车越过障碍物不会影响对方来车行进的情况下，可加速超越障碍物，并驶入右侧，如图 4-2b 所示。若障碍物在来车前方，应注意观察对方的动向。当对方车辆强行超越或打开转向灯示意时，应立即减速或停车让行，切不可抢行造成堵塞或事故，如图 4-3 所示。

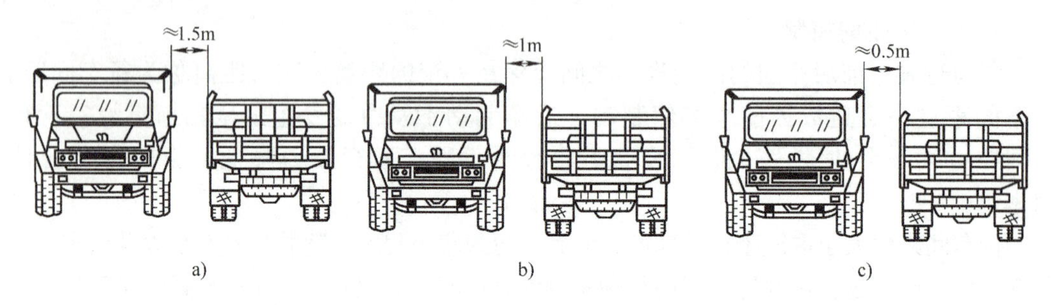

图 4-1　一般汽车会车时的侧向间距与车速控制

a）车速 >60km/h　b）车速在 40～60km/h　c）车速 <40km/h

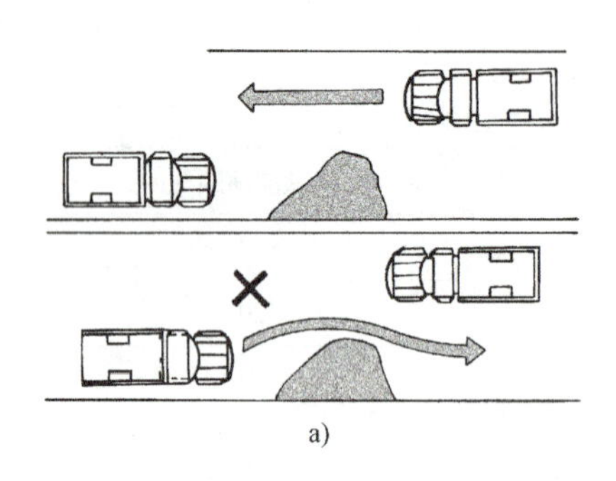

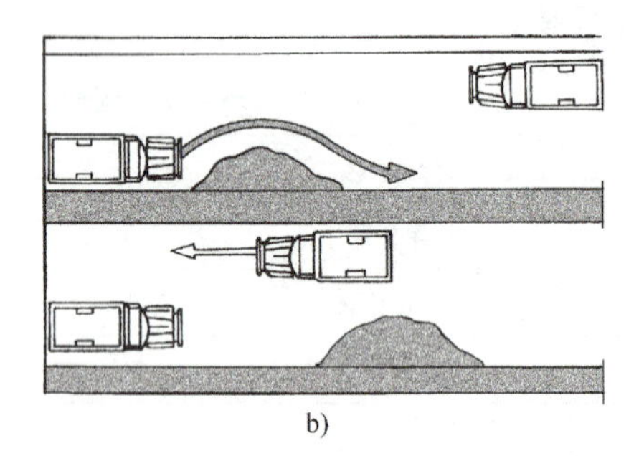

图 4-2　在障碍物处会车

a）无障碍物的车辆先行　b）本车先行

4）在无中心标线的道路和窄路、窄桥上行驶，须减速靠右通行。会车有困难时，有让路条件的一方应让对方先行。

5）在狭窄的坡道会车，一般下坡车应让上坡车先行，但若下坡车已行至中途而上坡车未上坡时，则要让下坡车先行。

6）在傍山险路会车时，靠山壁一侧的车辆应让外侧车辆先行。

7）在恶劣气候条件下，如阴天、雨

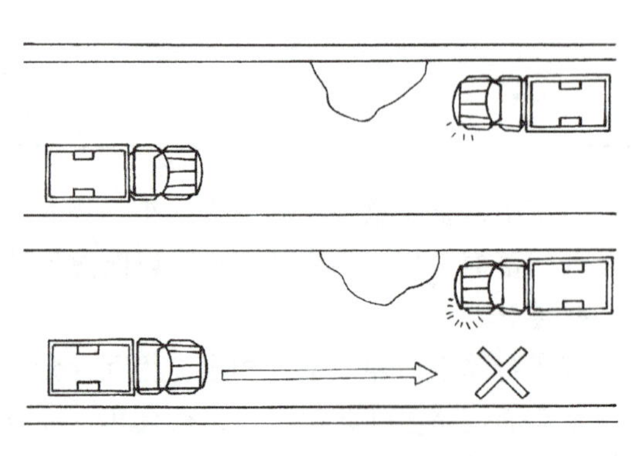

图 4-3　通过障碍物的方法

天、浓雾或夜晚视线不清等情况下会车时，须降低车速，开亮近光灯或示廓灯，并加大两车间的侧向间距，必要时停车避让。

5. 超车的技巧

车辆超越原在前方同向行驶的车辆，称为超车。超车的操作过程，在道路和各种驾驶中难度最大，它集道路情况的预见性判断、车距的保持、车道的变更、车速的调控、各机件的配合操作于一体，是驾驶技能的综合体现。熟练掌握正确的超车技能，不仅对确保安全行车十分重要，而且对汽车驾驶的综合练习也是非常有效的。

超车的操作技巧如下：

1）超车前，驾驶人应充分了解本车的加速性能，在确保喇叭、转向灯和前照灯等机件工作正常的情况下，选择平直宽阔、视线良好、左右均无障碍且前方路段150m范围内没有来车的道路，在保证安全的前提下方能进行超越，切忌不顾主客观条件而盲目超越。要遵守《中华人民共和国道路交通安全法实施条例》的有关规定：在经过交叉路口、陡坡、急弯等险要路段，遇雨雾等恶劣天气，当前方车示意左转弯、掉头或正超越车时，以及设有禁止超车标志的地方严禁超车。

2）超车前，应提高车速，向被超车的左侧靠近，缩短与被超车的距离，提前打开左转向灯并鸣笛（夜间用变换远近光灯示意）通知前车，确认前车让超或做出让超示意后，向左稍转动转向盘，与被超车保持一定的横向间距，具体操作如图4-4所示，从左侧加速超越；超车前应确认前方道路良好，迎面无驶来车辆。超过前车后应继续沿超车道行驶，在超过被超车20～30m后，打开右转向灯，驶回原车道关闭转向灯。超车时应尽量提高两车的速度差，以减少超车距离和时间，保证超车快速完成。

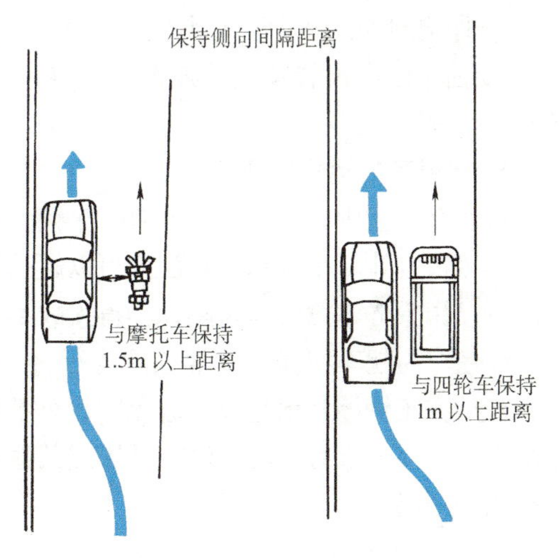

图4-4　超车时保持一定的间距

3）超车时，如由于观察不仔细，判断不准确，在超越过程中发现左侧有障碍、横向间距过小或对面来车距离很近等意外情况时，要沉着冷静，尽快减速，停止超越。切不可采取紧急制动，以防车发生侧滑、跑偏等现象，从而发生碰撞；也不可存在侥幸心理，强行通过而发生事故。

4）超越停驶车时，应抬起加速踏板，利用发动机牵引阻力减速，多鸣笛，注意观察，加大与停驶车的横向间距，并做好停车等应急准备。要特别注意防止停驶车突然开启车门，或人从车底钻出、从车上跳下，或其他行人、非机动车从该车前侧窜出。同时还要防止停驶车突然起步驶入车道而发生事故。

5）超越车队时，由于车队前后距离较长，所以要在超车视距良好的情况下，加速连续超越。若对面道路来车不能保证安全的横向间距时，应开右转向灯，见机插入车队，待对面车过后再超越车队。切忌边加速边靠近车队，以及在躲闪情况下或急转动转向盘插入车队，更不能采取紧急制动，以防发生事故，如图4-5所示。

6）对于不肯让超的车，驾驶人不得烦躁，要有耐心，应反复鸣笛提醒前车，跟车距离可适当缩短一些，一有机会便快速超越。超越后切不可采取报复措施而向右猛转动转向盘或进行制动等，以防被超车来不及反应而发生碰撞或操作不当发生翻车等事故。

7）下列情况不能超车：

① 视线不良，如有较大的风沙或雨、雪、雾等。

② 通过繁华街道、交叉路口、铁路道口、急弯路、窄路、窄桥、隧道、人行横道和漫水路时。

③ 牵引损坏车辆时。

④ 距离对面来车 150m 以内。

⑤ 前车已发出转弯信号或前车正在超车。

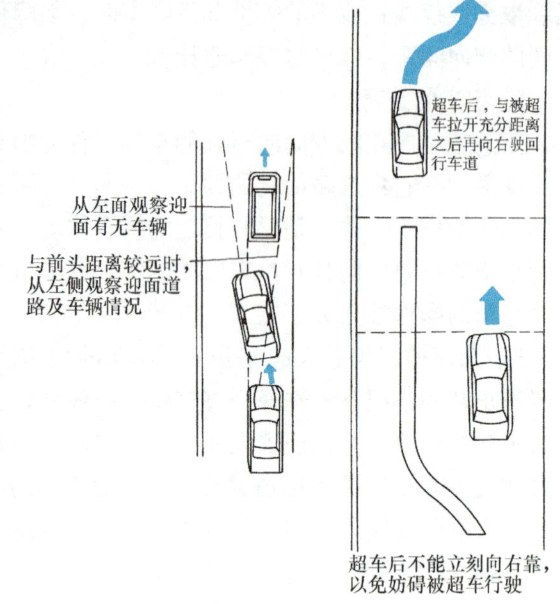

图 4-5　超车后不能立即右转

6. 让超车的运作技巧

汽车在行驶中，应注意后面有无车辆，如发现有车要求超越，应根据道路、交通情况估计是否适宜让后车超越。在认为可以超越的条件下，选择适当路段减速，靠右行驶，低速时可以用手势示意后车超越，不得无故不让或让路不让速。

让超车与超车同样有非常危险的行为。当遇到被超车时应选择好合适的时机主动避让，让后方车辆顺利地超过，避免因让车不当发生危险。让车的时机一般选在道路、视线状况良好，前方没有情况，侧方不影响其他车辆正常行驶的时候，并留有与被让车能够安全插入的距离。

（1）让超车的作业顺序

1）前方安全状况的确认。

① 非禁止超车的场合。

② 让超车距离内的道路右侧无任何障碍。

③ 注意在让超车距离内交通情况的变化，没有迫使我方车向左变更行进方向的因素，没有迫使对方车在超越后突然向右侧挤靠的可能。

2）行进路线的变更。向右侧变更行进路线，且保持直线行驶。

3）降速且保持安全的车间距离，迅速降低行驶车速，不得随意加速。同时，注意保持与对方车不小于 1m 的横向距离，且做好防止对方车在超越后突然向右挤靠的防范措施。汽车超越后，应迅速调整好与对方车之间的安全车距。

4）前、后方安全状况的确认。

① 前方车有无降低车速的可能。

② 后方有无跟随连续超越的车辆。

③ 左侧道路、交通状况无任何障碍。

5）驶入正常路线。

① 向左侧变更行进路线。

② 注意保持与前车的距离。

（2）让超车时注意事项

1）让超车必须让路、让速。

2）让超车后，必须确认后方无其他车辆跟随超越后，再驶入正常行驶路线。特别要防止超车时因前方情况变化，而在超越后突然向右侧挤靠情况的发生。

3）让车过程中，不得进行任何形式的超越，不得突然向左侧变更行进路线。遇有突然情况，只能制动减速或者停车，待后车超越后再绕行。

二、坡道驾驶

坡道驾驶的技术难度比平路大，驾驶人在遇到坡道时，应对坡道的长短、宽窄、坡度大小、路面好坏和弯道急缓准确判断，灵活、敏捷掌握转向时机，换档动作恰当、及时、迅速，并随时做好停车准备，以防发生危险，保证车辆的正常行驶。

1. 上坡

汽车在上坡行驶时，由于上坡阻力的影响，需要的驱动力比在平路要大，随着坡度的变化，汽车行驶所需要驱动力的大小也随之变化，驾驶人必须根据坡度的变化，采取恰当的操作方法。

（1）上坡起步　上坡起步一方面需要较大的牵引力，另一方面容易发生后溜，所以在操作上除按一般道路起步要领进行外，要着重注意驻车制动器、离合器和加速踏板的配合。

其操作方法如下：

1）踩下离合器踏板，挂进低速档。

2）少踩一点加速踏板并将其稳住。

3）两眼平视前方，左手握住转向盘，右手拉紧驻车制动器操纵杆，并按下锁紧按钮，同时缓慢放松离合器踏板。

4）当发动机负荷加大（即声音起变化）时，在继续下踩加速踏板的同时，逐渐松开驻车制动器操纵杆。

5）驻车制动器操纵杆松得过迟，会造成发动机熄火而起不了步；松得过早，汽车会后溜造成危险。

6）如出现后溜，则应在踩下离合器踏板的同时踩下制动器踏板，绝对不可在后溜时猛抬离合器踏板强行起步，防止损坏传动系统的机件。

（2）上坡行驶　通过短而不陡的上坡道时，如道路和交通情况允许，可提前加速冲坡。如通过连续几个短小上坡道时，第一个下坡中加速利用惯性上第二个坡道，如图 4-6 所示。

通过长而陡的上坡路时，只要条件许可，即可高速冲坡，但应及时换档，不能用高速档勉强行驶。如出现上一个档位动力不足、下一个档位动力有余时，应选择下一个档位平

图 4-6　上坡加档

稳行驶，也不要用下一个档位猛冲，即保证有足够的动力就行。掌握“高速档不硬撑，低速档不猛冲”的操作要点，如图 4-7 所示。

图 4-7　上坡减档

由于上坡时车速降低较快，其减档时机应较平路提前，且坡道越陡，更应提前换档。必要时，可越级减档，以免因动作缓慢减速太快，致使减档后无法行驶，甚至造成熄火或倒溜。到达视距受限制的坡顶时，应及时减速，适当靠右，并鸣笛，警惕对面可能有来车或行人，以免发生事故。

(3) 陡坡的驾驶技法　坡度很陡时，途中再做减档动作比较困难，应在上坡前提前减速，必要时也可利用制动减速，换入低速档。陡坡时的减档，一般为越级减档，如图 4-8所示。

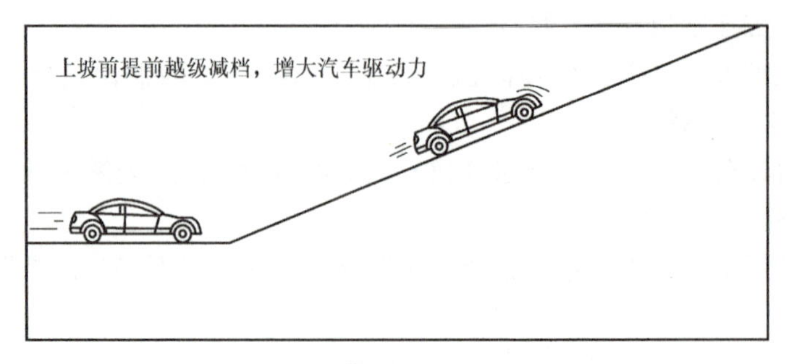

图 4-8　坡前提前减档

(4) 坡顶盲区的驾驶技法　汽车驶近坡顶时，由于车体的倾斜，使驾驶人视线受阻，看不见坡顶对面的车辆情况，必须适度放松加速踏板，降低车速，并靠道路右侧谨慎行驶，如图 4-9 所示。

2. 下坡

汽车在下坡时由于重力的作用，车速会越来越快。不同的坡度，对汽车的制动效能产

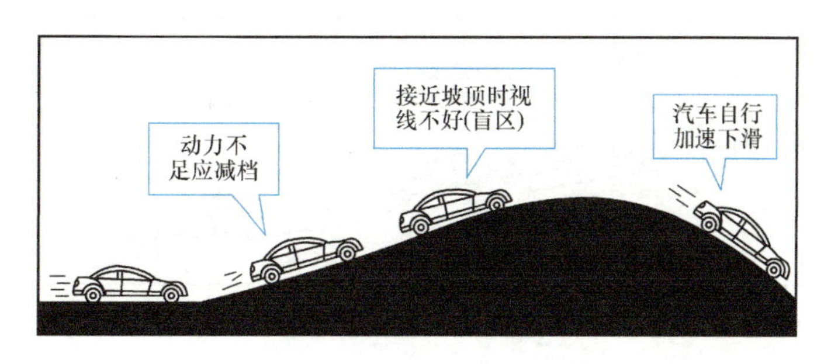

图 4-9 坡顶盲区的驾驶

生不同的影响。驾驶人应根据具体情况，采取不同的制动方式，安全顺利地通过下坡路。

（1）下坡起步 下坡起步可按平路要领操作，如图 4-10 所示，但其加档前的加速时间应适当缩短，起步时的档位可根据坡度需要选择。但应注意先松开驻车制动器操纵杆使车辆开始溜动时，再缓抬离合器踏板，然后进行加档操作，并视情况挂入中速档或高速档行驶。为了避免因操作不适损坏机件，一般不宜用高速档起步。

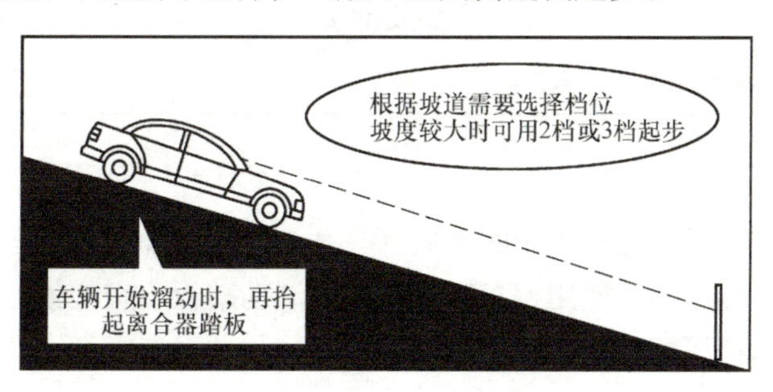

图 4-10 下坡加档

（2）下坡换档 下坡时，为确保行车安全，应视坡度的大小提前换入合适的档位，以利用发动机的牵阻作用控制行车速度，必要时，可视坡道情况以轻踩制动踏板辅助制动，如图 4-11 所示。

图 4-11 下坡换档

（3）下坡行驶 下坡行驶，如图 4-12 所示，由于重力作用，速度越来越快。为了保证安全，必须提前控制车速，根据需要换入合适的档位，以免因车速太快而造成危险。

合理使用行车制动器控制速度，并尽量避免长时间过度使用行车制动器。若下坡使用行车制动器过长时，应适当停车检查制动器，发现温度过高时，则应待摩擦机件冷却后再

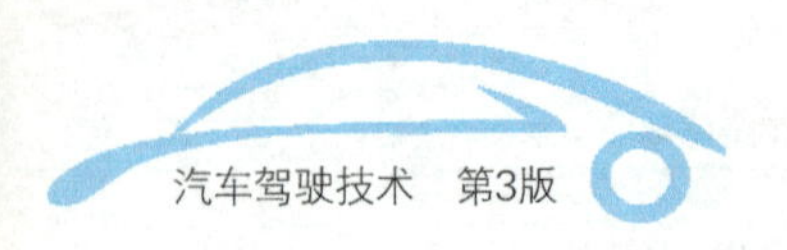

图 4-12　下坡控制车速

继续行驶，以免因制动器过热而使制动失效，导致无法控制车速，甚至发生危险，如图 4-13所示。

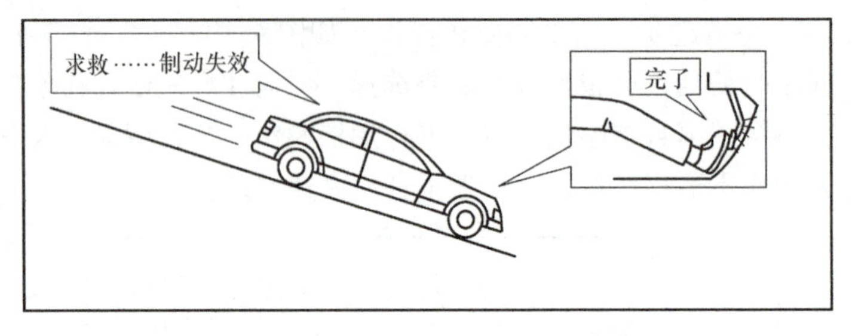

图 4-13　下长坡制动失效

下坡行驶，还应随时注意气压表的读数（气压制动的车辆），始终保持有效气压，一旦发现气压不足，立即停车。使用行车制动器时，制动踏板不宜频繁地、连续不断地随踩随放，以免过多地消耗压缩空气。

3. 坡道停车

在坡道上必须停车时，应提前选择好停车地点，并逐渐将车驶向道路右侧，用行车制动器使车速平稳下降，待达到预定地点后将车停住。

（1）上坡停车　上坡停车时，如图 4-14 所示，应先制动降速后，再踩下离合器踏板；待车辆即将停住时，踩下制动踏板将车辆停稳。

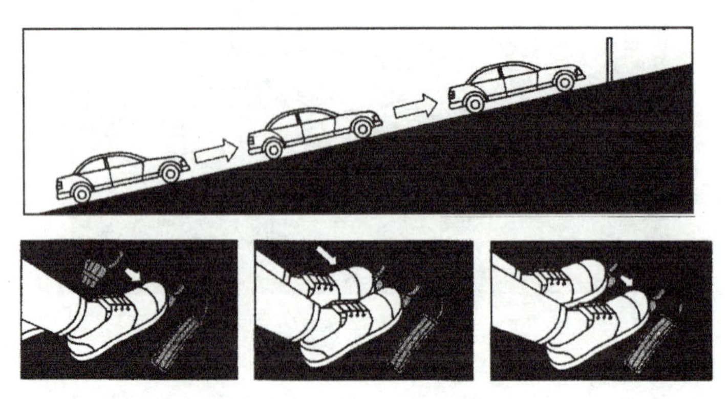

图 4-14　上坡停车

（2）下坡停车　下坡停车时，如图 4-15 所示，应先制动减速，待车速降至将要停车时，再踩下离合器踏板及制动踏板使车辆停住。

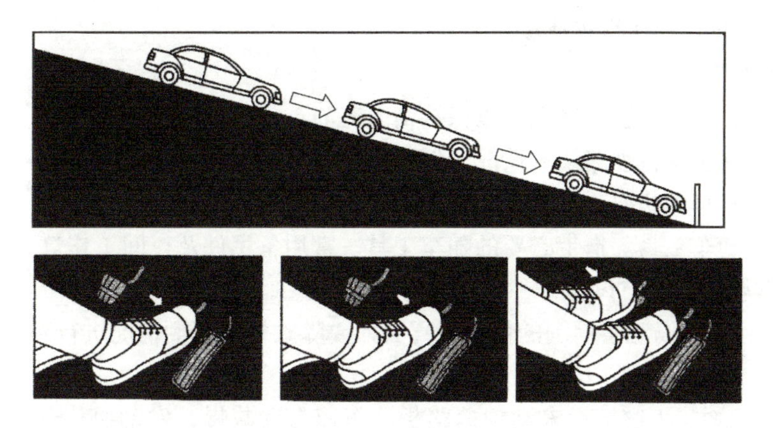

图 4-15　下坡停车

(3) 坡道上停车必须做好坡道停车三件事:

1) 拉紧驻车制动器操纵杆。

2) 将变速杆挂入低速档或倒档 (上坡车挂 1 档或 2 档, 下坡车挂倒档)。

3) 用三角木等其他硬质物塞住后轮, 以防发生溜动。

4. 坡道倒车

坡道倒车时, 若车辆向上坡方向倒, 起步可按上坡起步操作要领进行。起步后, 应控制好加速踏板, 保持均匀速度平稳后倒。停车时, 踩离合器踏板的速度应略快于踩制动踏板的速度, 以免发动机熄火。

向下坡方向倒车, 起步时不可过早地松开驻车制动器操纵杆, 应与松抬离合器踏板同时进行。倒车时, 右脚放在制动踏板上, 首先利用发动机怠速牵阻车辆后倒速度, 并根据情况用轻微制动配合。停车时, 踩下离合器踏板, 同时踩下制动踏板, 防止汽车后溜。

三、夜间驾驶

夜间驾驶与白天驾驶有很大区别, 因为灯光照射有一定范围和亮度, 视野受到限制, 并且灯光随车晃动, 驾驶人对地面、地形和行进方向的判断都感到困难, 容易产生错觉。因此, 夜间驾驶前要认真做好准备, 严格遵守交通法规和职业道德, 尽量避免灯光眩目现象, 精心驾驶, 不疲劳开车, 确保行车安全。

1. 夜间行车的特点和准备

(1) 夜间行车的特点

1) 驾驶人的视野变窄, 视力变差。因灯光照射范围和亮度有限, 视线受到限制, 加之灯光随车辆晃动, 不易看清道路和交通情况, 甚至会造成错觉。

2) 因灯光下驾驶人的视认性下降, 行车中精神始终处于高度紧张状态, 极易产生疲劳而出现判断及操作的失误。

3) 夜间行车, 因会车时对面来车灯光眩目和灯光亮度交换, 以及有时尾随车辆灯光的照射等, 都可能影响驾驶人的观察能力, 造成对交通情况判断和处理的失误。

4) 容易盲目开快车。夜间行车, 特别是长途车, 交会车辆比较少, 驾驶人为了尽快到达目的地，就盲目加快行车速度。

(2) 夜间行车的准备

1) 出车前，要注意适当休息，以保持精力充沛。

2) 应尽可能了解行驶路线的情况，做到心中有数。

3) 认真检查车辆状况，尤其是照明装置和安全操纵装置。

4) 准备好随车工具。携带必要的随车工具、常用备用件及夜间工作灯，以备急需。

2. 夜间驾驶的判断与识别

因为夜间行驶难以观察周围的情况，驾驶人要随时根据车辆情况进行判断，以保证驾驶安全。

(1) 松软路面、下缓坡　未动加速踏板，车速自动减慢，发动机声音变得沉闷时表示行驶阻力增大，汽车正在爬缓坡或驶入松软路面；反之，车速自动加快，发动机声音变得轻松时，说明行驶阻力减小，汽车正在下缓坡。

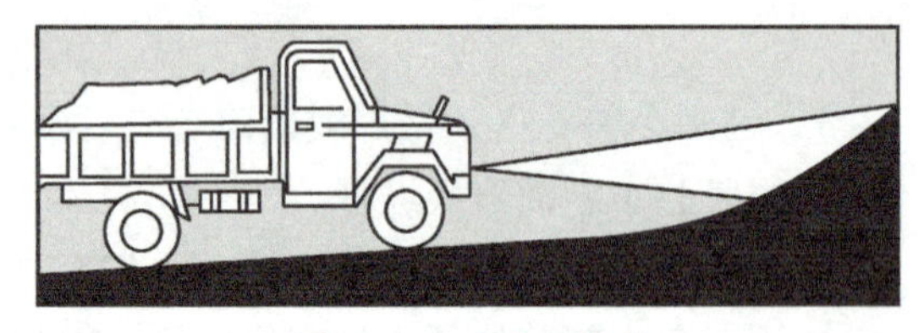

图4-16　驶近上坡道

(2) 驶近弯道　汽车行驶中，灯光照射距离由远变近时，表明汽车驶近上坡道处，或者是下坡道将接近坡底，也可能是驶近弯道，如图4-16所示；灯光照射距离由近变远时，表明汽车正在驶入下坡道，或者所上坡度变缓，或者是由弯道驶入直路，如图4-17所示。

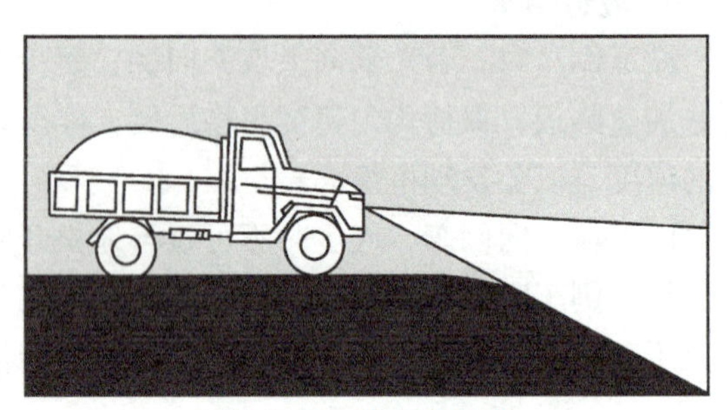

图4-17　驶入下坡道

(3) 驶入下坡道　当灯光离开路面时，表示前方出现急弯或面临大坑，或者汽车正驶上坡顶，也可能是汽车前方将下陡坡，如图4-18、图4-19所示。

(4) 凹陷或横沟　当前方路面不断出现黑影，车辆驶近又消失，表示道路有较浅的连续凹陷，如果黑影不消失，则可能道路有较深大的凹陷或横沟，如图4-20所示。

(5) 驶入弯道　灯光从路中移向路侧时，表明前方出现弯道，转弯方向与所照侧方向相反，若是从道路的一侧移向另一侧时则表示汽车驶入连续弯道，如图4-21所示。

(6) 砂砾路　灯光照到路面感到光线不强，表示是沥青路面，若感到路面发亮，则表示是砂砾路。

图4-18　驶向坡顶

图4-19　前方急弯

图 4-20　前方面临大坑

图 4-21　灯光移向一侧路面发亮

3. 夜间驾驶操作方法

(1) 灯光使用

1) 汽车起步，应先开前照灯照明，看清道路。

2) 汽车车速在 30km/h 以内时，使用前照灯近光（照射 40m 以外）；车速超过 30km/h 时，使用前照灯远光（照射 100m 以外）。

3) 汽车在有街灯的道路上行驶时，应根据街灯的亮度选用前照灯近光、防眩目灯或小灯。

4) 汽车通过有指挥的交叉路口时，应在距离路口 30～50m 以远处关闭前照灯，改用防眩目灯或小灯，转弯车辆开转向灯。

5) 汽车在雨雾中行驶时，应使用防雾灯或前照灯近光（不宜用远光）。

6) 汽车停车时，须待停稳后再关闭灯光。若属途中临时停车，应开亮小灯和尾灯。

(2) 车速车距控制　夜间行车时驾驶人视线受到限制，对道路两侧的情况观察困难，更要随时警惕突发情况出现，所以，即使在平直道路上行驶，行车速度也应比白天适当降低。在弯道、坡道、狭路、桥梁及视线不清地段，更应减速慢行。

夜间行驶，应加大车间距离，一般应保持在 50～100m。在多尘土路上跟随前车，应保持较大间隔，以免前车扬起的尘土妨碍视线。

(3) 夜间会车

1) 要尽量提早选择交会地段，并主动避让。

2) 在距来车 150m 以外，将前照灯远光变为近光，并减低车速，靠道路右侧保持直线行驶。

3) 若来车未及时变换灯光，可采取连续使用变换远、近光的办法来示意对方，切忌强光（远光）对射，必要时停车避让，以防酿成车祸，若遇到与车队交会，最好停车让路。

(4) 夜间超车　夜间行车中，一般应尽量避免超车。若必须超车时，可用连续变换前照灯远、近光的方法示意前车让路。待前车让路后，再行超越。

(5) 通过繁华街道　由于街道上的路灯、霓虹灯及各类标志灯等交织辉映，妨碍视线，因此应降低车速，注意观察，并适当鸣笛，谨慎驾驶。

四、雨雾天驾驶

在行车时，经常会遇到下雨、下雾天气，有时细雨绵绵，有时大雨倾盆；有时小雾朦

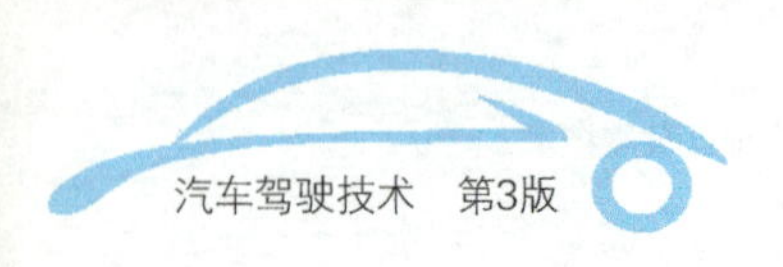

胧，有时大雾弥漫。雨雾天气路面比较湿滑，车辆制动性能变差，驾驶人视线受阻，交通情况复杂，严重影响交通安全。因此驾驶人雨中行车要多留意，并采取必要的防范措施。

（一）雨天驾驶操作

1. 雨天行车的特点

（1）路面湿滑　雨水和路面上积土、油泥混合在一起，使道路和车轮的附着系数降低，车辆制动效能大大降低，而且易引起侧滑。

（2）能见度低　雨中行车能见度低，给驾驶人正确判断来往车辆和行人，以及正确选择行车路线均带来很大困难。雨点不断打落在风窗玻璃上，尽管刮水器来回刮刷，仍然会影响玻璃的透光性能，而且干扰驾驶人视线。此外，驾驶人容易疲劳，心理上也会有一种压抑感。

（3）行人行为举止异常　雨天行人多急于寻找避雨处或尽早赶到目的地，容易忽视来往的车辆；行人打着雨伞或穿上雨衣后视线、听力受到影响，不能及时躲避车辆；穿雨衣骑车的人，可能只顾低头骑车或看不清后方的路况，随意转弯，也随时有可能停下车来穿雨衣。这些情况又给行车带来了不少困难。

2. 雨天驾车技术操作要领

（1）控制好车速、车距　为保证雨天行车安全，驾驶人必须意识到雨天高速行车的危害，车速应控制在较低的范围，并集中精力，随时注意前方的情况。同时，要与前方机动车辆、非机动车辆和行人保持较大的距离，并做好随时制动的准备。

（2）注意观察路况　行车中要注意其他车辆、行人和自行车等动向，尤其要注意车辆或行人突然左转弯或横穿公路。遇大雨天气，应打开车灯行驶，以引起对面的车辆及行人的注意。还应注意路旁的电线杆、电线和树木等是否被风刮倒而影响行车。行车中对前方涵洞、桥梁和排水沟等的积水要做好充分估计，必要时应下车探查，切勿盲目通过。当遇到暴雨，刮水器的作用不能满足要求时，不要冒险行驶，就近选择安全地点将车停好，并开启示宽灯和警告灯示意来往车辆，待雨小或雨停后再继续行驶。发生滑溜时，不要急着踩制动踏板或打转向盘，应松开加速踏板，握好转向盘，让车辆自然减速，待滑溜消失后再缓缓前行。

（3）不宜高强度紧急制动　雨天路滑，轮胎与路面的附着系数大为降低。因此，车辆紧急制动时的制动距离会延长，方向会跑偏，还会产生严重的侧滑。

（4）不宜高速通过急弯道　由于路滑，轮胎与路面附着系数降低，汽车高速通过弯道时，在离心力的作用下，将失去地面附着力而被甩出，此时若再使用紧急制动，汽车将完全失去控制，会发生严重侧滑或侧翻。如果驾车通过弯道必须使用制动，应柔和地踩制动踏板或采用点制动，这有利于如果发生后轴侧滑，可以将转向盘朝侧滑的一侧缓转一下，待车恢复直行后，再回正转向盘，如图4-22所示。

图4-22　雨天汽车通过弯道产生侧滑

（二）雾天驾驶操作

雾是最恶劣的气候之一，对行车极为不利，驾驶人

对距离的判断误差较大，稍有不慎，将会酿成事故。因此雾天行车时应更加小心，谨慎操作。

1. 雾天驾驶的特点

（1）能见度差　雾天对行车视线影响最大，能见度低，视线模糊，驾驶人难以看清交通标志、信号灯和行车动态等，不能及时采取预见性措施。

（2）道路状况差　雾天使路面变得湿滑，使车轮与地面的附着系数变小，车辆的制动性能变得差，容易发生侧滑或造成车辆侧翻。

（3）驾驶人状态差　雾天使驾驶人的视野变差，容易产生盲目的感觉，弄不清路况、交通状况等行车的重要因素，从而在心理上产生慌乱的情绪。

（4）易产生错觉

1）速度错觉。由于雾中那些本来可以帮助驾驶人判断方向和车速的行道树以及路标等变得难以看清，驾驶人的速度感迟钝，感觉出的车速要比实际车速低，同时受尽快冲出浓雾包围的急切心理支配，易导致提高车速。

2）距离错觉。同样由于路边参照物模糊不清，驾驶人感觉出前方车辆的距离比实际距离要大，因而将跟车距离拉得太近。

3）光线错觉。有些驾驶人将前车停车开着的尾灯当成是行驶车辆的尾灯，紧跟而导致撞车，或误将灯光不全的汽车当成摩托车，让道不及而碰擦。除此以外，还要特别当心那些前后都没有灯光的拖拉机、三轮车、路边停驶未开灯的汽车挂车等，它们都是雾中的“隐形杀手”。

2. 雾天驾驶技巧

（1）了解行车路线，保持车况良好　在雾天行车时，只有充分了解行车路线，掌握雾天的变化规律，做到心中有数，才能临阵不乱。因此，出车前必须严格检查车辆，如制动系统、转向系统、刮水器、防雾灯、前照灯、制动灯和喇叭等必须完好无损；其次，风窗玻璃要清洗干净，并检查喷洗风窗玻璃装置是否良好有效，冷暖空调口对着风窗玻璃是否合理适当，绝对不能马虎或存有半点侥幸心理。一旦风窗玻璃上出现水蒸气，若不能及时清除，就会严重影响驾驶人的视线，埋下事故的祸根。除此以外，在多雾的季节里，驾驶人要留心各地的天气预报。

（2）正确使用灯光、刮水器　因为雾天能见度低，驾驶人视线受到限制。灯光可增大运行距离，特别是黄色防雾灯的光穿透力强，它可提高驾驶人与周围交通参与者的能见度，使来车和行人在较远处发现对方；若雾气不太浓，应开近光灯和防雾灯，夜间还可开远光灯；若雾很浓，能见度小于30m时，则要开前、后防雾灯和示宽灯，尾灯，以便发现其他车辆，并让其他车辆发现自己。这时不要使用远光灯，因为远光光轴偏上，射出的光线被雾气漫反射，使车前白茫茫一片，犹如隔着磨砂玻璃一样，反倒什么也看不清了。另外，浓雾中还应间歇使用刮水器，以便把风窗玻璃上的雾气凝成的小水珠刮干净，改善视线；若刮不净，应立即停车用干毛巾擦净。另外，驾驶室内的热气会在风窗玻璃内侧凝成许多小水珠，也必须用干毛巾擦干。

（3）各行其道，不侵占对方路线或超越其他车　这一点在雾天行驶尤为重要。雾天行车必须靠右行，选择自己正确的行车路线，并正确使用好各种灯光，绝对不允许盲目

超车。

（4）合理控制车速，保持适当距离　根据《中华人民共和国道路交通安全法实施条例》规定：遇雾、雨、雪、沙尘、冰雹，能见度在50m以内时，车速不应超过30km/h。一般行车速度每小时千米数应低于能见度米数一半较为合适。放慢车速，驾驶人可以更清晰地观察周围情况，从容自如地处理各种道路交通信息；而且雾中情况不明，大部分车辆车速时快时慢，捉摸不定，减速行车可以避免与前车相撞；另外，减速行车还可以平抑驾驶人的紧张心理和急躁情绪，应避免超车和盲目开快车。

（5）根据雾的不同特点谨慎行驶　当雾刚生成时，浓度在不知不觉中逐渐增加，有人想在大雾生成前赶到目的地，盲目开快车，这是十分危险的。有时在低洼的路面上仅分布一层厚度为1m左右的浓雾，这虽不影响远视距离，但却看不清路面上的石块、沟坎和凹坑等障碍物，不要以为能看清路上的行人，车辆就可以放心高速行驶，万一撞上路中障碍物，往往灾难临头。有时会遇到一阵一阵的雾团，犹如走进了明暗相间的迷宫。有时坡顶阳光明媚，坡下浓雾重重，行车中猝不及防，一头扎进浓雾区，眼睛一时不能适应，什么也看不清，其危险可想而知。

（6）适当鸣笛，引起前后车辆及行人的注意　听到来车喇叭声时，也应鸣笛反应，让对方知道；会车时还可开关灯光示意，以免发生碰擦撞车事故。

五、桥梁、隧道及涵洞驾驶

1. 通过桥梁

目前乡村道路上的桥梁大多数是水泥桥或石砌的平桥，一些边远地区还有少数的拱桥、木桥、吊桥、浮桥、漫水桥和便桥等。各种桥梁由于结构和使用材料的不同，负荷能力也不一样。通过不同桥梁时，均应根据不同的情况采取适当的操作方法，以保证安全顺利通过。

通过桥梁前，应注意桥头附近的交通标志，遵守限制车速和载质量及轴重的规定，并适当减速、鸣笛。

（1）通过窄桥或路面不平的桥梁　通过窄桥或路面不平的桥梁时，应提前减速，换入低速档，驾驶车辆平稳通过，避免在桥上换档、制动、会车和停车。遇对面来车，让先接近桥头的车辆先行。若尾随行车则适当延长尾随距离，逐车通过，如图4-23所示。

图4-23　通过窄桥或路面不平的桥梁

（2）通过拱形桥　通过拱形桥时，因前方视距受影响，应减速，鸣笛，靠右侧行驶，并随时注意对面是否有车上桥，做好停车准备，如图4-24所示。

（3）通过漫水桥　通过漫水桥（或漫水路）时，应低速沿着固定路线匀速通过，途中尽量避免停车、变速和急剧转向，如图 4-25 所示。汛期过漫水桥时，应随时注意水情预报，若水流过急、过深，不宜冒险通过。车辆行驶中一旦突然落入水中，应在车辆落稳后，用脚踹碎车窗玻璃游出驾驶室。

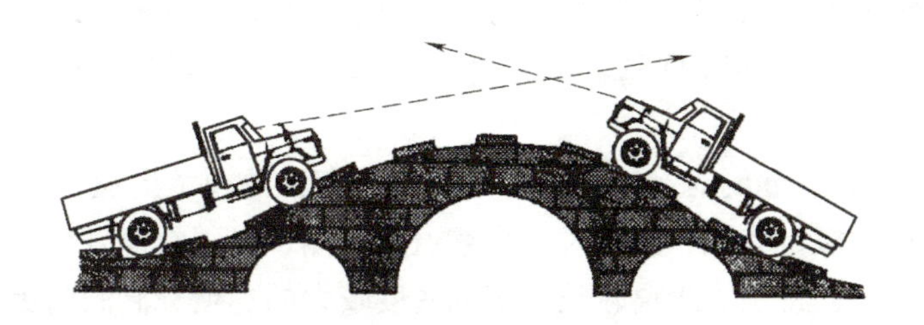

图 4-24　通过拱形桥

图 4-25　通过漫水桥

（4）通过吊桥、浮桥、木桥及便桥　通过吊桥、浮桥、木桥及便桥时，应提前减速，用低速档缓慢匀速行驶，如图 4-26 所示。如果桥上有守护人员时，要听从指挥。过桥途中不得制动、变速或停车，以减少对桥梁的冲击和振动。遇年久失修的木桥，应先察看桥梁的牢固程度，根据需要采取必要措施，在确认桥梁能够承受的情况下缓缓上桥。过桥途中随时注意观察桥梁受压后的情况，若听到桥梁发生断裂声时，应加速行驶，切勿中途停车，发现桥面松动时，要注意预防露出的铁钉刺破轮胎。过桥后视情况停车进行检查。

图 4-26　通过吊桥、浮桥、木桥及便桥

2. 通过隧道、涵洞

通过隧道、涵洞时应注意以下几点：

1）在进入隧道、涵洞时，要在离洞口100m处减速，注意观察交通标志和文字说明，特别是装载高度和宽度的限制要求，并严格遵守。

2）隧道内外亮度差异较大，驾驶人驶入隧道时会产生黑洞效应，人眼对黑暗适应时间大约需要7～8s，会瞬间降低驾驶人对车辆的操控性，如果车速过快，很容易出现事故。

3）通过单行隧道、涵洞时，应观察前方有无来车，再视情况缓行通过，并适当鸣笛或开启前后灯。通过双行隧道、涵洞时，应靠道路右侧，以正常速度行驶，并视情况开启灯光。一般不宜鸣笛，特别是距离较长、车辆密度较大的隧道、涵洞内更不能鸣号，以防噪声影响其他车辆行驶。

4）隧道内稳定驾驶，不要随意变更车道，因为很多车进隧道不一定能立即开前照灯，另外前方车辆行车灯也不一定是打开的，容易发生危险。要保持足够的安全行车间距。安全行车间距应根据行驶速度、天气和路面情况而变化。隧道里路况不同于隧道外的路况，跟车太近，前方出现突发情况就会措手不及酿成事故。隧道、涵洞路幅不宽，视线较差，有些路面潮湿、路滑，应随时注意前方来车和交通情况，并做好防滑措施。隧道、涵洞内不可停车，因车辆出故障而在隧道、涵洞抛锚时，应迅速请其他车辆拖出。

5）出隧道一定要减速，因为驾驶人从暗处到亮处会产生白洞效应，影响驾驶人观察。另外，因为山路隧道和整个山体结构的原因，出隧道后不一定是笔直的路面，很有可能是弯路，不减速非常危险。再有，隧道的出入口处是气流变化较大的地方，特别在高速公路上，受侧向气流的影响，常常会产生较大的侧向力，使汽车突然改变行驶方向，驾驶人必须注意这一点。在降低车速的同时，应紧握转向盘，保持好行驶方向和行驶速度，以确保安全通过隧道。

第二节　城市与城郊道路驾驶

一、城市道路特点

城市人口密集，道路纵横交错，交通状况复杂多变，所以城市道路驾驶不同于一般道路驾驶，它有一些特殊的驾驶技巧和要求。

1. 城市道路交通的特点

（1）行人多　城市的人口密度高，尤其在上下班时，道路上的行人十分拥挤。个别人的交通安全意识、交通法规观念淡薄，违章行走，抢占机动车道；在无安全防护设施的路段和无指挥信号的交叉路口处，经常会有行人随意地横穿公路或在车道上行走。这种人、车混行的交通混乱现象，严重地影响了行车安全。

（2）车辆多　由于经济的迅速发展，城市的各种车辆与日俱增。私家车、出租车、公共汽车数量多，尤其是个别驾驶人的交通法规意识淡薄，运行无规律，争道抢行，任意停车，妨碍其他车辆行驶；摩托车快速、灵活、任意穿行、超车；自行车数量庞大，骑行

灵活，常常占道行驶。这种交通状况，致使机动车辆行驶速度减慢，道路通行能力降低，容易造成交通堵塞，甚至发生事故。

（3）道路少　道路是城市建设的基础设施，虽然各城市对道路进行了大量的维修改造，但由于种种原因，城市的道路状况远远不能适应现代交通的需求，路少车多始终是现代城市交通发展的一大矛盾，一定程度上制约了经济发展的速度。另外，道路网络布局不合理，违章建筑和占道摆摊设点，降低了现有道路的利用率，使原有的矛盾更为突出。

（4）交通设施完善，管理严格　城市的交通安全管理设施较为完善，提高了道路通行能力，特别是立交桥的出现，缓解了城市交通不堪重负的局面。城市交通管理人员多，管理严格，维护了良好的交通秩序。

2. 不同城市的道路交通特点

我国的城市有大、中、小（城镇）等不同规模，除了具有上述特点外，城市的大小不一样，交通状况也不尽相同，以下是不同城市的交通特点：

（1）大城市　大城市作为地区的文化、政治和经济中心，人多车挤，街道密布，交通情况错综复杂。但交通管理设施完善，组织严密，管理人员多，人们有遵守交通法规行进的良好习惯和较强的交通安全意识，人、车各行其道，秩序良好。

（2）中等城市　中等城市行人、车辆较多，有相应的交通设施，少数人遵守交通规则的习惯较差，除城市干道外，交通秩序较为混乱，会给行车安全带来不利的影响。

（3）小城市（城镇）　小城市街道狭窄，管理设施不完善，管理人员缺乏，管理组织不严密。人们缺乏交通安全意识和常识，人、畜、车辆混杂而行。非机动车违规占道，乱停乱放，若遇集市，人、车十分集中拥挤，秩序紊乱，常会造成交通堵塞。

二、城市道路驾驶操作

城市道路机动车、非机动车和行人的交通量相对比较大，混合交通的现象十分突出。在城市驾驶汽车，应了解所在城市道路的布局、道路运行情况以及交通管理状况等。其具体的驾驶技巧如下：

1）在城市中驾驶车辆，应首先了解城市的交通路线和当地交通管理细则，必须思想集中，谨慎操作，严密注意行人与车辆的动态，正确判断交通情况的变化，遵守交通法规关于驾驶人的交通道德、指挥信号和交通警察的指挥手势、交通标志和标线。不得驶入禁行路段，注意安全车速和安全距离。掌握变更车道、通过交叉路口及人行横道的方法，确保安全。

2）汽车在快慢不分的车道上行驶时，驾驶人必须遵章守法，认真执行右侧通行的规则，各行其道，如图4-27所示。在快慢车道行驶分为两种情况：一是在无漆化标线的线路（若路宽大于或等于14m时，则两侧各3.5m为非机动车道，其余路面为

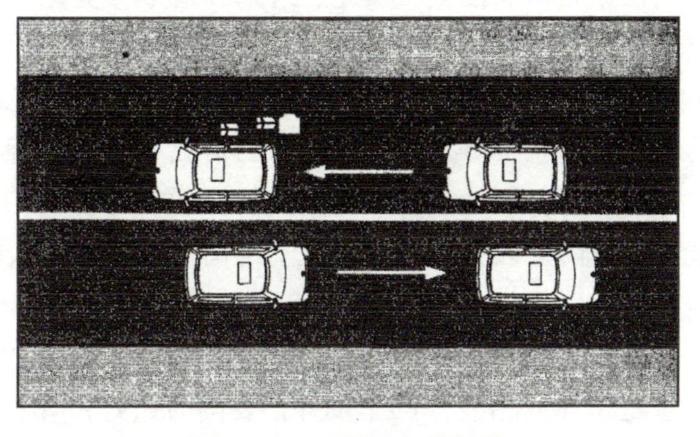

图4-27　不限速车道行驶

机动车道；若路宽小于14m但大于或等于10m，则居中的7m为机动车道，两侧至少各有1.5m的路面为非机动车道；若路宽小于10m但大于或等于6m的，则两侧1.5m路面为非机动车道，其余路面为机动车道）行驶时，机动车一般居中偏右行驶，非机动车则紧靠道路右侧行驶，如果因超车、会车等情况，必须占用他车的行驶路线时，按规定必须让有通行权的车辆先行；二是在只划有中心线的道路，机动车应靠中心线右侧行驶，非机动车则靠道路右边行驶。

3）汽车在两种车道上行驶（即划有机动车道与非机动车道），白色连续实线为车道中心线，划在道路的中间将道路纵向分成两部分，从而解决了车辆往来路线不分的问题。白色间断线为车道分道线，用以区分车道，靠中心线一侧的车道为机动车道，供机动车行驶；机动车道右侧的是非机动车道，供非机动车行驶，如图4-28所示，根据各行其道的原则，机动车和非机动车分别在各自的车道内享有通行权，各种车辆必须在规定的车道内顺序行进。在通常情况下，不允许车辆越过中心线或压线行驶。若因故借道行驶，不准妨碍该车道正常行驶的车辆。当车辆越过人行横道时，不得妨碍有先行权的行人通行。

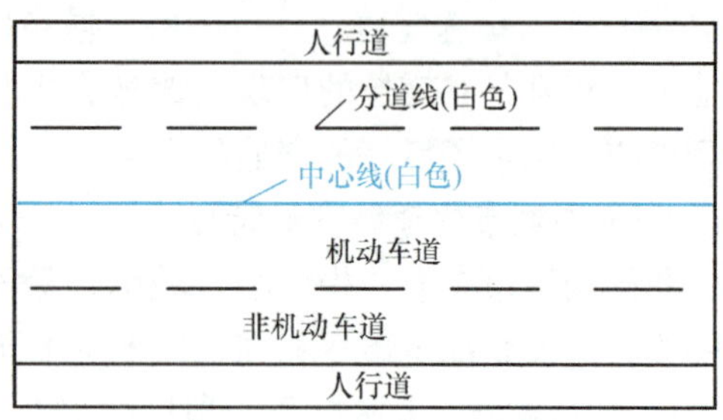

图4-28 两种车道上行驶

4）汽车在三种车道（即划有小型快速车道、大型货车道和非机动车道）上行驶时，机动车、非机动车都只准在规定的车道内行驶，不准跨线或压线行驶。划有黄色实线处，表示严禁车辆越线改变车道或越线超车。

5）合理控制行驶速度。目前城市交通法规所规定的最高时速，是为我国主要车型的经济速度而制定的。对于通过繁华交叉路口、行人密集地区、铁路和街道交叉地点，转弯、掉头、上下桥以及大风、积水、结冰、雾天等能见度在30m以内，行驶中遇有喇叭发生故障或下雪、下雨时刮水器损坏等情况，最高车速不得超过15km/h。行车中，要了解不同车型的基本性能，根据路况、车载情况，采用预见性驾驶技巧，以便正确控制行车速度，满足安全行车的需要。

6）合理控制行驶间距（指车辆在行驶过程中后车车头与前车车尾间距离）和行驶横向距离。如遇特殊情况，行驶间距可增大1~2倍。在会车、让车或超车过程中，驾驶人必须根据车辆的位置、车速、道路和地形等变化，照顾到前后及两侧的情况，调整自己的车速和两车外侧间的横向距离。根据我国道路实际情况，交通管部门对各种不同车速的最小横向距离和车轮至路边的最小距离都做了比较详细的规定。与非机动车间的行驶横向距离，在提前观察好各种车辆动态的情况下，要保持1~2m以上的距离。

7）通过学校、公园、体育场馆、影剧院等公共场所以及集市或农贸市场时，应低速缓行，慎防行人突然横穿，更不得用汽车去挤开人群。严格遵守禁止鸣笛的规定，减少噪声污染。

8）超越电车、汽车或与其会车以及经过有公共汽车、电车进站停靠的汽车站时，除注意超越（或相会）的车辆外，要随时做好停车准备，以防车前（或车后）跑出准备横穿街道的行人与自行车、摩托车等。

9）需要倒车或掉头时，必须依照倒车和掉头的规定，选择合适地点。操作中要小心谨慎，必要时要有人指挥。确需停车时，必须遵守《中华人民共和国道路交通安全法实施条例》中有关停车的规定。

10）在混合交通道路上，行车中遇到较多的自行车时，应注意观察动态，减速缓行，留有足够的安全距离。交会或超越自行车时，要留有足够大的侧向间距；遇到自行车流时，要重点观察右侧超速骑行的自行车，车速保持相对稳定，要警惕骑车者突然骑入机动车道；在自行车流中或被自行车包围时，车速应保持与自行车流的速度相等，要稳住方向，需转向时要缓慢，除鸣笛发出转向信号外，还应用手示意转向方向，不可猛打转向盘，更不得骤然起步或停车，注意保持随时可制动停车的状态，确保行车安全。

11）摩托车是城市道路交通中重要的参与因素，它速度快，声音小，稳定性差，具有自行车与机动车的双重特点。因此，在城市集镇驾驶汽车应引起足够重视，行车中不宜尾随摩托车，应保持足够间距；与之会车和超车时，侧向间距要大。

12）通过交叉路口时，由于视线盲区较大，驶过交叉路口的车速不得超过20km/h。车辆在驶近交叉路口时，要提前50～100m减速；最好将车速控制在5～10km/h。通过有快慢车道或多车道的交叉路口时，均要在离路口50～100m处交换车道。

① 通过有自动信号灯的交叉路口时，不但要严格遵守“红灯停，绿灯行”的原则，而且还必须了解先行权和放行权的问题。被放行的车辆享有先行权，但在通过有行人信号灯的人行横道时，被放行的行人在人行横道上享有先行权。通过没有行人信号灯的人行横道时，也必须确保行人的安全。被放行的直行车辆与转弯车辆相遇时，直行车辆享有先行权；左转弯的机动车与非机动车相遇时，左转弯的机动车享有先行权。在有交通民警指挥的路口，则应以交通民警的指挥手势为准。在交叉路口遇到红灯时，直行或左转弯车辆应停在停车线外，右转弯车辆在不影响被放行车辆正常行驶并保证路边行人安全的情况下可以右转。若车辆在快慢车道不分的道路上行驶，则不能偏左停车，以免妨碍交通。如路口已经有车辆停放，便应依次停下。列队通行时，应与前车保持一定距离并随时做好停车准备，待绿灯亮时依次通行。

② 通过无人指挥的交叉路口时，若非机动车与机动车相遇，机动车享有先行权；同方向的右转弯机动车和直行非机动车相遇时，直行非机动车享有先行权；在支干不分的道路上转弯机动车和直行机动车相遇时，直行机动车享有先行权；双方都是直行或左转弯的机动车，则右面先来的车辆享有先行权；左转弯机动车和右转弯机动车相遇时，右转弯机动车享有先行权；先进入交叉路口的车辆比尚未进入交叉路口的车辆享有先行权。应当指出的是，若对方违反让车规定，我方应主动谦让，要养成礼让行车的良好习惯，应按“一慢，二看，三通过”的操作方法，驾驶车辆通过交叉路口。

③ 通过环形交叉路口。

a. 进入交叉路口后，所有车辆都要绕岛右侧转行，但不开转向灯。行驶到预定道路，准备驶出路口前才开右转向灯，然后离开环形交叉路口，如图4-29所示。

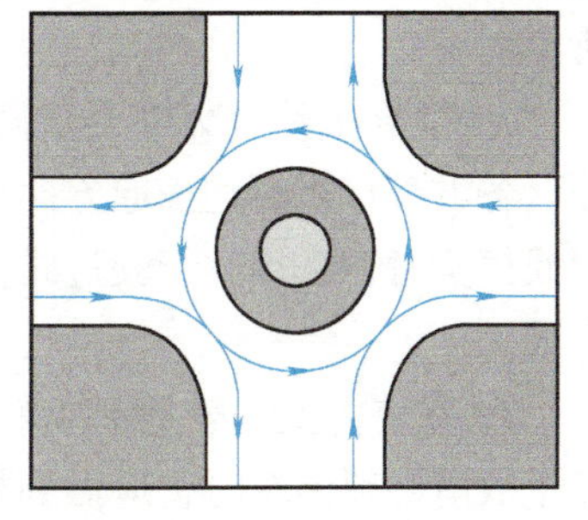

图4-29　环形交叉路口

b. 在进入环形交叉路口前，应将车速控制在15km/h

左右，并注意来自左方将驶入环岛的车辆；进入环岛后，则应将注意力转到右侧向环岛内驶来的车辆；出路口时，应注意右侧直行的非机动车，以确保安全。

c. 有两条或两条以上车道的环形路口，靠环岛的内侧为快车道。当车辆由内侧车道离开环形路口，驶向预定道路前，一定要及时发出转向信号。先驶入外侧车道，然后驶离环岛，绝不可从内侧车道直接右转弯驶出环岛，以免与在外侧机动车道行驶的车辆相撞。

d. 进入环形交叉路口的机动车和驶出路口的机动车相遇时，驶出路口的机动车享有先行权。另外在早、晚行驶时，必须注意那些不遵守交通法规反方向行驶的机动车和非机动车，以免发生交通事故。

13）通过立交桥时，必须按设在路口的标志所规定的方向行驶。在未看清标志内容时，应停车了解，决不可贸然通过。立交桥上不可随意停车、倒车或掉头。应注意：

① 直行车辆可在主干道上正常行驶。

② 右转弯车辆应开右转向灯，转入规定的路线，靠右侧行驶。

③ 左转弯车辆须驶过立交桥后方可转弯，转弯时不能直接左转弯，而应开右转向灯向右转弯行进，然后再右转弯，便进入了主干道，也达到了左转弯的目的。

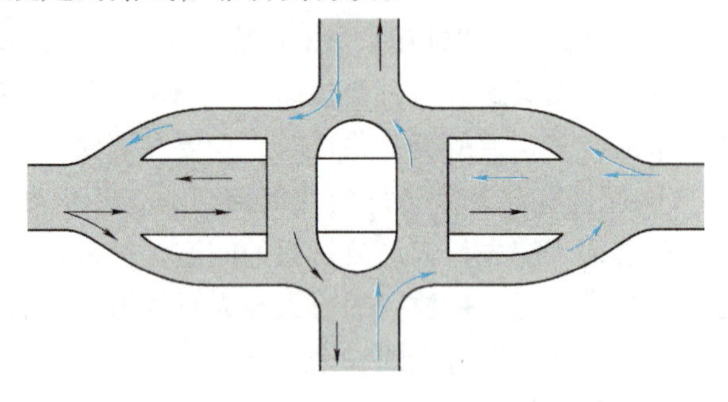

图 4-30　上环形立交桥

④ 掉头车辆按左转弯的方法接连两次便可实现。

⑤ 爬越较长的立交桥坡道时，为了保持足够的动力迅速而稳妥地上坡，必须注意观察坡道的交通情况。若条件允许，可提前在 100m 左右处采用高速档加速上坡，或提前换进低一档位并加速上坡，如图 4-30 所示。上坡时，应设法与前车保持 30m 以上距离，以防前车倒退时发生冲撞。

⑥ 在下立交桥坡道时，一般应将车速控制在 30km/h 以内；若下较陡而长的坡道时，则应先在坡顶试踩制动踏板，检查制动作用是否良好，确认正常的前提下，在与前车保持 50m 以上的间距下缓缓行驶，如图 4-31 所示。

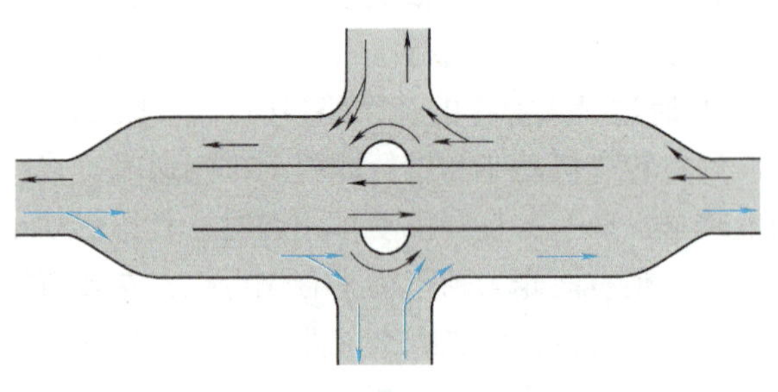

图 4-31　下环形立交桥

⑦ 苜蓿叶形立交桥上车辆通行方法。各方直行车辆均按原方向行驶，各方右转弯车辆须通过右侧匝道行驶，各方车辆左转弯或掉头时，必须直行驶过线桥后，再以右转弯行驶的方法，通过匝道进入桥上或桥下来完成。

⑧ 立交桥上一般是不准车辆停放的，尤其是在立交桥的坡道处严禁停车。如遇车辆发生故障必须停车时，应做到挂上低速档或倒档，拉紧驻车制动器，垫上三角木，示意警告信号。

14）安全停车的方法。

① 城市中停车尽量到停车场，在无停车场的路段停车时，应选择交通法规允许的道路右侧或指定地点，严禁随意停车。

② 在城市街道上停车时，要靠道路右侧停正，车轮距人行道边缘不得超过0.3m，顺序停车距离应保持在2m以上，不得并排停放。

③ 汽车因故障停在街道中央时，应设法推移到道路右侧，以免阻碍交通。

④ 装载易燃或危险物品的车辆，不得在城市道路或居民区及靠近其他车辆的地方停车。

第三节　山区道路驾驶

山区公路在我国占公路总里程的比例比较大，而且山路驾驶汽车比一般公路驾驶难度大得多。因此，对驾驶人来说，了解山区公路的行车特点和注意事项，掌握山区道路驾驶的操作方法，对于保证山区行车安全具有重大意义。

一、山区道路特点

我国幅员辽阔、山地众多，山区地带的道路都是在崇山峻岭之中，一般都是根据其自然和地理条件修筑，从行车角度来看，具有以下特点：

（1）弯多坡长　山区公路由于翻山越岭，甚至有的连续上下长坡几十公里，并且连续弯道，盘旋曲折，上坡使用低速档时间过长，下坡使用制动、转向盘又频繁，精力消耗较大。

（2）道路狭窄　山区公路修建时工程艰巨，成本较高，路幅较窄，特别是在悬崖峭壁上开凿的公路，傍山临谷，地势险峻，单行道多，初次通过这样的道路会产生紧张的感觉。

（3）气候多变　有些山地气候潮湿，经常云雾笼罩；有些山地气候干燥，风沙很大；有些山下气候炎热，山上变得很冷；山阳面的公路坚实干燥，山阴面的公路却是溜滑泥泞；有些山地昼夜温差很大等。这些情况对安全行车有很大的影响。

（4）险情较多　有些山区公路在雨季中山洪暴发频繁，容易出现塌方和桥梁被毁；有些地方有冰川或泥石流活动；有些地方常有风化了的岩石从山上滚落下来等危险情况。因此公路或桥梁被毁，交通中断，会出现便道、便桥，给安全行车带来了困难，防备不周，就会导致灾祸。

（5）交通管理设施不全　由于山区和高原地处偏僻，交通标志不易保护，造成许多危险地段无标志，所以完全依靠标志行车是不行的。

山区公路情况复杂，这就要求驾驶人的基础动作要扎实，操作动作要熟练。

二、山区道路驾驶的基本要求

1）出车前必须对车辆的转向、制动、传动机构及车轮进行一次认真的检查，技术状况必须良好。

2）配备必要的随车物资，如随车工具、易损件、机油、制动液，以及三角木、防滑链条等。

3）了解掌握相关信息，如道路桥梁、气象情况，沿线的加油、食宿点分布等。

4）做好人、车的防寒、防暑准备，备好衣物、食品和饮水等生活必需品。

5）行驶中要注意观察仪表，注意发动机的温度变化，如发现异常情况，应提前采取措施。为保证制动效能，尽量减少制动器的使用次数，并适当停车休息。

6）换档要及时，动作要迅速准确。行车时，尽量跟车行驶，不可轻易超车。跟车时应适当加大行车间距，防止追尾。

7）尽量在道路中间或靠山的一侧行驶，防止发生意外。

三、山区道路驾驶操作技巧

1. 上坡驾驶

上陡坡时，必须根据坡道情况选择适当的档位，尽量用低档上陡坡，使发动机保持足够的动力。当动力不足时，应迅速减档，切不可强撑，以至造成拖档熄火。如错过换档时机，可越级减档。若遇换不进档或发动机熄火时，应立即联合使用驻车制动器强行停车，然后重新起步。坡度太陡，车辆动力不足而通过困难时，应卸下部分货物，或让其他乘员持三角木随车走在靠山一侧的后轮旁边，待车辆快要停时，迅速将三角木垫入车轮后方，抵住轮胎防止车辆后溜。若遇车辆失控倒溜时，应把车尾转向靠山的一侧，使车尾抵在山石上，而将车辆停住，如图4-32所示。此时注意转向盘决不能打错方向，以免发生严重车祸。在冰雪、泥泞等湿滑的坡道上行车，遇有前车正在爬坡时，后车应选择适当地点停车，等前车通过后再爬坡。

汽车上长坡时，驾驶人要耐心、谨慎，保持发动机足够的动力，使车辆平稳地上坡，切不可操之过急，过多地踩下加速踏板。应随时注意仪表工作情况，特别是冷却液温度表的工作情况，防止发动机温度过高引起燃油泵气阻。若爬坡时间过长，冷却液沸腾时，应选择适当地点休息片刻，并添加冷却液，检查车辆，待温度降低后再继续行进。停车时，一定要做好“坡道停车三件事”——拉紧驻车制动器操纵杆，挂档（上坡路段挂在1档，下坡路段挂在倒档），轮胎下面垫上三角木（砖头、大石块）。

图4-32 车尾靠山防止后溜

2. 下坡驾驶

1）下坡前，要认真检查制动和转向装置的技术状况。备有制动鼓淋水装置的汽车，应根据需要及时打开使用。下坡前要先降低车速，使车辆以较低的速度进入下坡路段。

2）下坡路段严禁空档滑行，必须挂入适当的档位，尽量利用发动机的牵阻作用及合理使用制动，控制车速。在下坡路段严禁换档，所以下坡前先选择换入适当的档位。

3）下坡过程中不许猛打转向盘，因下坡的惯性大、速度快，转向太快时很容易造成翻车。

4）下坡过程中要保持相对正常行驶来说较大的车间距离，一般与前车的距离不少于50m，如果坡长或者坡陡时，因车辆的惯性和速度都大，还要再适当加大车间距离。

5）下坡过程中，在感到制动效能有了变化时，应及早停车检查，排除故障。若发生意外故障制动突然失效时，要沉着处理，可用“抢档”方法挂入低速档，增强发动机的牵阻作用，同时逐渐拉紧驻车制动器操纵杆，使车速逐渐降低。切不可将驻车制动器操纵杆一下拉紧，以防驻车制动盘被“扼死”，造成传动机件损坏，全部制动能力丧失。

6）当制动器失效且车速无法控制时，应果断采取措施，利用天然障碍实现停车。紧要关头可使车厢的一侧靠山，利用与山体的擦撞停车。

3. 傍山险路的驾驶

傍山险路一般是坡长而陡，弯急而路窄，多为盘旋曲折、环山傍水的盘山险道，稍有疏忽，将产生严重后果。驾驶人必须认真掌握傍山险路的操作特点，低速行驶，确保安全。

1）应集中思想，冷静沉着，注意交通标志，谨慎驾驶。如果感到疲劳或对通过险路无把握时，应暂停通过，待休息、察看有把握后，再安全通过；行车中要重点观察靠山一边的路面，尽量选择道路中间或靠山的一侧谨慎驾驶，不可四处张望山间景色和无谓的窥视崖下深涧，以免分散精力和产生不必要的紧张心理。

2）会车时，更应做到“礼让三先”，选择安全地点会车。会车地点是在悬崖边或溪岸旁地势比较危险时，应停车观察路基情况，在确保安全的前提下缓缓会车通过。在靠山行驶时会车，自己所驾驶的汽车应尽量靠近峭壁，给对方来车留出足够的路面。

3）在视线受限的弯道上行车，应严格做到“减速、鸣笛、靠右行”，特别是下坡车，应在转弯前平稳降低车速，随时做好停车准备，以防转弯中遇到来车交会或转弯后遇到路障。下坡转弯中严禁超车。边转弯边上陡坡时，应提前减档，使车辆有足够的动力，避免转弯时换档，以便于双手把稳转向盘。遇狭路急转弯不能一次性通过时，第一次可延迟转向时机，用倒车变更轮位后，再继续转弯行驶。

4）行驶中尽量少使用制动，特别不要在急弯和悬崖近处使用紧急制动，以免造成侧滑而发生事故。下坡车辆严禁滑行，并适当加大行车间距，以防发生意外。

4. 通过危险地段

通过山间的危险地段前，应事先向沿途车站、道班和居民了解情况，以便采取适当措施，做到有备无患。注意观察和遵守交通标志的规定。若发现路面上有散乱的大小石块、泥石和沙土堆时，应判断可能是坍山塌岩的迹象，须立即选择安全地点停车，细心察看，确认可以安全通过时再加速通过，途中切不可犹豫甚至停车，以防发生意外。

汽车行驶中，若前面突然发生坍塌，应立即停车后倒到安全地点。若坍塌发生在车的后方或车旁（车上被重物撞击发生巨响与振动）时，应立即加速前进一段路程，脱离危险区。

通过气候多变的山路，应了解这段路上的气候变化情况，注意天气预报，了解当地的“识天”常识，力求掌握气候变化的一般规律，这样就有了主动权，就能充分利用有利时机和避开不利情况。途中遇到恶劣气候，应首先做好人、车及物资的安全维护工作，再决定行车方案。如果视线很差，就得停车等待；如能见度尚好，则可按相应的操作方法进行。

第四节 高速公路驾驶

高速公路的建设与使用，对缓和我国公路运输的紧张局面起着积极的作用，其综合经济效益和社会效益已日益被人们所认识，显示出了强大的生命力。高速公路行车，对驾驶人的心理素质、驾驶技术的要求比一般的道路驾驶更高，驾驶人必须掌握高速公路的行车特点、规律和正确的驾驶操作方法，保证行车安全。

一、高速公路的组成与特点

高速公路是专供汽车分向、分车道高速行驶并全程控制出入的干线公路，是为直达、快速运输服务的汽车专用公路。

1. 高速公路的组成

高速公路主要由中央分隔带、主车道、路肩、加速车道、减速车道和爬坡车道组成，如图4-33所示。

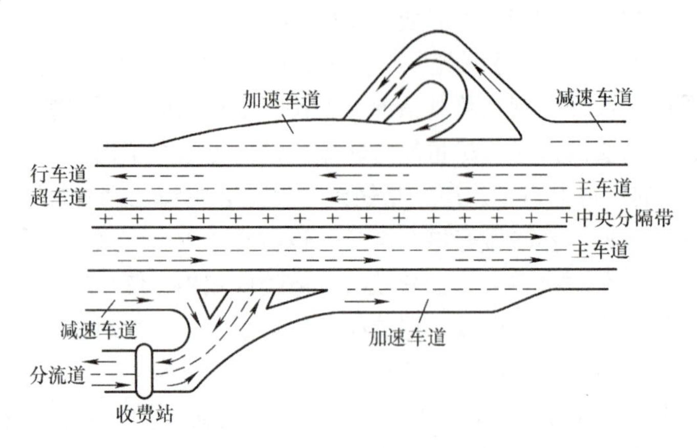

图4-33 高速公路的主要组成

（1）中央分隔带 中央分隔带是高速公路中央一条长条形绿化带，用以分隔左右双向车道，有时中央分隔带留有缺口，供巡逻车、救护车和急救工程车等处理紧急情况使用，但禁止正常行驶的车辆在此掉头、转弯。

（2）主车道 主车道是供车辆正常行驶的车道，由中央分隔带分隔为上行和下行车道。在行驶方向，主车道一般用标线分为两条或两条以上的车道，靠左边的车道通常称为超车道（又称为内侧车道），是供超车时使用的车道，靠右侧车道为行车道（又称为外侧车道）。

（3）路肩 路肩是路幅的一部分，与车道邻接，紧急情况时，作为临时停车之用。

（4）加速车道 加速车道是紧接主车道入口处最右侧车道，供机动车驶入高速公路

前加速时使用。

(5) 减速车道　减速车道是紧接主车道出口处最右侧的车道，供机动车驶离高速公路时减速使用。

(6) 爬坡车道　爬坡车道是高速公路有坡道的路段，为了保持车流的稳定性，设置专供速度较慢的货车、大客车等使用的车道。

2. 高速公路的特点

与普通公路相比，高速公路有如下特点：

(1) 行车速度快　由于高速公路上无平面交叉路口，来往车辆各行其道，互不干扰，汽车可以快速行驶。高速公路的设计速度一般为100~120km/h，甚至更高，在线形设计上也保证了汽车可以安全快速地运行。提高车速可以使运输时间缩短，车辆周转率提高，带来极大的经济效益。

我国高速公路根据设计车速不同可分为四级：

1）一级设计车速为120km/h，平原微丘区。

2）二级设计车速为100km/h，重丘区。

3）三级设计车速为80km/h，山岭区。

4）四级设计车速为60km/h，山岭区。

(2) 通行能力大　高速公路采用全立交、路面宽、车道多、可容车流量大，通行能力强。据统计，一般普通三、四级公路通行能力为200~2000辆/昼夜；而高速公路四车道通行能力为3.4万~5万辆/昼夜，我国广州至深圳的高速公路为六车道，其日通行量高达8万辆。

(3) 行车安全　由于高速公路采取全封闭管理、分隔行驶、限制出入和互不干扰等措施，加上高速公路路面宽、坡度小和转弯半径大等优点，交通事故大幅度下降。据统计，高速公路发生的交通事故是一般道路的30%~51%，由交通事故造成的死亡人数是一般道路的43%~76%。

(4) 运输成本低　高速公路完善的条件使主要行车消耗（燃油与轮胎消耗、车辆磨损、货损）降低。

(5) 设施先进　沿途设有综合服务设施、安全监控及通信设施等，以保证汽车行驶安全、快速。不直接通过城镇，在通往城镇处设立分流道，通过支线进入城镇。由于路面及线形设计科学、合理，给人视觉效果良好，安全管理、服务设施完善，汽车运行条件十分优越，减轻了驾驶人的疲劳程度。

二、上路准备与检查

高速公路是一个特殊的环境，车辆驶入高速公路前，驾驶人必须做好各方面的充分准备及车辆的检查。

1. 检查车辆的技术状况

1）检查燃油箱内的燃油存量。

2）检查发动机的机油存量及有无严重漏油。

3）检查冷却液的存量及有无严重渗漏。

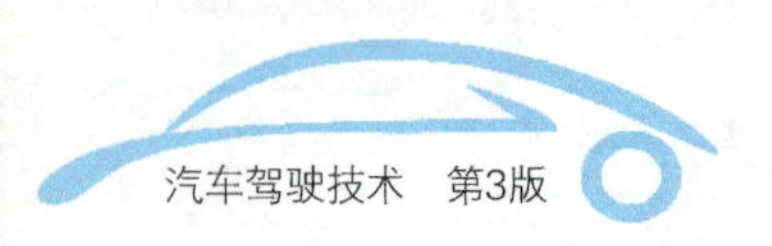

4）检查风扇传动带有无损伤、风扇传动带的松紧度。

5）注意车辆各种仪表是否正常。

6）注意车辆有无异常响声，有无超常振动。

7）注意转向有无卡滞、松旷。

8）注意停车制动时是否失灵和跑偏。

9）检查轮胎气压是否符合要求，清理轮胎花纹间的夹石和异物等。

10）检查传动部分、悬架部分是否连接牢靠，有无松脱现象（特别是传动轴的紧固螺母、轮胎的紧固螺母）。

11）检查转向系统中的传动机构连接是否牢靠，各连接铰链处是否严重松旷。

12）检查电气设备中的蓄电池、起动机、灯光信号和喇叭等的工作状况。

13）检查发动机能否迅速起动，灯光是否明亮（高速公路一般是没有路灯的），喇叭音量是否洪亮。

2. 检查汽车货物、人员乘载情况

1）载货高度、宽度和质量必须符合要求，不得超载、超限。

2）装载物品包捆牢靠，不得飘散，不得滚落。

3）轿车驾驶人和前排座乘员系好安全带。

4）货车除驾驶室外，其他任何位置均不得载人。

5）客车内不准乘车人站立，不准乘车人身体的任何部位伸向车外。

3. 准备好规定的紧急停车用标志及修车工具

在高速公路上，因故障需要停车时，应设置停车指示标志，因此必须准备停车指示板（白天停车时用）、停车指示灯（晚上停车时用）。另外还需准备临时修车用的工具和备件。

4. 做好精神准备

驶入高速公路之前驾驶人要充分休息，保证充足睡眠，切忌带着疲倦上高速公路。如遇到身体疲乏、精神不振，或服用了含镇静剂、安眠剂或兴奋剂的药物等情况，不得驶入高速公路。

5. 制订好行车计划

计划好行车路线，并估计车辆驶离高速公路的大概时间（长时间高速驾驶是危险的），要适当安排休息时间（休息必须驶离高速公路）；了解该高速公路的基本结构形式，了解驶出地点的匝道形式及驶出方式；了解天气预报和交通管理部门发布的气候信息、路况信息，做到心中有数，早做准备。

以上所有项目均必须在车辆进入高速公路（尤其是长路程的高速公路）之前检查和准备完毕。发现有不符合要求的项目，驾驶人自己能解决的自己解决，无法解决的必须请交通管理部门及汽车维修点协同解决，切不可抱侥幸心理，贸然进入高速公路。

三、驶入驶离高速公路

1. 驶入高速公路

驾驶人驾车驶入高速公路后，最初一段时间往往不太适应。初次驶入高速公路容易发

生的交通事故有：驶错方向后违章倒车、掉头而与后车相撞；未能掌握时机适时地驶入行车道，在汇流时发生撞车。为避免上述情况，应了解高速公路的入口结构，掌握驶入高速公路的行车技术。

如图4-34所示，驶入高速公路时应注意以下几点：

（1）通过收费站　在上高速公路之前应及早选定进入的收费口。由一般道路驶进入口收费站时，应严格遵守限速规定，以防车速过快而发生碰撞事故。通过收费站之后要将通行证保存好，以便驶离高速公路时使用。

（2）匝道上行驶　首先应确认行驶路线，不要一过入口就急于上路，这样容易驶错方向。其次应在确认方向后尽快提速至50km/h以上，驶入加速车道。

（3）加速车道上行驶　车辆进入加速车道后应提高车速，同时开启左转向灯，注意调整车速，避免与行车道上的车辆相遇。如果跟在加速性能较差的车辆后面，应与前车保留一个能够在加速车道上充分加速的距离。若前车在加速车道上停车堵住去路，或行车道上车辆连续不断行驶时，必须在加速车道上等待，并注意留有充分的加速余地。

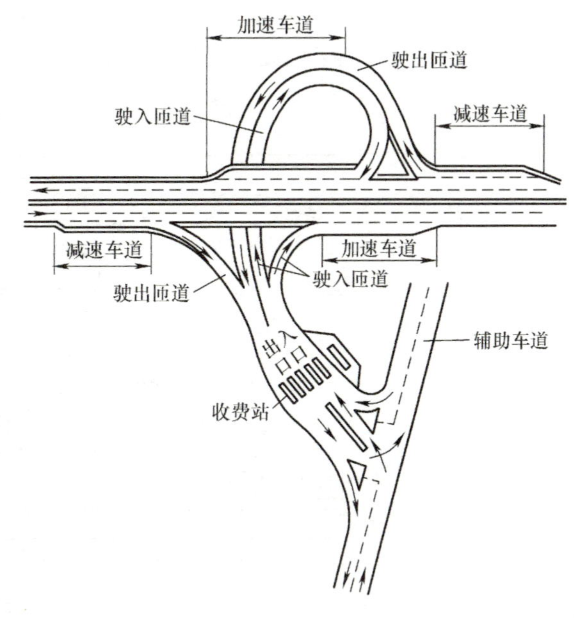

图4-34　驶入高速公路

（4）正确地汇入高速行驶的车流　驶入行车道前应加速，并且从视镜中观察其他车辆情况，正确地估计车速，调整和控制好车速后，适时驶入行车道。先必须在加速车道行驶到一半以上再平滑地汇入行车道，如图4-35所示。在发出向行车道驶入转向指示信号的同时，A车应迅速判断B车的速度（图4-36）加速与B车并行，然后稍减速从B车后方驶入（图4-37）并与B车拉开车间距离，如图4-38所示，正常地汇入高速公路的车流。

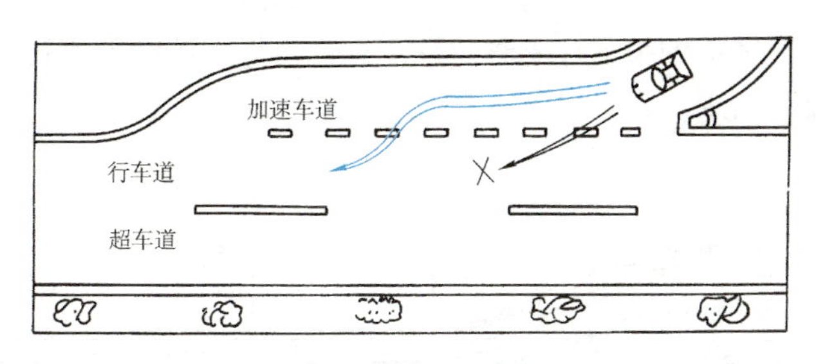

图4-35　进入行车道前

若行车道上汽车以“车队”状态行驶时，要考虑自己车辆的加速性能和头车的速度，如果自己车辆加速性能良好，头车的速度较慢，可以加速后从头车前驶入行车道；如果头

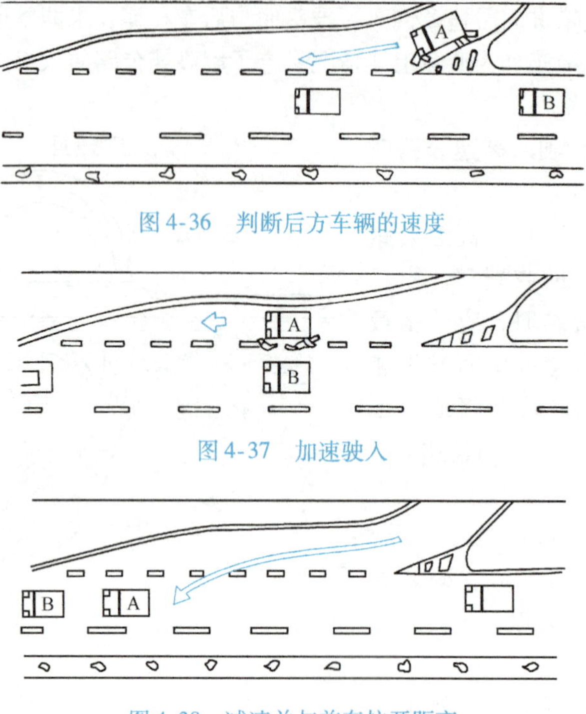

图 4-36 判断后方车辆的速度

图 4-37 加速驶入

图 4-38 减速并与前车拉开距离

车速度较快，控制好自己的车速，在车队全部通过后，再从其后面驶入，不得妨碍其他车辆行驶。

2. 驶离高速公路

汽车要从高速公路驶出并进入普通公路，必须遵守一定的行车规定，配合一定的驾驶技巧，以顺利完成高低车速转换的过程。

（1）驶离行车道 欲驶离高速公路，应提早做好准备，方法是注意交通标志，明确所要去的目的地的方向与出口处的位置（不宜通过降低车速的方法寻找出口处）。如图 4-39中 *A* 处所示，高速公路道口前 2km、1km、500m 及出口处设有预告标志，在 2～3km 前就可以开始减速，并退到最右侧的正常行驶道，如图 4-39 中 *B* 处所示。减速时，应采用松开加速踏板的方法慢慢减速，尽量不用制动踏板减速。如图 4-39 中 *C* 处所示，当看到距出口处还有 500m 的指示标志时，打开右转向灯，徐徐驶离行车道，驶入减速车道，如图 4-39 中 *D* 处所示。

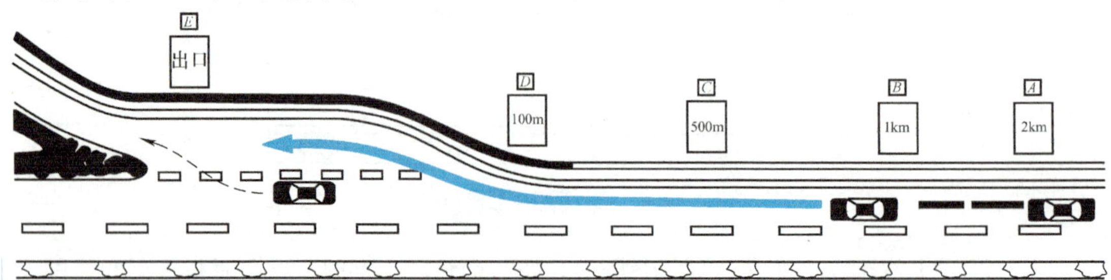

图 4-39 驶离行车道

由于即将到达目的地，驾驶人会有一种解脱感，麻木和疲劳随之而来，表现出驶离高速公路的不适应期，此时应注意：

1）预先注意出口标志，做好出口准备。

2）当看到500m标志后，开启右转向灯，调整车速，平稳地驶入减速车道。

3）如果驶过出口，即使驶过不足100m，也不许停车、倒车，只能到下一出口驶离。

（2）驶离高速公路　驶离行车道后，应在减速车道、匝道上行驶，降到40km/h以下车速，平稳地循出口匝道顺利驶出，如图4-39中E处所示。减速车道、匝道上不许停车、超车。

（3）驶离高速公路收费出口　到收费出口前应减速并缓慢地行驶，寻找空闲出口。在收费出口前常会发生追尾事故，所以要充分减速，谨慎驾驶，不要变换车道争抢出口。出收费口之后，最好停车休息一会儿，因在高速公路长时间高速行驶，离开后容易低估车速（不适应所致），从而导致事故；休息一会儿，使速度判断误差减小后，就可较快适应一般公路车速以及路况。

四、高速公路上的行车方法

高速公路没有信号灯和平面交叉路口，也没有行人，路面标线清晰，坡度平缓，道路条件较好，视野开阔，具备了可充分发挥车辆性能的条件，但驾驶人如不掌握高速公路的行车方法，还是会造成行车事故的。

1. 分道行驶

车速越高对路上车流的秩序要求也越严格。高速公路有双向四车道、六车道、八车道三类，我国大部分为四车道的高速公路。进入高速公路后，能够从道路的标牌或道路的标志箭头得知各种类型车辆所应行驶的车道。在高速公路上必须严守分道行驶、不随意穿行越线的原则。如图4-40所示，高速公路以沿机动车行驶方向左侧算起，第一条车道为超车道，第二、第三和其他车道为行车道。

分道行驶的要点如下：

1）单向只有两条车道时，所有机动车都应当在右侧的行车道上行驶，左侧车道为超车时使用。严禁在超车道上行驶。

2）有三条车道时，设计车速高于130km/h的小型客车在第二条车道上行驶；大型客车、货车和设计车速低于130km/h的小客车在第三条车道上行驶。

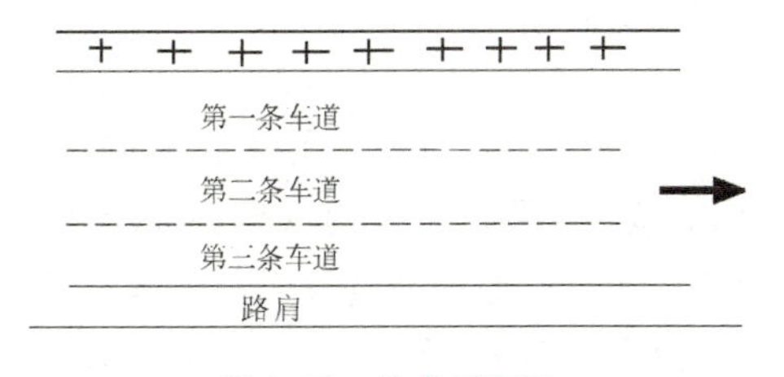

图4-40　分车道行驶

3）有四条以上车道的，设计车速高于130km/h的小型客车在第二、第三条车道上行驶；大型客车、货车和设计车速低于130km/h的小型客车在第三、第四条车道上或者向右顺延的车道上行驶。

4）高速公路紧急停车带是专供紧急停车或应急使用，车辆正常行驶时，不准在紧急停车带和路肩上行车。

2. 车速控制

在高速公路上行驶，由于路况好，视线好，无行人、非机动车及横向车辆干扰，极易超速行驶。这时驾驶人应保持清醒头脑，要常观察车速表，一旦发现超速，应尽快减速，不要大意。高速行驶是造成高速公路交通事故的主要原因之一，因此驾驶人应严格遵守限速要求，不能超速行驶，以确保自身和他人生命、财产的安全。

1）在高速公路上行车不是速度越慢越安全，最低车速规定是为了保证车辆在高速公路上行驶时，尽量缩小车辆之间的速度差，尽可能使前后车辆以同样的车速行驶，减少超车和变换车道次数，以达到减少车祸发生的目的。如果在高速公路上采用阻碍全线车辆流动的慢车行驶是极其危险的，因为比整体车流行驶速度慢的汽车，对尾随其后的车辆来说是个障碍，行驶中，被一辆接一辆的后车追逐、超越是极不安全的。

2）在高速公路上超速行驶同样具有很高的危险性。因为超速行驶会增加车流中的冲突点和交织点，破坏汽车的操纵性和稳定性，扩大汽车的制动非安全区，增大汽车冲击力，还会使发动机、传动系统负荷加重，不仅容易损坏机件，也极易造成交通事故。因此，驾驶人应时刻观察仪表，不能超过规定的速度，确保行车的安全。

3）在高速公路上有限速交通标志或者限速路面标记与最高、最低车速规定不一致时，应当遵守标志或标记的规定。高速公路上的限速标志都是保护驾驶人及乘车人生命安全的标志。在车辆行驶中看到限速标志时，应做好精神准备，认真确定车速表的车速，使其达到限速标准，否则，超速驶过该路段是非常危险的。当然，高速公路上要求以非设计的时速行驶时，都没有限速标志。

4）高速公路行车速度的确认。高速公路路面宽阔、固定参照物少、车流速度高，如果凭感觉或估计判断车速会非常不准确。另外，长时间高速行驶，驾驶人视觉的立体感逐渐下降，对车速的估计容易发生偏差；尤其是刚从一般道路进入高速公路后这种感觉更为明显，由此而引发追尾或碰撞事故多有发生。因此，行车中应控制好车速，不可过分地相信感觉，必须依据车速表。

3. 行车间距

行车间距包括两个方面：一个是与前车的距离，另一个是车辆超车时两车平行行驶瞬间的左右距离。在高速公路上行驶的车辆速度快，如果行车间距保持不好，很容易发生首尾相撞或刮擦事故，有时甚至会连环相撞。在我国高速公路交通事故中，追尾相撞事故占3.6%以上。其原因是驾驶人不能保持合适的行车间距。

在同向行驶的车辆中，如果行车间距太小，则看不准道路和周围景物以及车前、车后的情况，当遇有紧急情况时，容易发生追尾事故；而行车间距较大时，就会有其他车辆从一旁挤进，对前后车的安全均不利。所以，必须综合驾驶人反应时间、车辆制动性能、路面条件和行驶速度等因素，确定合理的行车间距。

掌握行车间距的要点如下：

1）正常情况下，当车速为100km/h时，行车前后间距为100m以上，左右距离为1.5m以上；车速为70km/h时，行车前后间距为70m以上，左右距离为1.2m以上。

2）车辆长时间高速行驶，驾驶人视觉长期接受路面及周围流动景物刺激，对距离的估计容易发生偏差。另外，大型车辆的驾驶席位高，驾驶人的眼睛所视前方距离较短，容

易产生车速估计偏低、与前方车辆保持距离不够的问题。因此，在高速公路上专门设有“车距确认”路段，帮助驾驶人确认行车间距。在驶过这种路段时，驾驶人要修正距离感，检验并调整自车与前车的距离。

3）不接近可能发生危险的车辆。所谓危险车辆，就是随时可能发生事故的车辆，如运载危险品的货车、严重超载的大型货车、随时可能落物的车辆等，此外还包括那些由鲁莽或疲劳驾驶人驾驶的车辆。如果在行车中发现了前车属于危险车辆，应趁早避开，尽快在有利的时机超越它或拉开与它的距离。

4. 超车方法

在高速公路上行驶，超车一定要慎重，因为超车时需要转动转向盘，而车辆在高速状态下，转向盘稍微转动，车辆行驶方向将会改变很大，难以控制；另外，车辆在高速行驶中，超车只有瞬间的功夫，超车及被超车驾驶人容易出现观察不够或判断失误等错误。根据高速公路交通事故统计，60%以上的交通事故都与超车有关。

在高速公路上超车发生的事故大致有以下几种情况，即在恶劣的条件下，如弯道、恶劣环境、拥挤和冰雪条件下进行超车，引起剐碰和撞车；未按规定使用相应的信号，超车时与前车或并行车发生冲突而使用制动引起侧滑产生的事故；从前车的右侧超车与前车相碰发生事故；变更车道时转动转向盘过猛，引起车辆撞护栏、中央分隔带及翻车，或与被超车的距离不够产生剐碰引起事故。

超车时的操作步骤如下：

1）掌握正确的超车时机，正确估计被超车辆的行驶速度和所驾车辆的动力性能。一般来说超车与被超车行驶速度的差值越小，超车过程所需的时间与距离越长。如果自己驾驶的车辆与车流中的车辆性能相差不多，就尽量不要超车，否则有可能将自己置身于反复超车与被超车的危险境地。表4-3所示为普通轿车的车速差与必要的超车距离的关系。

表4-3　普通轿车的车速差与必要的超车距离的关系

速度差/(km/h)	前车速度/(km/h)	自车速度/(km/h)	车间距离/m	必要的超车距离/m
10	90	100	100	2100
20	80	100	80	850

2）超车时要注意并行及后续车辆情况，确认超车道上的安全距离内（100m以上）没有其他车辆，同时还必须确认同行车道上没有车辆企图超越自车。为保证这两点，驾驶人必须使用车内的后视镜和车两侧的后视镜观察。同时有一点必须说明一下，由于后视镜调整等原因，存在“盲点”，为确保无误，有必要以眨眼的工夫转脸用眼扫视一下后方消除“盲点”。在确认安全的情况下，开启左转向灯，夜间还须变换使用远、近光灯。

3）发出超车信号后，不要急于变更车道，而应再一次观察前、后车周围的情况，保持与前后车均有足够的距离（一般为70m左右），然后平稳地转动转向盘，以较大的行车轨迹加速驶向超车道，从左侧超车，如图4-41a所示。高速公路上猛打转向盘是很危险的，在超车时更是如此。随着车速的提高，在转过相同的弯道时，转向盘的转动量是逐渐减小的，这是高速公路不能过猛转向，采用大弯道变更车道的直接原因。超车过程应该是

紧凑和一气呵成的，如果在200m以内有车，可以连续地超越，否则，反复变更车道、来来回回是非常危险的。

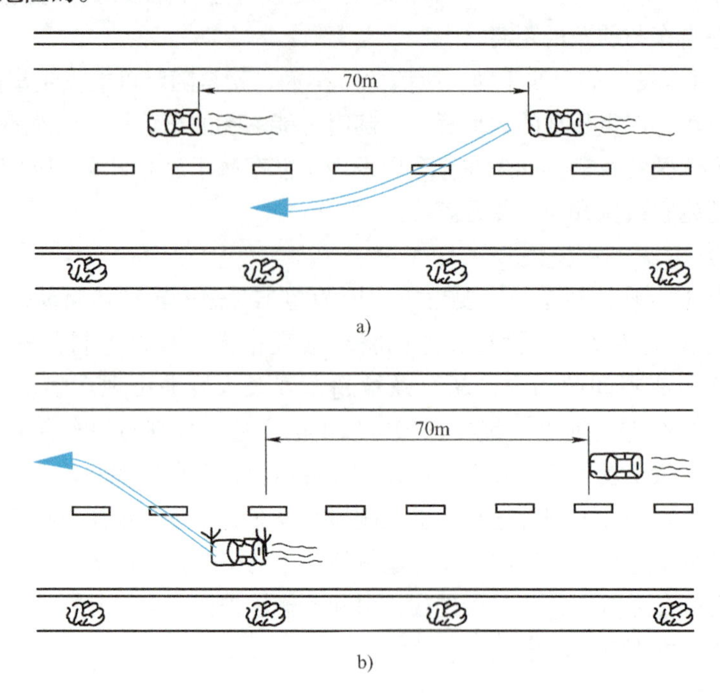

图4-41　超车方法

a）超车前打左转向灯　b）超车后打右转向灯

4）超车后要尽快返回原车道。当与行车道上的前、后车辆保持有足够的距离时，开启右转向灯，平稳地驶回行车道，如图4-41b所示。切忌在超车道上连续行驶，这样既不干扰其他车辆的正常行驶，对本车辆安全也有保障。要避免连续地、长距离地、强行地超车和车辆间相互交替地超车等汽车驾驶行为的发生。

应该特别提一下，疲劳驾驶人驾驶的车辆非常危险，随时都有发生事故的可能。这样的车辆能从其后面的摆动情况可以分辨出来，这些车辆常常偏离其行驶的车道，又能周期性的返回。发现这种情况后，应马上准备超车，因为多尾随一会就多一会危险。如几经鸣笛、发信号后前车仍在“画龙”，应打消超车的念头，提高警惕并拉大车距，以避免危险。

5. 弯道、坡道行驶

（1）弯道行驶　高速公路除了因地况形成弯道外，在设计过程中，为了防止驾驶人打瞌睡，减少夜间眩光，间隔一段距离也设置弯道。车辆在弯道上行驶时，弯道外侧处于驾驶人视野的前方，驾驶人注视点将投向弯道外侧远地点，容易造成对距离和弯度（曲率半径）判断的失误，如果速度控制不当，将导致车辆肇事。

弯道上常见的交通事故有：追尾相撞、与侧面车辆剐碰、冲撞防护栏或中央分隔带；进入服务区、停车场时，冲出车道线外。弯道安全行驶的要点如下：

1）适当降低车速。

2）严禁在弯度小的弯道上超车。

3）左转弯道行驶时，驾驶人直视距离变短，最好不要超车。

（2）坡道行驶　与普通公路相比，高速公路坡道的坡度一般不是很大。车辆上坡时，由于行驶阻力的作用，车速逐渐下降，因此驾驶人很自然地意识在上坡。但是，下坡时驾驶人不容易察觉。随着车速的逐渐加快，驾驶人的视野越来越窄，对坡度估计的误差也将更大，导致车辆超速下坡，发生事故的危险性剧增。夜间行驶时，由于光线不好，情况更是如此。

坡道上常见的交通事故有：对速度估计不足，车速过高，驶出车道线，碰撞防护栏或中央分隔带，车辆横滑引发的追尾相撞。坡道安全行驶的要点如下：

1）注意坡道的存在。可以通过观察道路标志，如“坡道”和“坡度%”等标志得知坡道的情况，然后根据道路实际情况控制行驶速度。

2）控制下坡车速，不要依靠估计的车速，要注意观察车速表的显示，确认速度在安全范围内。

3）绝对不允许在下坡转弯路段上变更车道、超车。

4）在设有爬坡车道的上坡路段，大型客车、货车应在爬坡车道上行驶。速度较快的小型客车不可随意驶入爬坡车道。

6. 隧道内行车

车辆刚刚驶入隧道时，驾驶人突然由明处进入暗处，眼睛大约需要七八秒钟的适应时间，即暗适应过程。在这个过程中，驾驶人眼睛的灵敏度十分低，几乎看不到任何东西。由于驾驶人视力的下降，隧道口处往往就是事故的多发地点。

车辆进入隧道后，驾驶人与外界环境隔绝，隧道两壁又离车辆很近，在车辆前进中快速向后流动，造成驾驶人强烈的速度感觉，觉得车辆开得飞快，对车速、行车间距估计不准，容易引起追尾碰撞事故。

车辆驶出隧道口时，由于环境明暗的再次变化，驾驶人又需要一个亮适应过程，视力将有瞬时的下降。同时，刚出隧道口，由于视野的开阔，驾驶人会对车速、行车间距产生判断失误，常常误认为自己车速过慢，与前车相距较远。再加之心情豁然开朗，往往会加速行驶，从而引发交通事故。

隧道是高速公路上行驶最危险的路段之一，发生的交通事故有：与前车追尾相撞，与隧道内壁剐擦，与侧方车辆剐碰等。隧道安全行车的要点如下：

1）即使是白天，也应该在隧道入口前约50m开启前照灯和示宽灯、尾灯，以便认清前车状况以及引起后方车辆的注意。

2）在进入隧道前驾驶人应及时察看车速表，根据隧道口标志上规定的速度进行车速调整，同时注意车辆的装载高度能否安全通过。

3）进入隧道后，驾驶人应把注视点移到隧道的远处，不要看两侧隧道壁，避免强烈的速度感。同时注意保持行车间距，车速为80km/h时，行车间距为80m以上；车速为60km/h时，行车间距为40m以上；车速为50km/h时，行车间距为30m以上。

4）隧道内严禁变更车道、超车，不宜鸣笛，以防噪声影响其他车辆行驶。驶出隧道之前，要通过车速表确认行车速度，不能凭直觉判断车速。掌握好转向盘，以防隧道口处的横向风引起车辆偏离行驶路线。

5）如果车辆在隧道内出现故障，只要车辆还能行驶，应尽可能把车驶出隧道，严禁隧道内停车。

五、高速公路应急情况处理

高速公路上的行车紧急情况是指在行车时出现的一些出乎意料的事情，如转向失控、制动失灵和行车过程中失火等。在这些情况下，驾驶人如不能正确处理，所引发事故的后果是可想而知的。

1. 高速公路应急处理原则

在高速公路上行车，除掌握安全行车方法外，还必须有应急情况处理的准备。为防止避险不当加重事故后果，驾驶人遇有行车险情时，应遵循以下处理原则：

1）沉着冷静。当险情突发，驾驶人应保持头脑冷静，操纵准确及时，而不应该手忙脚乱。

2）先人后物。车辆物品可以补偿，人的生命只有一次，遇到险情，首先保证人身安全。

3）避重就轻。为了避开造成较大的损失，可不受某些交通规则的限制，以减轻事故的损失后果。

4）先减速后打方向。遇到紧急情况，应该先减速，只有在制动距离内将导致不可避免碰撞的情况时，才采取打方向的避让措施。

5）先人后己。

2. 紧急情况处理

（1）转向失控的处理　转向机构失控常常突然发生而没有前兆，在这种情况下，高速行驶车辆的危险性要比制动失灵还大。转向失控的主要原因是转向机构和有关部件中的一些零件可能破裂、掉脱和咬住，使驾驶人无法控制方向。

在这种情况下，只有尽快制动停车，而无别的办法。问题是发现转向失控时，驾驶人不能慌乱。在空间和时间允许的条件下，应先向别的车辆发出信号，如打开紧急闪烁灯、开前照灯，鸣笛并打手势等，然后再对车辆实施制动。切记，非不得已不能使用紧急制动，因为高速公路上的紧急制动具有同样的危险性。

（2）制动失灵的处理　现代车辆制动系统设计时都采用多管路制动的形式，以减少整个系统全部失灵的可能性（四个轮子的制动同时都失效）。大部分车辆当制动系统失灵时，车辆仪表板上装的警告灯就会闪烁。当灯亮时，应减速，在路边等安全地带按有关要求停好车，直到解决问题后才能继续行车。由于是多管路制动系统，这就有可能灯亮后还有一些制动力，但这时可能需要更大的制动力或者一段较大的距离才可停车。

虽然车辆的制动全部失灵在现代汽车中很少见，但却是极其危险的。在高速公路上，车辆制动全部失灵的危险相对一般混合交通的公路上要小一些。这是因为，高速公路上高速度、全密封和分道行驶等特点要求车辆在行驶时避免或是减少使用制动，这样在高速公路上制动失灵的车辆就有充分时间和空间使速度降下来。正确的停车方法是：发动机熄火，利用车辆的惯性驶离高速车道；不摘档，利用发动机制动的形式来使车辆减速，当车速下降到50km/h以下时，在较开阔的路肩上滑行，同时用灯光和手势等提醒后车注意；

当车速下降到15km/h时，用驻车制动将车辆停在路肩上；按规定处理好现场后再做进一步的处理。然而，高速公路上最为可怕的是车辆将要驶离出口时，才发现车辆的制动失灵，而此时的车速又不能迅速下降，这种情况驾驶人不要慌乱，更不要勉强采取一些制动措施，较为理想的方法是驶过出口，在较为开阔的地段上减速停车。

（3）行车火灾的处理　在高速公路上，发生火灾的事故也占有一定的比例，而车辆失火的原因有：电线短路、燃烧系统起火、吸烟、排气管过热等，当然，严重的撞车、翻车时也会引起火灾。火灾的危害是毁灭性的，每个驾驶人都应具有一定的消防观念，防止行车时火灾的发生。

防止火灾的措施是：消灭起火原因，提高车内装备的耐火性，改善消防装置。

具体应注意以下几点：

1）应注意防止在车身锐角部分及排气管附近电线短路。

2）多用熔断器、断电器等线路保护装置。

3）以不燃材料蒙覆内饰件。

4）适当地安装防火壁，如在发动机舱或货舱内发生火灾可避免燃烧到车厢内。

5）配置消防设备。

高速公路上行车失火时，若不懂扑救及自救的方法后果是十分严重的。一般在发生火灾时要注意以下几点：

1）尽一切可能将车辆停靠在路肩上。

2）设法使乘客和驾驶人离开车辆或驾驶室。

3）灭火的同时要做好油箱的防爆工作，尽可能早地切断油源。

4）将车辆尽可能地远离高速公路的收费站、服务区和停车场等公共场所，以防引起更大的损失。

发生因撞车、翻车等车祸而引起的火灾时，应首先抢救伤员，并对汽车采取有效的扑救措施。当汽车着火危及周围房屋、电线电缆以及易燃物品时，应隔离火场，采取措施，以防火焰蔓延，减少损失。在扑救时，驾驶人及其他人员，应脱去身上穿的化纤衣服；注意保护暴露在外面的皮肤，不要张嘴呼吸或高声呐喊，以免烟火灼伤上呼吸道；要沉着、勇敢，发扬不怕牺牲和对人民极端负责的精神，积极迅速扑灭火灾，抢救受伤人员和财产。

六、高速公路安全行车注意事项

1. 车辆在高速公路上行驶规定

1）不准在高速公路上试车和学习驾驶机动车。

2）不准在高速公路上倒车、逆行，不准穿越中央分隔带掉头或者转弯。

3）不准在匝道、加速车道或者减速车道上超车、停车。

4）不准骑压车道分界线行驶。

5）除遇到障碍、发生故障等车辆无法继续行驶的情况外，不准随意在高速公路上停车。

6）车辆正常行驶时，不准在紧急停车带和路肩上行车。

7）禁止在行车道上修车。

8）除救援清障车外，禁止其他车辆拖故障车。

9）严格遵守有关车速的规定。

10）车辆在高速公路上行驶时，驾驶人和前排乘坐的人员必须系安全带。

2. 在高速公路隧道行驶注意事项

1）进入隧道前要降低车速，高速公路隧道的车速限制一般为60km/h，隧道前方都设有限速标志，要根据限速标志控制车速。

2）在隧道中要保持原来的车道行驶，不要随意变更车道。在隧道中要保持匀速行驶，开启示宽灯、尾灯和近光灯，一方面照亮前方道路情况，另一方面防止被后车追尾。雨雪天气隧道的路面容易侧滑，要注意控制好方向，避免紧急制动。

3）不准在隧道内随意停车，假如在隧道中发生故障无法继续行驶时，要立即开启报警闪光灯，并在车后150m外设置三角警示牌。车上人员要马上撤离，短的隧道可从路边高出路面的路肩上撤出隧道外，长的隧道要尽快撤离到隧道中有凹进部分的安全区内，并立即用电话报警。

3. 在高速公路驾驶注意事项

在高速公路驾驶应注意以下事项：

1）从匝道进入主线车道，当入口有加速车道时，应通过加速车道将车速提高到一定的速度。合流时，应不妨碍在主线车道行驶的车辆。

2）严格区分车道的职能，分车道行驶，一般情况下走主行车道，只有超车时，才能用超车道，保证车流畅通。

3）行车时随时注意路上标线和道路路边、上空的标志，并适当靠右行驶，但不能碾压右侧车道分道线，以利于后车超车有足够的侧向距离。

4）严格遵守速度限制规定，超速行驶易酿成事故，车速太低妨碍其他车辆正常行驶。在雨天、冰雪天行车，车速应相应降低。

5）应保持纵向车间距离。一般情况下，在路面干燥、制动良好的情况下，车间距离(m)不小于车速(km/h)的数值。如车速80km/h时车间距离不小于80m，车速100km/h时车间距离不小于100m。随时注意路旁车间距离标志牌，遇雨雾天、冰雪天和路面潮湿时车间距离应增加一倍以上。

6）不准在车道上倒车、掉头和横穿，不准超过中央分隔带。

7）不要妨碍执行任务的消防、急救、公安和抢险等车辆的通行。

8）超车时，估计好距离和双方车速，情况正常时，应鸣笛、开左转向灯，从超车道超越前车，不准从右侧超车。

9）高速行驶要始终握稳转向盘，改变车道或超车时，转向角度不要太大，防止车速过快车辆飘移。需要制动时，分几次制动为好，不要一脚踩死，防止车辆跑偏。

10）进出隧道光线发生变化，会影响视力，要适当降低车速，以适应光线的明暗变化。

11）驶出高速公路时，注意路口预告牌，将车从主车道分流出来进入减速车道减速，经匝道进入一般公路。

4. 车辆进入高速公路的特别限制

非机动车、拖拉机、轮式专用机械车、铰接式客车、全挂斗车以及最高车速设计低于70km/h 的机动车，不得进入高速公路通行。

5. 车辆在高速公路上行驶速度规定

《中华人民共和国道路交通安全法实施条例》规定高速公路的最低车速不能低于60km/h，小型载客汽车最高车速不得超过 120km/h；其他机动车不得超过 100km/h，摩托车不得超过 80km/h。如果遇到路上有限速标志时，按照限速标志的指示行驶。

6. 高速公路雨天行车注意事项

1）减速行驶，要把车速降低 20% 左右。

2）增加行车间距，应为干燥路面行车间距的两倍以上。

3）不要紧急制动或猛打转向盘，减少变更车道的次数。

4）降雨初期路面上形成泥泞，较容易打滑，事故也多集中在此时发生，所以要特别注意。

5）在坡道的最低点或弯道附近，路面容易积水，车辆高速通过时易产生“水滑”现象，要特别注意。

6）遇特大暴雨时，应开启危险警告灯、示宽灯，最好驶入服务区躲避。

第五节　特殊条件下驾驶

在走合期、严寒、高温和高原等特殊条件下，驾驶人的驾驶操作是否正确，对延长汽车使用寿命和保证行驶安全有着重要的意义。

一、走合期的驾驶

为了保障车辆的技术性能，延长其使用寿命，新车、大修车及装用大修发动机的车辆，在运行初期，改善零件摩擦表面几何形状和表面层物理力学性能的“磨合”过程称为走合。汽车运行初期的一段里程称为走合期。走合期的行驶里程各制造厂都有明确规定，一般为 1000 ~1500km，接到新车后，要认真阅读使用说明书，弄清技术数据要求及注意事项。

1. 汽车走合期的特点

（1）各部件运动速度快、压力大，机件磨损快　汽车出厂前虽按规定进行了磨合处理，但机件表面仍然较粗糙，加之新零配件间有较多的金属粒脱落，使磨损加剧。

（2）汽车故障较多　由于机件在加工、装配时存在偏差，同时还包含着一些难以发现的隐患，在走合期间很可能出现机件卡死、发热和渗漏等故障。

（3）机油易变质　由于走合期内机件配合间隙较小，油膜质量差，温升大，机油易氧化变质。加上较多的金属粒混入机油，使机油质量下降。

（4）耗油量高　汽车在生产和装配过程中的误差，使气缸的密封度和各运动副间的配合程度受到影响，造成运动阻力增大，油耗增加。

（5）紧固件易松动　汽车在生产和装配过程中，零件之间存在一定的配合间隙，使得走合期紧固件容易松动。

2. 走合期的驾驶要求

汽车的使用寿命、工作可靠性和经济性在一定程度上取决于走合期的行驶方式。为此，汽车走合期必须遵循以下的驾驶要求：

1）选择在较好的路面上行驶。

2）发动机起动后，不要急剧增加其转速，不允许连续猛踩加速踏板，避免在高速或低速连续恒速运转，用中等转速运转发动机为宜，一般不超过最高转速的 80%。

3）根据道路的不同条件及时换档，充分估计到发动机在走合期动力性较差，提前换低速档，不能勉强用高速档行驶。

4）减小装载质量。汽车在走合期内行驶一律减载，一般车辆载荷不超过额定载荷的 75%，并不得拖带挂车或拖曳其他车辆，以免发动机负荷过大。

5）避免紧急制动，以免损坏机件，缓和地使用制动能较好地磨合并延长其使用寿命。为了尽可能地缩短制动器的走合时间，汽车在第一个 200km 行驶期间，可通过适当的增加点制动次数加速制动器的磨合。

6）注意车辆检查及更换机油。

① 行驶中注意观察各仪表的工作状况，特别是对冷却液温度表和机油压力表的观察。机油压力表出现异常应停车检查，找出原因，及时处理。冷却液维持在最佳温度，特别应防止散热器“开锅”。

② 行驶 200km 时，趁热将发动机气缸盖、进排气支管的螺栓按规定进行一次检查、校正和紧固。

③ 注意经常检查变速器、后桥和制动鼓的温度，超过规定温度时应及时找出原因并予以排除。

④ 注意更换机油。新车行驶 500km 时，趁发动机热车状态下更换一次机油。行驶 1000km 时，应对全车各润滑点进行一次润滑。

当走合期结束时，应清洗发动机机油盘、变速器、后桥和转向器，并更换其机油。

二、严寒条件下的驾驶

1. 严寒对驾驶行车的影响

1）机油变稠，易凝固，机械润滑不良，易磨损。燃油汽化性能很差，造成发动机起动困难，甚至冻坏散热器、气缸盖和发动机缸体。

2）金属、塑料和橡胶等材料，在低温下都会有收缩、变脆倾向，甚至断裂，车辆机件故障增多且检修、保养不便。

3）驾驶机件沉重，增加劳动强度，容易引起疲劳。

4）驾驶人的手脚易冻僵，冬季服装较厚甚至臃肿，手脚不灵便，加上风窗玻璃因积霜而阻碍视线，致使操作的灵活性、准确程度受到影响。

2. 严寒条件下的操作方法

由于冬季温度非常低，驾驶人、车辆以及道路等与常温相比都发生了一些变化。在冬季严寒条件下行车时，应注意以下几点：

1）车辆要进行换季维护。进入冬季要防止发动机冻坏，加好防冻液。更换冬季机油和齿轮油，以防起动困难。

2）车辆起动后不要立即行驶，一定要低速运转等到发动机温度达到40℃以上，或者仪表盘上的发动机温度图符显示正常方可行驶，否则会加速发动机磨损和机件损坏。

3）尽量减少车辆在库内发动的时间，利用空调、暖风长时间取暖时，要注意通风换气。

4）驾驶室内与外界温差较大，前风窗玻璃容易结霜雾，影响视线，所以在行驶中要加倍小心，及时除去风窗玻璃上的结冰。

5）行人衣服穿得比较厚，行动不灵活，戴帽子的比较多，影响听觉，听不清汽车和喇叭声，人车混行时应减速慢行，提前鸣笛、减速，安全通过。

6）通过冰冻路面时，由于路面结冰，附着力小，车轮容易产生滑转或侧滑，需装上防滑链或在驱动轮下铺垫沙土、煤渣等，以增加附着力，如图4-42所示。起步应少加油，缓松离合器踏板从而减小驱动转矩，适应较小的附着力，防止车轮滑转。行驶中，加速不可过猛，以防驱动轮因突然增加转速而打滑。减速时应利用发动机的牵阻作用，尽量避免使用制动器制动。转弯时，保持均匀车速，适当增大转弯半径，不得猛打转向盘，以防侧滑。

图4-42　防滑行驶

7）在向阳路面和背阴路面交替的道路上，背阴路面常有冰冻，并被尘土覆盖，要特别注意。

8）积雪地区要注意控制车速，沿道路中心或前车轮迹行驶。明显的车轮轮迹也可能冻结打滑，应根据具体情况挂装防滑链。遇积雪深至车轴时，车辆已难以通过，须设法将积雪铲除后再继续前进。

9）行驶在道路积雪坡道时，应根据坡度大小和车辆的动力情况，选用适当的低速档上坡，避免途中换档。下坡应用较低档位来控制车速，必须使用制动时，应在不踩离合器踏板的情况下，间歇地轻微制动，并且注意灵活运用驻车制动。

10）行驶中遇来车交会时，要就近选择安全地点，并适当加大横向间距，必要时还需停车等待交会。与前车同行，要注意增大行车距离，并经常注意前车行驶情况，以便及早采取措施。还需注意尽可能不要超车，必要时，征得前车同意后，在确保安全的情况下稳妥超越。

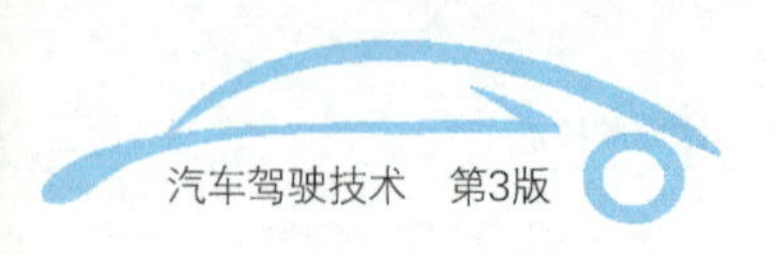

11）在雪地行车时，由于白雪反射的光线强烈，特别是有阳光的天气，必须戴上有色眼镜，以保护眼睛不受损伤。行车中思想处于长时间集中状态，应注意适当停车休息。在冰雪路上长时间停车或过夜，应在轮胎下面铺上砂土或清除车轮下的冰雪，以免轮胎与地面冻结在一起。

3. 驾驶注意事项

1）起动或摇转曲轴时，应踩下离合器踏板，切断发动机与变速器的连接。发动机起动后，试探性地缓抬离合器踏板，当发动机声音变化时再迅速踩下离合器踏板，反复进行，待变速器齿轮油融化、发动机运转正常时，再完全松开离合器踏板。

2）先用低速档行驶一段路，待发动机温度正常后再按正常速度行驶，中途短时间停车应用怠速运转。

3）行车中一定要放慢行驶速度。冬季行车，车辆的不确定性因素较多，对行车途中的速度掌握应持保守态度，以备车辆出现机械故障，在处理时能够赢得较大的回旋余地。

4）密切注意仪表盘上的故障显示信号。行驶中，一旦发现仪表盘上有故障显示信号出现，就要赶快择地停车，待排除故障后再上路。

5）在严寒条件下发动机起动时，有时需要采用热水来预热发动机。停车时要注意存放车辆的环境温度不能太低，以防冷却液结冰以及机油的润滑效果变差。

三、高温条件下的驾驶

1. 高温对驾驶行车的影响

（1）发动机功率下降　由于气温高，空气密度小，使发动机充气系数降低，功率下降。

（2）发动机磨损快　由于发动机易过热，从而引起爆燃，机油黏度变小，润滑不良，使得机件磨损加快。

（3）机件故障增多，影响行车　液压制动装置中制动液可能因温度过高而出现气阻，导致制动效能下降或制动突然失效；轮胎温度过高，胎压增加，易出现爆胎，若是发生在前轮，将造成方向失控；燃油供给系统很易出现气阻，蓄电池电解液水分蒸发加剧，即蓄电池易“亏水”，使蓄电池提早损坏。

（4）驾驶人受影响明显　高温天气，驾驶人不易入睡，造成睡眠不足，易疲倦、瞌睡，一般都会饮食量减小，造成体力下降。长时间高温行车，还会导致驾驶人中暑。

2. 高温行车前的准备工作

（1）适当调低轮胎气压　高温条件下使用轮胎的压力和温度会自动升高，胎体弹性降低，所受到的负荷随之增大，如遇到冲击会产生内裂或爆破。因此，轮胎气压可比平时降低0.02MPa左右。

（2）防止和消除燃料供给系统出现“气阻”　扩大冷却散热器的受风面积，增大发动机舱内的通风量，从而改善燃料供给系统的环境温度。

（3）防暑降温　为保护驾驶人视力，应戴太阳镜，避免阳光直接照射。长途行车应携带水壶、水桶、毛巾及仁丹、清凉油等防暑药物。夏季多暴雨，应带防雨设备，保证所运货物完好无损。运输怕淋物资更应小心，如电石、水泥等。

(4) 注意饮食　驾驶人为了避免中暑或饮食量减少，应控制吸烟量；收车后饮酒应避免烈性酒；少吃含脂肪多和辛辣的食品，多吃清淡食物。

3. 高温行车注意事项

(1) 防止发动机过热

1) 保持冷却散热器内有充足的冷却液。

2) 及时清除冷却散热器和发动机体外表的灰尘和油垢。

3) 及时检查并保持风扇传动带张力是否符合规定标准。

4) 行驶中随时观察冷却液温度表的示值，出现发动机温度过高（“开锅”）时，应选择阴凉处及时停车使发动机怠速运转，并打开发动机舱盖，以通风散热降温，待冷却液温度下降后再继续行驶。

5) 汽车在炎热气候中长时间行驶，应掌握适当车速，低速档行驶时间不宜过长，加速不宜过急，发动机不宜长期处于大负荷下工作，以免发动机温度过高而损坏气缸垫。

(2) 注意改善润滑和燃料系统工作

1) 发动机换用黏度较大的机油。

2) 变速器、减速器和转向机等换用夏用齿轮油。

(3) 防止蓄电池损坏

1) 保持蓄电池外部清洁和通气孔畅通，防止高温下内压升高引起爆裂。

2) 适时检查电解液的液面高度，必要时加注蒸馏水补充。

(4) 注意轮胎气压，防止轮胎爆裂

1) 在气温高的情况下行车，应适当降低车速。发现胎温、胎压过高时，应选择阴凉处停车休息，让其自然恢复正常后，再继续行驶。需涉水时，也应待胎温降低后行驶。

2) 要注意检查并保持轮胎气压符合规定标准。若因气温高或长时间高速行驶造成胎压增高时，切不可采取放气的方法降压。

(5) 注意制动效能的变化，防止制动失灵

1) 行车中要注意检视汽车制动效能，防止制动轮缸皮碗因温度过高而膨胀变形，造成制动失灵。

2) 下长坡时，要尽量避免连续或频繁使用制动，必要时可采取途中停车休息的方法，防止因制动蹄和制动鼓温度过高而导致制动失灵。

(6) 行车中防止瞌睡，要适当休息　夏季气候炎热，驾驶人易疲劳和瞌睡，应尽量保证睡眠充足，精力充沛。如行车途中感到精神倦怠、昏沉和反应迟钝等，应立即停车休息，或用冷水擦脸振作精神，以确保行车安全。

四、高原条件下的驾驶

1. 高原地区对车辆使用性能的影响

我国高原地区主要是指西北高原和西南高原，海拔多在2000～4000m，大气压低，气温变化大，风雪多，尤其大气压低最为突出，对车辆使用性能的影响也最大。

1) 由于大气压力低，空气密度小，使发动机充气量不足，功率下降，动力性变差。

2) 由于大气压力低，水的沸点也低。汽车上长坡时，易出现冷却液沸腾的“开锅”

现象。

3）高原地区空气密度小，使气压制动系统空气压缩机的进气量减小，储气筒的气压下降，制动效能减弱，延长了制动距离。

4）高原地区外界大气压力低，使轮胎气压相对变高，容易爆裂损坏。

5）由于汽油易挥发，易使发动机过热，因此供油管路经常产生气阻。

海拔与大气压力、空气温度、冷却液沸点温度、汽油发动机功效、储气筒压力的变化关系见表4-4。

表4-4 海拔与大气压力、空气温度、冷却液沸点温度、汽油发动机功效、储气筒压力的变化关系

海拔/m	大气压力/kPa	空气温度/℃	冷却液沸点温度/℃	汽油发动机功效（%）	储气筒压力/kPa
0	101.3	15.0	100.0	100.0	686.0
1000	89.9	8.5	97.5	88.6	676.2
2000	79.5	2.0	95.5	78.1	597.8
3000	70.0	-4.5	90.5	68.5	490.0
4000	61.1	-11.0	87.5	79.8	411.6
5000	54.0	-17.5	83.2	51.7	

2. 高原行车的技术措施

1）在发动机方面，缩小燃烧室容积，增加压缩比，或加装增压器，减少供油量，还可调整点火时间，增大点火提前角，适当调大火花塞间隙，使其动力性能和经济性能得到改善。

2）在冷却散热器前面加装帘布或用百叶窗来控制空气流量，防止发动机过热和过冷。

3）加强冷却系统的密封性，减少冷却液漏失，使冷却液的沸点提高，避免过早溢出。

4）采取隔热或降温措施，防止液压制动器及离合器的液压传动装置因气阻而失效。

5）可加装电动汽油泵，以防燃油供给管路发生气阻。

6）经常在高原行驶的汽车，应适当调低轮胎气压。

3. 高原行车的注意事项

1）初到高原的人员，暂不能适应高原气候时会有高原反应，容易感到疲劳。开始一个阶段，要减少活动量，注意及时休息。遇到胸闷脑胀的时候（主要是缺氧），不要惊慌，需逐渐适应。高原气候冷热变化较多，要注意身体的保暖，并备带必要的药品。

2）出车前对车辆要进行认真仔细的检查。在高原地区行车时一定要保持车况良好，所以出行前务必要对车辆进行认真检查，特别是制动系统、转向系统、发动机、轮胎以及车灯一定要保持完好状态。

3）高原地区路线长、站点少，应根据需要随车备带易损零件、防雨保温和严寒起动所需的预热设备，以及充足的燃料、润滑料和冷却液等，以供途中使用。

4）出车前应了解气象预报，做好必要的准备。行驶中遇到风雪等恶劣天气时，要特别注意发动机的保温与防冻。

5）要随时注意制动器的工作效能，经常观察气压表读数；液压制动主要是防止“气阻”，当感到踏板软弱时，须停车检查。

6）在高原地区行车时，要保持中速行驶，防止冷却液沸腾。

7）高原山区，常有山洪冲毁桥梁、泥石流、雪崩和公路塌方等现象，进入这些环境时，要仔细观察、果断处理，或进或退，迅速脱离险境。

8）在行驶陌生线路前，应先了解道路情况和中途食宿点。通过少数民族地区，必须注意尊重他们的风俗习惯。

第六节　汽车经济驾驶

汽车经济驾驶是指在保证行车安全的前提下降低汽车运行成本。汽车的经济性驾驶主要包括节约燃料驾驶、节约轮胎驾驶两方面。在汽车运输成本中，燃料消耗占25%～30%，轮胎的消耗占10%～20%。节约燃料和轮胎对降低运输成本、提高运输效益具有非常重要的意义。

一、燃料节约

汽车驾驶燃料节约操作技术是指汽车驾驶人驾驶操纵汽车行驶时，根据所驾车辆的技术状况、道路交通环境条件的等级、气候、交通流量的交通状况、汽车运输任务时间安排等情况，在确保交通安全的前提下，为能够降低汽车运行燃油消耗量而采取的驾驶操作方式。

在车辆行驶中，节约燃料的方法有很多，其基本操作要点如下：

1. 中速行驶

车速过高会使汽车克服行驶阻力所消耗的功率增加，车速过低又会使发动机耗油率升高。只有在适当的速度下行驶，才能使汽车的耗油量达到最低，此时所对应的车速称为汽车的经济车速。不同车型在不同的载荷、行驶阻力及不同的档位下行驶时，其经济车速不同。一般货车在平路上用直接档行驶时，其经济车速一般为40～50km/h，但由于目前我国国产汽车的经济车速较低，实际运行时若完全按经济车速行驶，会影响运输效率。所以，通常都以略高于经济车速的“中速行驶”，以达到既提高运输效率又省油的目的。

2. 脚轻手快

脚轻手快是指加速踏板要轻踩缓抬，换档操作要及时迅速，以实现发动机各种工况的平稳过渡。

（1）加速踏板的控制　汽车在行驶中要避免空踩加速踏板，空踩加速踏板10次，浪费燃料60mL以上。在加速增档过程中应注意不宜将加速踏板踩得过重，一般不大于加速踏板全程的75%，因为节气门的开度控制在略低于供油系统各种装置开始工作前的开度时油耗最低。如果控制不好，将加速踏板踩下过多，甚至节气门处于全开的位置，汽车油耗将明显增加。如果是自动档汽车，轻轻地踩着加速踏板就可以让变速器快速提高到高速档，如果用力过大，车在低速档行驶的时间越长。

（2）快速换档　采用快速换档可缩短换档的过渡时间，减少惯性力的损失，少加空油起到节油的效果。

此外，在车辆行驶中，应根据道路情况合理选择车速，不可以低速档猛冲或以高速档硬撑，而且在起步和换档时，离合器踏板与加速踏板的操作配合要得当，离合器尚未接合就猛踩加速踏板使发动机高速空转或离合器早已接合仍不踩加速踏板造成发动机牵阻，均会增加燃料的消耗。

3. 安全滑行的运用

汽车在行驶中，解除了发动机的驱动力，靠汽车本身的动能（惯性力）或下坡的位能继续行驶，称为滑行。滑行时发动机怠速运转或停转，因而只需消耗很少的燃油或不消耗，因此滑行是重要的节油操作方法。好的货车驾驶人滑行里程可达总行程的 30% ~40% 。

（1） 合理滑行的优点

1）滑行时车辆振动小、噪声低，没有强制怠速工况所排出的污染严重的废气。

2）可以减轻对发动机、传动系统、悬架系统、制动器（以滑行代替制动）和轮胎等的磨损，延长车辆的使用寿命。

3）城市公共汽车可使停站平稳，减少事故发生，有利于行车安全。

（2） 滑行的类型　滑行可分为加速滑行、减速滑行和下坡滑行。从解脱发动机驱动方式可分为脱档滑行和踩离合器滑行。

1）加速滑行。汽车在平坦的道路上，在条件许可的情况下，用高速档加速行驶，当达到一定的车速后脱档滑行，待汽车在行驶阻力的作用下车速逐渐降低到一定的程度后，再挂档加速。这种采用加速行驶与脱档滑行交替进行的操作，就是加速滑行。

采用汽车加速滑行能否收到较好的节油效果，取决于以下主要因素和操作要领：

① 加速滑行只能在道路平坦宽直、视线清晰、行人和车辆较少的条件下进行。

② 车辆技术状况要良好，包括加速性能和经济性能好，发动机怠速油耗较低，底盘滑行性能好，做到加速距离短，滑行距离长，滑行距离应为加速距离的 1.5 倍以上，转向和制动机构无故障等。

③ 加速滑行的最大车速不能超过经济车速的上限，滑行初速与末速之差以 15 ~25km/h 为宜。滑行初速过高会使加速段油耗增高，滑行初速过低以及滑行末速过小，将导致平均车速下降。

④ 加速滑行时的正确操作是平稳加速，如急加速油耗反而增大。柴油车加速时，缓踩加速踏板至供油齿杆全行程的 80% ~90% 为宜。

2）减速滑行。减速滑行是预见性的滑行。当行驶到交叉路口遇红灯时，需要等待放行信号，前方交通拥挤不能顺利通过，道路不平需减速缓行，转弯、桥梁和涵洞等处需会车，回场进大门等都是事先可预见的，需提前摘入空档，以滑行代替制动缓缓通过，通过后再加速前进；也可不摘档而踩下离合器，关闭点火开关熄火缓缓通过，通过后再开启点火开关，放松离合器，加速前进。

城市公共汽车站距较短，平均站距约 1.2km，每运行一班需停车 150 ~180 次，因此到站前的滑行就显得非常重要。应根据道路情况和当时的交通情况，选择适当的滑行开始点，使车到站前车速不高也不低，轻缓制动后即可停车。如果开始滑行太晚，车速又较高，到站时的制动就比较猛，使乘客不舒适。如果开始滑行太早，未到站已车速太低，又

需重新起动加速运行，反而会浪费燃油。

3）下坡滑行。下坡滑行是利用坡道的位能推动汽车前进。如运用恰当，在丘陵起伏的地区行驶，耗油不会明显高于平原地区。下坡滑行的道路要求坡道不能太陡，并注意把车速限制在一定范围内。

汽车下长坡道时，车辆越滑越快，必须依靠制动器来控制车速，因此严禁采用发动机熄火脱档滑行和踩下离合器踏板发动机熄火挂档滑行。正确的方法是：当汽车下长坡时，发动机不熄火，挂上合适的档位，利用发动机牵阻作用，并根据情况间歇制动，控制车速下坡。

为了保证行车安全，必须采用不熄火挂档滑行的操作方法。采用这种方法，发动机处于强制怠速工况，转速高于正常怠速转速2～6倍，其燃料消耗一般认为是正常怠速燃料消耗的2倍以上。因此，驾驶人在行车中采用脱档滑行的方法，以便节油，但实际上，强制怠速工况的燃油消耗较正常怠速油耗要低很多。发动机正常怠速时的燃油消耗量为1.1～1.3kg/h左右，而强制怠速工况下的燃油消耗量为0.27kg/h左右，强制怠速工况的燃油消耗量较正常怠速工况的燃油消耗量减少75%。为此，要大力推广不熄火挂档滑行的安全节油操作方法。

4. 制动节油

汽车制动意味着汽车动能的消失，意味着汽车动能向摩擦热能的转化。不同车速制动对油耗的影响不同，车速越高，制动时油耗越高，汽车质量越大，制动停车时油耗就越高。制动频繁对节油有较大的影响。有些急躁的驾驶人在行车中，对道路上的交通情况不进行预先判断，而是过分依赖制动，养成了一种遇见情况就踩制动，情况一过就急加速的“加速—制动—加速”的循环操作。所以，在行车中，驾驶人应该正确地预见交通情况的变化，做到正确判断和处理，在保证行车安全的前提下，采用以滑行代替制动，尽量不用和少用制动，除紧急情况外，尽量避免使用紧急制动，以达到节约燃油和减少机件磨损的目的。

5. 山区行车的节油操作

在山区行车时，应采用慢下坡滑行节油。同时，还应根据坡路的坡度、长度、路面情况及视线的不同，采取以下三种操作方法进行上坡：

1）用高速档加速冲上坡顶。

2）用高速档加速冲上一段坡路，然后换入低档。

3）上坡前预先换入低档。

二、轮胎节约

轮胎是汽车的重要组成部分，使用不当会使其磨损加剧，使用寿命缩短，运行成本提高，并影响汽车的正常行驶。为了节约轮胎，驾驶中应注意以下问题：

1. 保持正常的轮胎气压

轮胎气压对油耗有很大的影响。因为当轮胎气压过低时，变形量增加，滚动阻力增大，行驶中功率消耗就大，油耗也将增加，而且容易引起轮胎体过热、帘线疲劳及胎体分层等损伤，造成轮胎的早期损坏，还会造成轮胎局部着地，使轮胎的磨损加剧等。轮胎气

压过高，会使胎冠中部与地面的接触面积减小，单位接触面积的压力增大，胎冠中部的磨损加剧，而且会使轮胎的弹性降低，帘线受到过度拉伸，容易引起轮胎的爆裂。所以应经常检查轮胎气压，按规定的标准予以补充，装双胎的后轮应保持内外胎压力相等。检查气压需在轮胎冷态时，用气压表来测量，用眼睛或凭敲击轮胎的声音来确定轮胎的气压是不正确的。

2. 合理装载

汽车应按规定载荷进行装载，并注重载荷的均匀分布，使各轮胎能够合理负担全车质量，超载是轮胎发生早期损坏的常见原因之一。轮胎长期超载20%，使用寿命缩短30%；长期超载40%，使用寿命缩短50%。因此，在汽车装载时，一定要防止超载。

3. 正确驾驶操作

1）平稳起步。车辆应用低速档起步，并缓抬离合器踏板，轻踩加速踏板，以减轻起步对轮胎的冲击，避免轮胎滑转产生剧烈磨损，甚至造成胎体局部脱落。

2）尽量避免紧急制动。车辆紧急制动时，作用在轮胎上的负荷会成倍增加，而且轮胎会被制动拖死，在路面上产生拖滑，造成轮胎面的剧烈磨损，严重时甚至引起胎面与帘布层间的脱层、起瘤或爆裂。

3）合理控制车速，保持中速行驶。车速越高，轮胎所受的冲力越大，其变形的幅度越大，变形的频率越高，越易引起胎温的升高，使轮胎的损伤加剧。因此，在行车中，应根据道路情况的变化，合理控制车速，出现胎温过高现象时，应及时选择阴凉处停车降温。

4）车辆行驶中，应尽量避免急速起步、急转转向盘、紧急制动和急加速；通过冰雪及泥泞道路时，应采取适当的防滑措施，减轻车轮的滑转及侧滑；行车中突然感到车辆乏力、操作困难及车身倾斜等异常现象时，应立即停车检查轮胎及轮圈状况，以防产生破坏性损伤。

5）经常检查、清除轮胎花纹中所嵌的石头、钉子和玻璃块等杂物，以防轮胎发生机械性破损。

6）轮胎在使用过程中，由于受道路截面拱形及气压的影响，造成磨损不均，所以使用一段时间后应按规定进行轮胎换位，可以延长轮胎的使用寿命。

4. 轮胎其他的使用技巧

1）要根据用途、使用条件选用适宜的轮胎，各轮轮胎必须搭配合理，不同厂牌、规格、花纹及帘布层数的轮胎不宜装在同一车桥上，而且各轮胎的磨损程度相差应不超过3mm，以免个别轮胎磨损加剧。为了安全，一般将新胎装到前桥上，且前桥不能装翻新轮胎，旧轮胎则装在后桥上。

2）由于受路拱和气压的影响，轮胎在使用过程中的磨损会不均匀，所以行驶一定里程后可按规定对轮胎进行换位使用。

3）在高速行驶的车辆上，一定要使用高速轮胎。安装双胎时，尽量减小外径差；如确有外径差时，要把外径小的装在内侧。

4）不能使用变形或偏心的轮圈。装上轮圈后，在充气之前，要检查各构件安装是否正确，特别是紧固螺栓、螺母和轮圈的嵌合是否妥当。平时还要加强轮胎的检修，定期校

准车轮，以防轮胎磨偏。

5）行驶中应避免轮胎与酸、碱、油污和高温等接触。

6）注意解除轮胎负荷。对于长期停驶的汽车，应支起车架使轮胎离地，使所有轮胎都能解除负荷。

7）冬季注意正确使用防滑链。防滑链的安装不可过松或过紧，以免链条直接损坏轮胎，通过路段后，应立即拆除。禁止在坚硬道路上使用防滑链。

思　考　题

1. 汽车在平路上行驶，超车的技巧有哪些？
2. 在哪些情况下汽车不能超车？
3. 汽车在上坡时起动的操作方法是什么？
4. 汽车在坡道上停车要做好哪几件事情？
5. 如何做好夜间行车操作？
6. 城市道路交通的特点是什么？
7. 在城市驾驶汽车时，具体的驾驶技巧有哪些？
8. 山区道路的行车特点及基本要求有哪些？
9. 高速公路的组成有哪些？
10. 车辆驶入高速公路前，驾驶人必须做好哪些准备及车辆的检查？
11. 高速公路上分道行驶的要点是什么？
12. 高速公路应急处理的原则是什么？
13. 汽车走合的定义是什么？走合期的特点有哪些？
14. 汽车走合期的驾驶要求有哪些？
15. 严寒对汽车驾驶的影响有哪些？驾驶时应注意什么？
16. 高温行车中的注意事项有哪些？
17. 高原地区对汽车使用性能有哪些影响？
18. 汽车行驶中节约燃料的方法有哪些？节约轮胎应注意哪些方面？

第五章

交通信号包括交通信号灯、交通标志、交通标线和交通警察指挥手势信号。其中，交通警察指挥手势信号的效力要高于其他三种，当交通警察指挥手势信号与交通信号灯、交通标志、交通标线不一致时，车辆、行人应当服从交通警察指挥手势信号。在夜间没有路灯、照明不良或者遇有雨、雪、雾、沙尘和冰雹等低能见度天气条件下，执勤交通警察用右手持指挥棒，按照手势信号指挥。

第一节　道路交通信号

一、道路交通信号灯

交通信号灯是指用在平面交叉路口对车辆、行人发出通行或停止命令的信号。交通信号灯可以合理地限制和科学地组织车流，减少相互间的干扰和妨碍；提高道路通行能力，保障安全和畅通。

19 世纪初，在英国中部的约克城，红、绿装分别代表女性的不同身份。其中，着红装的女人表示已结婚，而着绿装的女人是未婚者。后来，英国伦敦议会大厦前经常发生马车轧人的事故，于是人们受到红绿装启发，1868 年 12 月 10 日，信号灯在伦敦议会大厦的广场上诞生了，由当时英国机械师德·哈特设计制造的灯柱高 7m，灯柱上挂着一盏红、绿两色的提灯（煤气交通信号灯），这是城市街道的第一盏信号灯。在灯的脚下，一名手持长杆的警察牵动皮带转换提灯的颜色。后来在信号灯的中心装上煤气灯罩，它的前面由两块红、绿玻璃交替遮挡。直到 1914 年，在美国的克利夫兰市才率先使用“电气信号灯”作为交通信号灯。

随着各种交通工具的发展和交通指挥的需要，第一盏名副其实的三色灯（红、黄、绿三种标志）于 1918 年诞生。它是三色圆形四面投影器，被安装在纽约市五号街的一座高塔上，由于它的诞生，使城市交通大为改善。

交通信号灯分为机动车信号灯、非机动车信号灯、人行横道信号灯、车道信号灯、方向指示信号灯、黄色闪光警告信号灯、道路与铁路平面交叉道口信号灯。

交通信号灯有红、黄、绿三种颜色，红灯亮表示禁止通行，绿灯亮表示准许通行，黄灯亮表示警示。

1. 红灯

红灯通行示意图如图 5-1 所示。

1）驾驶机动车在路口直行遇到红灯亮时，要停在路口停止线以外等待放行信号，不

得越过停止线或加速通过。

2）驾驶机动车在交叉路口，车前轮已越过停止线恰好红色信号灯亮时，要停车等待，不得继续通行。

3）驾驶机动车在交叉路口右转弯遇到红色信号灯亮时，在不妨碍被放行车辆、行人通行情况下，可以右转弯。

2. 绿灯

绿灯通行示意图如图 5-2 所示。

1）驾驶机动车在路口遇到绿色信号灯亮时，准许车辆直行、向左转弯、向右转弯通行。要在确保安全的前提下，尽快通过路口。

2）驾驶机动车在路口右转弯遇到绿色信号灯亮时，转弯车辆不能妨碍被放行的直行车辆、行人通行。

3）驾驶机动车在绿色信号灯亮的交叉路口左转弯，遇到对面有直行车辆时，要在对面车辆通过后再转弯，不可在对面直行车前直接向左转弯。

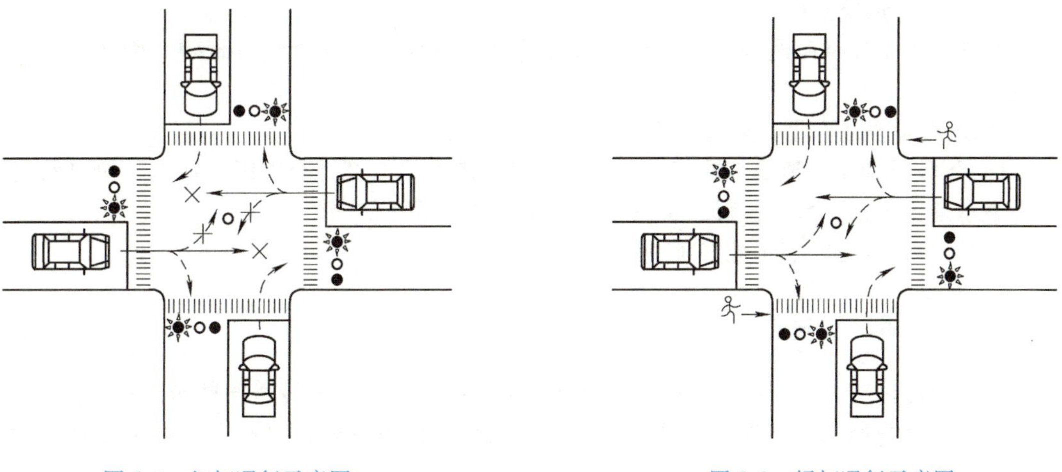

图 5-1　红灯通行示意图　　图 5-2　绿灯通行示意图

3. 黄灯

黄灯通行示意图如图 5-3 所示。

1）驾驶机动车看到黄色信号灯亮时，说明前方路口或道路是危险路段，需要暂时清空。

2）交叉路口黄色信号灯亮表示警示，已经越过停止线的车辆可以继续行驶，没有越过停止线的车辆不得进入路口。

3）驾驶机动车在交叉路口看到黄色信号灯亮时，要在停止线以外停车等待，不得加速强行通过。

4）驾驶机动车在交叉路口右转弯遇到黄色信号灯亮时，在不妨碍被放行车辆、行人通行情况下，可以右转弯。

4. 车道信号灯

1）车道信号灯红色叉形灯或者红色箭头灯亮时，表示不准许本车道车辆通行。

2）车道信号灯绿色箭头灯亮时，准许本车道车辆按指示方向通行。

3）驾驶机动车在有车道信号灯的路段，要注意观察车道信号灯，提前变更车道进入绿色箭头灯亮的车道行驶。

5. 方向指示信号灯

1）方向指示信号灯的箭头方向向左、向上、向右分别表示左转、直行、右转。

2）驾驶机动车在有方向指示信号灯的路口，按绿色箭头灯亮指示的方向行驶，红色箭头灯亮指示的方向禁止通行。

3）驾驶机动车在交叉路口看到绿色箭头灯亮的方向，表示允许车辆通行。

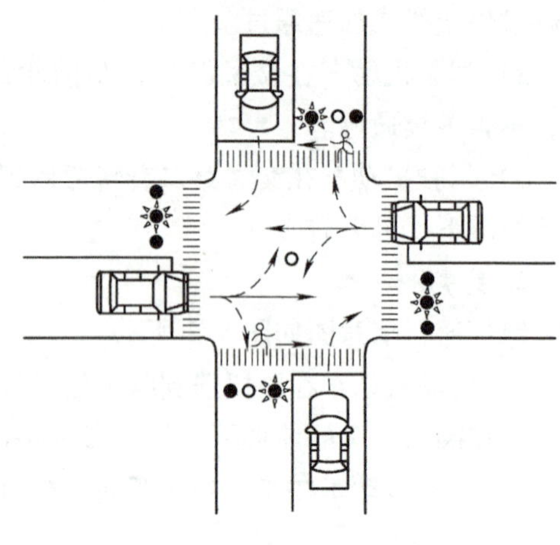

图 5-3　黄灯通行示意图

4）驾驶机动车在交叉路口看到红色箭头灯亮的方向，表示禁止车辆通行。

6. 黄色闪光警告灯

驾驶机动车在路口遇到黄色闪光警告灯持续闪烁时，要减速注意瞭望，确认安全后通过。

7. 道路与铁路平面交叉道口灯

1）驾驶机动车在道路与铁路平面交叉道口，遇到两个红灯交替闪烁或者一个红灯亮时，表示禁止车辆、行人通行，要在停止线以外停车等待。

2）红灯熄灭时，表示允许车辆、行人通行。

二、道路交通标志

道路交通标志是以颜色、形状、字符和图形等向道路使用者传递信息的，用于管理交通的设施。交通标志可提供准确及时的信息和引导，使道路使用者顺利快捷地抵达目的地，促进交通畅通和行车安全。

道路交通标志分为主标志和辅助标志两大类，共234种。主标志是指具有独立含义的标志。辅助标志是指附设在主标志下，起辅助说明作用的标志。

1. 主标志

主标志包括警告标志、禁令标志、指示标志、指路标志、旅游区指示标志和道路施工安全标志六类。

（1）警告标志　警告标志是警告车辆驾驶人、行人前方有危险信息的标志，道路使用者需要谨慎行驶，提早采取安全措施，减速慢行。警告标志的图形为红、黄、绿、黑四色，叉形符号、斜杠符号为白底红图形。警告标志的形状为等边三角形，顶角朝上，颜色为黄底、黑边、黑图案，通常设置在距危险地点20～50m的醒目处，部分警告标志的分类及意义如附录A所示。

（2）禁令标志　禁令标志是禁止、限制及相应解除的含义。禁令标志的形状有圆形或顶角朝下的等边三角形，颜色一般为白底、红边、黑图案、红杠（黑图压红杠），但解除禁止超车、解除限制高度的标志例外，颜色为白底、黑边、黑图案、黑外线。禁令标志

的分类和意义如附录 B 所示。

(3) 指示标志　指示标志是指示车辆、行人行进方向的标志。指示标志的形状有圆形、长方形和正方形三种，颜色为蓝底白图案。指示标志的分类及意义如附录 C 所示。

(4) 指路标志　指路标志是表示道路信息指引，为驾驶人提供去往目的地所经过的道路、沿途相关城镇、重要公共设施、服务设施、地点、距离和行车方向等信息。指路标志的形状，除地点识别外，为长方形和正方形，颜色除里程牌、百米桩和公路牌外，一般为蓝白图案，高速公路为绿底、白图案，旅游区标志为棕色底、白图案。

部分指路标志的分类及意义如附录 D 和附录 E 所示。

(5) 旅游区指示标志　旅游区指示标志是指示旅游景点方向、地点和距离信息的标志，其颜色为棕色底、白色图案和文字表示，如附录 F 所示。

(6) 道路施工安全标志　道路施工安全标志是向道路交通参与者指示道路施工区通行的标志，其颜色为蓝底白字，图案部分为黄底黑图案，如附录 G 所示。

2. 辅助标志

辅助标志是附设在主标志下，起辅助说明作用的标志。部分辅助标志的分类及意义如附录 H 所示。辅助标志的形状均为长方形，颜色为白色、黑色和黑边。

三、道路交通标线

道路交通标线是由标划于路面上的各种线条、箭头、文字、立面标记、凸起路标和路边线轮廓标等所构成的交通安全设施。它可与道路交通标志配合使用，也可单独使用。其作用是管制和引导交通。其具体作用如下：

1）实现分道行进。利用交通标线，可实现各类交通参与者之间的分离。

2）渠化平交路口交通。利用交通标线，可在平交路口组织渠化交通，指导行人和各种车辆按标线所示的位置、方向行进，以疏导路口交通流量和流向，减少交通冲突点，提高路口的通行能力。

3）预告行进方向，保障交通安全。通过交通标线，可以引起驾驶人的注意，起到引导作用。

4）为守法和执法提供依据。交通标线既是指引行人和车辆驾驶人行进位置、方向和必须遵守的规范，也是交通民警纠正交通违章、处理交通事故时确定责任的依据。

道路交通标线按其功能，可分为指示标线、禁止标线和警告标线三类，见表 5-1。按其标线设置方式，可分为纵向标线、横向标线和其他标线三类。

表 5-1　道路交通标线按功能分类

种类	功能
指示标线	指示车行道、行车方向、路面边缘、人行道、停车位、停靠站及减速丘等的标线 指示标线主要用于划分路权
禁止标线	指示道路交通的遵行、禁止和限制等特殊规定的标线 禁止标线的作用主要是管制交通
警告标线	促使道路使用者了解道路上的特殊情况，提高警觉准备应变防范措施的标线 警告标线的主要作用是提醒驾驶人和行人注意危险

（一）指示标线

指示标线的分类及意义如附录I所示。

1. 纵向标线

纵向标线指与道路行车方向一致的标线。

（1）可跨越对向车行道分界线 可跨越对向车行道分界线为黄色虚线，用于分隔对向行驶的交通流。一般设在道路中线上。车辆在保证安全的情况下，可以越线超车或转弯。

（2）可跨越同向车行道分界线 可跨越同向车行道分界线为白色虚线，用来分隔同向行驶的交通流，设在同向行驶的车行道分界上。在保障安全的情况下，允许车辆短时越线行驶。

（3）潮汐车道线 车辆行驶方向可随交通管理需要进行变化的车道称为潮汐车道。该标线为两条黄色虚线。

（4）车行道边缘线 车行道边缘线用以指示机动车道的边缘或用以划分机动车道与非机动车道的分界。

（5）左弯待转区线 左弯待转区线为白色虚线，用于指示左转弯车辆在直行时段进入待转区等待左转弯的位置。

（6）路口导向线 路口导向线用于辅助车辆行驶和转向。

（7）导向车道线 设置于路口驶入段的车行道分界线称为导向车道线，用以指示车辆按导向方向行驶的导向车道的位置。

2. 横向标线

（1）人行横道线 人行横道线为白色平行粗实线（见彩图1），既标示一定条件下准许行人横穿道路的路径，又警示机动车驾驶人注意行人及非机动车过街。

（2）车距确认线 车距确认线作为车辆驾驶人保持行车安全距离的参考。

3. 其他标线

（1）道路出入口标线 道路出入口标线用于引导驶入或驶出车辆的运行轨迹。道路出入口标线的颜色为白色。

（2）停车位标线 停车位标线用于标示车辆停放位置。停车位标线的颜色为蓝色时标示此停车位为免费停车位，为白色时表示此停车位为收费停车位，为黄色时表示此停车位为专属停车位。

（3）停靠站标线 停靠站标线包括港湾式停靠站标线和路边式停靠站标线两种。

港湾式停靠站标线标示车辆通向专门分离引道的路径和停靠位置。路边式停靠站标线指示公共汽车或校车停靠站的位置，并指示除公共汽车或校车外，其他车辆不得在此区域停留。

（4）减速丘标线 减速丘标线用于提前告知道路使用者前方设有减速丘。

（5）导向箭头 导向箭头用以指示车辆的行驶方向。导向箭头的颜色为白色。

（6）路面文字标记 路面文字标记是利用路面文字指示或限制车辆行驶的标记。表示最高限速值数字的颜色为黄色，可单独使用；表示最低限速值数字的颜色为白色，应和最高限速值数字同时使用。

（7）注意前方路面状况标记　在不易发现前方路面状况发生变化的路段，提醒驾驶人注意，以尽早采取措施。

（二）禁止标线

禁止标线的分类及意义如附录 J 所示。

1. 纵向禁止标线

（1）禁止跨越对向车行道分界线　禁止跨越对向车行道分界线用于分隔对向行驶的交通流，并禁止双方向或一个方向车辆越线或压线行驶。

双黄实线作为禁止跨越对向车行道分界线时，禁止双方向车辆越线或压线行驶，一般施划于单方向有两条或两条以上机动车道而没有设置实体中央分隔带的道路上。

黄色虚实线作为禁止跨越对向车行道分界线时，实线一侧禁止车辆越线或压线行驶，虚线一侧准许车辆暂时越线或转弯。越线行驶的车辆应避让正常行驶的车辆。

黄色单实线作为禁止跨越对向车行道分界线时，禁止双方向车辆越线和压线行驶，一般施划于单方向只有一条车道或一条机动车道和一条非机动车道的道路，视距受限制的竖曲线、平曲线路段，以及有其他危险需要禁止超车的路段。

（2）禁止跨越同向车行道分界线　禁止跨越同向车行道分界线为白色实线，该标线用于禁止跨越车行道分界线进行变换或借道超车。

（3）禁止停车线　禁止停车线为黄色虚线，用以禁止路边长时停放车辆，但一般情况下允许装卸货物或上下人员等车辆的临时停放。

2. 横向禁止标线

（1）停止线　停止线为白色实线（见彩图 2）。表示车辆让行、等候放行等情况下的停车位置。

（2）停车让行线　停车让行线为两条平行白色实线和一个白色“停”字。停车让行线表示车辆在此路口应停车让干道车辆先行。

（3）减速让行线　减速让行线颜色为白色（见彩图 3），为两条平行的虚线和一个倒三角形。表示车辆在此路口应减速让干道车辆先行。

3. 其他禁止标线

（1）非机动车禁驶区标线　非机动车禁驶区标线为黄色虚线，用以告示非机动车使用者在路口内禁止驶入的范围。

（2）导流线　导流线的颜色为白色，表示车辆需按规定的路线行驶，不得压线或越线行驶。与道路中心线相连时也可用黄色。

（3）中心圈　中心圈有圆形和菱形两种形式，颜色为白色。中心圈可设在平面交叉路口的中心，用以区分车辆大、小转弯或作为交叉口车辆左右转弯的指示，车辆不得压线或越线行驶。

（4）网状线　网状线为黄色，用以标示禁止以任何原因停车的区域。

（5）专用车道线

1）公交专用车道线。公交专用车道线由黄色虚线及白色文字组成，表示除公交车外，其他车辆及行人不得进入该车道。

2）小型车专用车道线。在车行道内施划“小型车”路面文字，表示该车行道为小型车专用车道。

3）大型车道线。在车行道内施划“大型车”路面文字，表示大型车应在该车道内行驶。

4）多乘员车辆专用车道线。多乘员车辆专用车道线由白色虚线及白色文字组成，表示该车行道为有多个乘车人的多乘员车辆专用的车道，未载乘客或乘员数未达规定的车辆不得入内行驶。

(6) 禁止掉头（转弯）标记　禁止掉头（转弯）标记由黄色导向箭头和黄色叉形标记左右组合而成，用于禁止车辆掉头或转弯的路口或区间。

(三) 警告标线

警告标线的分类及意义如附录 K 所示。

(1) 路面（行车道）宽度渐变段标线　路面（行车道）宽度渐变段标线颜色为黄色，用以警告车辆驾驶人路宽或车道数发生变化，应谨慎行车，并禁止超车。

(2) 接近障碍物标线　接近障碍物标线的颜色与对向车行道分界线或同向车行道分界线的颜色一致。用以指示路面有固定性障碍物。接近障碍物标线的颜色与对向车行道分界线或同向车行道分界线的颜色一致。

(3) 铁路平交道口标线　铁路平交道口标线颜色除禁止超车线为黄色反光外，其他均为白色反光，用以指示前方有铁路平交道口，警告车辆驾驶人应在停车线处停车，在确认安全的情况下或信号灯放行时才可通过。

(4) 减速标线　减速标线用于警告车辆驾驶人前方应减速慢行。

(5) 立面标记　立面标记用以提醒驾驶人注意，在车行道或近旁有高出路面的构造物。

(6) 凸起路标　凸起路标是固定于路面上起标线作用的凸起标记块。

四、交通警察指挥手势信号

1. 停止信号

交通警察左臂向前上方直伸，掌心向前，交通警察面向的车辆不准通行，如图 5-4 所示。

2. 直行信号

交通警察左臂向左平伸，掌心向前；右臂向右平伸，掌心向前，向左摆动，准许交通警察右侧的直行车辆通行，如图 5-5 所示。

3. 左转弯信号

交通警察右臂向前平伸，掌心向前；左臂与手掌平直向右前方摆动，掌心向右，准许交通警察左侧的车辆左转弯，在不妨碍被放行车辆通行的情况下可以掉头，如图 5-6 所示。

4. 左转弯待转信号

交通警察左臂向左下方平伸，掌心向下；左臂与手掌平直向下方摆动，准许交通警察左侧的左转弯车辆进入路口，沿左转弯行驶方向靠近路口中心，等待左转弯信号，如图 5-7所示。

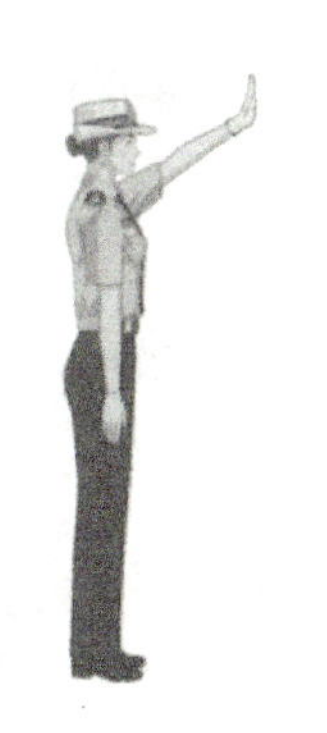

图 5-4　停止信号手势信号

图 5-5　直行信号手势信号

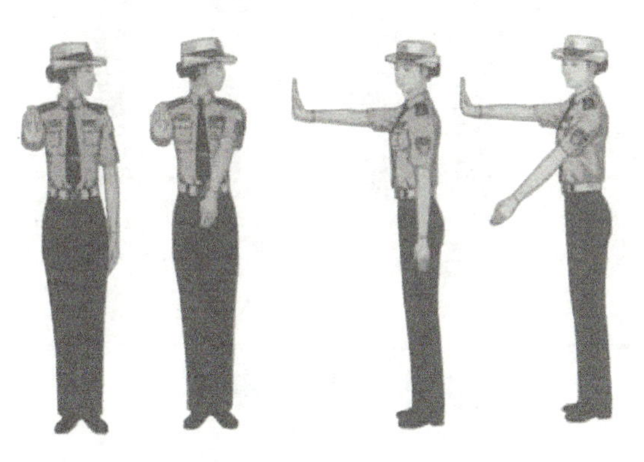

图 5-6　左转弯手势信号

图 5-7　左转弯待转手势信号

5. 右转弯信号

交通警察左臂向前平伸，掌心向前；右臂与手掌平直向左前方摆动，掌心向左，准许交通警察右侧的车辆右转弯，如图 5-8 所示。

6. 变道信号

交通警察右臂向前平伸，掌心向左；右臂向左水平摆动，交通警察面向的车辆应由正在行驶的车道改变到交通警察指定的车道，减速慢行，如图 5-9 所示。

图 5-8　右转弯手势信号

图 5-9　变道信号手势信号

7. 减速慢行信号

交通警察右臂向前方平伸，掌心向下；右臂与手掌平直向下方摆动，交通警察右侧的车辆应当减速慢行，如图 5-10 所示。

8. 示意车辆靠边停车信号

交通警察左臂向前上方平伸，掌心向前；右臂向前下方平伸，掌心向左；右臂向左水平摆动，交通警察面向的车辆应当靠边停车，如图 5-11 所示。

图 5-10　减速慢行手势信号

图 5-11　示意车辆靠边停车手势信号

第二节　道路交通安全违法行为及处罚

一、行政强制措施

1. 扣留机动车辆的情形

有下列情形之一的，依法扣留车辆：

1）上道路行驶的机动车未悬挂机动车号牌，未放置检验合格标志、保险标志，或者未随车携带机动车行驶证、驾驶证的。

2）有伪造、变造或者使用伪造、变造的机动车登记证书、号牌、行驶证、检验合格标志、保险标志、驾驶证的。

3）有使用其他车辆的机动车登记证书、号牌、行驶证、检验合格标志和保险标志嫌疑的。

4）未按照国家规定投保机动车交通事故责任强制保险的。

5）机动车有拼装或者达到报废标准嫌疑的。

6）发生道路交通事故，因收集证据需要的事故车。

2. 扣留机动车驾驶证的情形

有下列情形之一的，依法扣留机动车驾驶证：

1）饮酒后驾驶机动车的。

2）将机动车交由未取得机动车驾驶证或者机动车驾驶证被吊销、暂扣的人驾驶的。

3）机动车行驶超过规定时速 50% 的。

4）驾驶有拼装或者达到报废标准嫌疑的机动车上道路行驶的。

5）在1个记分周期内累积记分达到12分的。

3. 拖移机动车的情形

违反机动车停放、临时停车规定，驾驶人不在现场或者虽在现场但拒绝立即驶离，妨碍其他车辆、行人通行的，公安机关交通管理部门及其交通警察可以将机动车拖移至不妨碍交通的地点或者公安机关交通管理部门指定的地点。

4. 强制检验体内违禁饮（用）品含量的情形

机动车驾驶人有下列情形之一的，应当对其检验体内酒精，国家管制的精神药品、麻醉药品含量：

1）对酒精呼气测试等方法测试的酒精含量结果有异议的。

2）涉嫌饮酒、醉酒驾驶车辆发生交通事故的。

3）涉嫌服用国家管制的精神药品、麻醉药品后驾驶车辆的。

4）拒绝配合酒精呼气测试等方法测试的。

对酒后行为失控或者拒绝配合检验的，可以使用约束带或者警绳等约束性警械。

二、行政处罚

1. 道路交通安全违法的行政处罚种类

公安机关交通管理部门及其交通警察应当依据事实和有关规定对道路交通安全违法行为予以处罚。对道路交通安全违法行为的处罚种类包括：警告、罚款、暂扣或者吊销机动车驾驶证、拘留。

2. 违反道路通行规定的处罚

机动车驾驶人违反道路交通安全法律、法规关于道路通行规定的，处警告或者20元以上200元以下罚款。

3. 饮酒、醉酒驾车的处罚

1）饮酒后驾驶机动车的，处暂扣6个月机动车驾驶证，并处1000元以上2000元以下罚款。因饮酒后驾驶机动车被处罚，再次饮酒后驾驶机动车的，处10日以下拘留，并处1000元以上2000元以下罚款，吊销机动车驾驶证。

2）醉酒驾驶机动车的，由公安机关交通管理部门约束至酒醒，吊销机动车驾驶证，依法追究刑事责任，5年内不得重新取得机动车驾驶证。

饮酒后驾驶营运机动车的，处15日拘留，并处5000元罚款，吊销机动车驾驶证，5年内不得重新取得机动车驾驶证。

醉酒驾驶营运机动车的，由公安机关交通管理部门约束至酒醒，吊销机动车驾驶证，依法追究刑事责任，10年内不得重新取得机动车驾驶证，重新取得机动车驾驶证后，不得驾驶营运机动车。

饮酒后或者醉酒驾驶机动车发生重大交通事故，终生不得重新取得机动车驾驶证。

4. 涉及登记证书、号牌、证件、标志违法的处罚

1）上道路行驶的机动车未悬挂机动车号牌，未放置检验合格标志、保险标志，或者未随车携带行驶证、驾驶证的，公安机关交通管理部门应当扣留机动车，通知当事人提供相应的牌证、标志或者补办相应手续，并可以依照法律规定予以处罚。当事人提供相应的牌证、标志或者补办相应手续的，应当及时退还机动车。故意遮挡、污损或者不按规定安装机动车号牌的，处警告或者20元以上200元以下罚款。

2）伪造、变造或者使用伪造、变造的机动车登记证书、号牌、行驶证、驾驶证的，由公安机关交通管理部门予以收缴，扣留该机动车，处15日以下拘留，并处2000元以上5000元以下罚款；构成犯罪的，依法追究刑事责任。

3）伪造、变造或者使用伪造、变造的检验合格标志、保险标志的，由公安机关交通管理部门予以收缴，扣留该机动车，处10日以下拘留，并处1000元以上3000元以下罚款；构成犯罪的，依法追究刑事责任。使用其他车辆的机动车登记证书、号牌、行驶证、检验合格标志、保险标志的，由公安机关交通管理部门予以收缴，扣留该机动车，处2000元以上5000元以下罚款。

5. 未投保交强险的处罚

机动车所有人、管理人未按照国家规定投保机动车第三者责任强制保险的，由公安机关交通管理部门扣留车辆至依照规定投保后，并处依照规定投保最低责任限额应缴纳的保险费的2倍罚款。

6. 违法停车的处罚

对违反道路交通安全法律、法规关于机动车停放、临时停车规定的，可以指出违法行为，并予以口头警告，令其立即驶离。

机动车驾驶人不在现场或者虽在现场但拒绝立即驶离，妨碍其他车辆、行人通行的，处20元以上200元以下罚款，并可以将该机动车拖移至不妨碍交通的地点或者公安机关交通管理部门指定的地点停放。公安机关交通管理部门拖车不得向当事人收取费用，并应当及时告知当事人停放地点。

7. 超速等其他违法行为的处罚

1）有下列行为之一的，由公安机关交通管理部门处200元以上2000元以下罚款，可以并处吊销机动车驾驶证：

① 将机动车交由未取得机动车驾驶证或者机动车驾驶证被吊销、暂扣的人驾驶的。

② 机动车行驶超过规定时速50%的。

2）有下列行为之一的，由公安机关交通管理部门处200元以上2000元以下罚款，可以并处15日以下拘留：

① 未取得机动车驾驶证，机动车驾驶证被吊销或者机动车驾驶证被暂扣期间驾驶机动车的。

② 造成交通事故后逃逸，尚不构成犯罪的。

③ 强迫机动车驾驶人违反道路交通安全法律法规和机动车安全驾驶要求驾驶机动车，造成交通事故，尚不构成犯罪的。

④ 违反交通管制的规定强行通行，不听劝阻的。

⑤ 故意损毁、移动、涂改交通设施，造成危害后果，尚不构成犯罪的。

⑥ 非法拦截、扣留机动车辆，不听劝阻，造成交通严重阻塞或者较大财产损失的。

三、刑事处罚

1. 交通肇事罪

酒后、吸食毒品后驾驶机动车，无驾驶资格驾驶机动车，严重超载驾驶，为逃避法律追究逃离事故现场等行为，造成交通肇事致一人以上重伤，负事故全部或者主要责任的，构成交通肇事罪。

驾驶人违反交通运输管理法规，因而发生重大事故，致人重伤、死亡或者使公私财产遭受重大损失的处3年以下有期徒刑或者拘役。

交通运输肇事后逃逸或者有其他特别恶劣情节的，处3年以上7年以下有期徒刑；因逃逸致人死亡的，处7年以上有期徒刑。

2. 危险驾驶罪

驾驶人在道路上驾驶机动车追逐竞驶，情节恶劣的处拘役，并处罚金。同时构成其他犯罪的，依照处罚较重的规定定罪处罚。

驾驶人在道路上醉酒驾驶机动车的处拘役，并处罚金。同时构成其他犯罪的，依照处罚较重的规定定罪处罚。

3. 伪造、变造、买卖驾驶证

伪造、变造、买卖居民身份证、护照、社会保障卡、驾驶证等依法可以用于证明身份的证件的，处3年以下有期徒刑、拘役、管制或者剥夺政治权利，并处罚金；情节严重的，处3年以上7年以下有期徒刑，并处罚金，同时构成其他犯罪的，依照处罚较重的规定定罪处罚。

4. 使用伪造、变造的或者盗用他人驾驶证

在依照国家规定应当提供身份证明的活动中，使用伪造、变造的或者盗用他人的居民身份证、护照、社会保障卡、驾驶证等依法可以用于证明身份的证件，情节严重的，处拘役或者管制，并处或者单处罚金，同时构成其他犯罪的，依照处罚较重的规定定罪处罚。

5. 其他涉牌、涉证行为的刑事处罚

非法生产、买卖人民警察制式服装、车辆号牌等专用标志、警械，情节严重的，处3年以下有期徒刑、拘役或者管制，并处或者单处罚金。

四、交通事故处理相关规定

1. 事故报警和处置

道路交通事故有下列情形之一的，当事人应当保护现场并立即报警：

1）造成人员死亡、受伤的。

2）发生财产损失事故，当事人对事实或者成因有争议的，以及虽然对事实或者成因无争议，但协商损害赔偿未达成协议的。

3）机动车无号牌、无检验合格标志、无保险标志的。

4）载运爆炸物品、易燃易爆化学物品以及毒害性、放射性、腐蚀性、传染病病原体等危险物品车辆的。

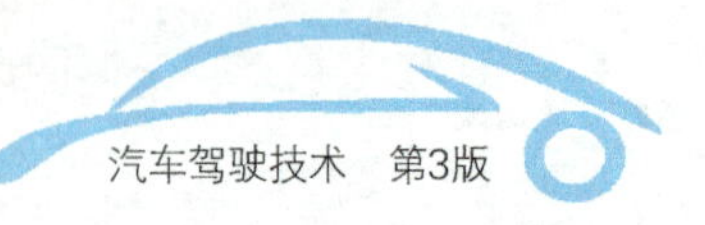

5）碰撞建筑物、公共设施或者其他设施的。

6）驾驶人无有效机动车驾驶证的。

7）驾驶人有饮酒、服用国家管制的精神药品或者麻醉药品嫌疑的。

8）当事人不能自行移动车辆的。

2. 事故现场处置

驾驶机动车在道路上发生交通事故，驾驶人应当立即停车，保护现场；事故造成人身伤亡时，驾驶人应当立即抢救受伤人员，不得移动肇事车辆，并迅速报告执勤的交通警察或者公安机关交通管理部门。因抢救受伤人员变动现场的，应当标明位置。

驾驶机动车在道路上发生轻微交通事故，未造成人身伤亡，当事人对事实及成因无争议的，可以即行撤离现场，恢复交通，自行协商处理损害赔偿事宜。

3. 高速公路事故现场处置

机动车在高速公路上发生事故时，驾驶人应当开启危险报警闪光灯，在来车方向150m以外设置警告标志，车上人员应当迅速转移到高速公路应急车道内（右侧路肩上）或者护栏外安全位置，并迅速报警。

4. 自行协商事故处理

机动车与机动车、机动车与非机动车发生财产损失事故，当事人对事实及成因无争议的，可以自行协商处理损害赔偿事宜。车辆可以移动的，当事人应当在确保安全的原则下对现场拍照或者标画事故车辆现场位置后，立即撤离现场，将车辆移至不妨碍交通的地点，再进行协商。

5. 事故现场的强制撤离

机动车发生财产损失交通事故，对应当自行撤离现场而未撤离的，交通警察应当责令当事人撤离现场。造成交通堵塞的，可以对驾驶人处以200元罚款。驾驶人有其他道路交通安全违法行为的，依法一并处罚。

第三节　车辆安全行驶

为了很好地规范车辆的行驶，要求每一个驾驶人在跟车、变更车道、会车、超车、掉头、倒车、停车及通过各种路口等各个方面，都认真遵守车辆的行驶规定，养成良好的安全驾驶习惯，只有这样才能保证汽车行驶的道路交通安全。

一、安全停车

1）停车要选择不妨碍交通又无禁止停车标志标线的路段或地点。

2）停车后，应先拉紧驻车制动器操纵杆，再放松行车制动踏板，将发动机熄火。先观察侧后方和左侧交通情况，确认安全后，再缓开车门。

3）在道路上临时停车时，不得妨碍其他机动车和行人通行，夜间或遇风、雨、雪天在路边临时停车，要关闭前照灯，开启示廓灯和危险报警闪光灯。下车后关好车门，不要远离车辆，妨碍交通时要迅速驶离。

二、掉头与倒车的安全驾驶

1. 安全掉头

(1) 掉头地点的选择

1) 应根据道路条件或交通情况，选择交通流量小、道路较宽、能一次完成掉头的地段，以及不妨碍车辆和行人正常通行的路段，进行掉头。

2) 不得掉头的路段有铁路道口、急弯路、有禁止掉头标志的路段、窄桥、陡坡、隧道、容易发生危险的路段和人行横道等。

(2) 掉头方法 掉头时要注意应用以下方法：

1) 在设有隔离设施允许掉头的路段或路口掉头，应提前打开左转向灯，在不影响其他车辆正常行驶的情况下向左侧变更车道，按交通标志的指示完成掉头。掉头时，应严格控制车速，认真观察道路上的交通动态，确保安全通行。

2) 在无隔离设施允许掉头的路段掉头，应仔细观察道路上的交通情况，必要时应停车进行观察，确认车辆前后无车辆或行人通过时，方可打开转向灯进行掉头。

3) 掉头的每一次前进或后倒过程中，都应认真观察车辆后侧及两侧道路的交通情况并确认安全，充分考虑车辆的前端和后端与道路上障碍物的距离，以防发生意外。

2. 安全倒车

1) 在一般道路上倒车应避开交通繁忙、非机动车和行人较多、路面狭窄的路段。

2) 倒车前，应仔细观察倒车路线，确认具备安全倒车条件后方可倒车。倒车过程中要缓慢行驶，注意观察车辆两侧和后方的情况，并随时注意车头两侧的安全空间位置，随时做好停车准备，以免因转向角度过大而发生剐蹭事故。即便是后方道路条件较好，也不得加速倒车。

3) 倒车时，若发现有过往车辆通过，应主动停车避让。因掉头需要倒车时，应选择在不影响其他车辆和行人正常通行的地段操作。

三、通过人行横道、学校区域、公交车站和居民小区

1. 通过人行横道

驾驶机动车接近人行横道线时，提前减速观察，注意观察人行横道左右两侧是否有行人通行，随时准备停车礼让行人。遇行人或非机动车通过人行横道时，及时停车让行，不得抢行或绕行。右转弯通行时，更要注意礼让通过人行横道的行人。

2. 通过学校区域

1) 驾驶车辆行至学校附近或有注意儿童标志的路段时，一定要及时减速。

2) 驾驶机动车在学校区域，遇到上学或放学时段，随时准备避让横过道路的学生和儿童。

3. 通过公交车站

1) 通过公交车站，要提前减速行驶，注意观察车站内候车人的动态，不得占用公交专用车道，距离公交车站 30m 内的路段不能停车。

2）超越停在公交车站内的车辆时，要减速慢行，与公交车保持较大的安全间距，预防车站上下车的乘客从车前或车后横穿道路，同时注意对向公交车前后是否有行人横穿道路，做好随时停车的准备。

4. 通过居民小区

1）通过居民小区，要遵守限速标志的规定，低速行驶随时注意观察两侧情况，遇到突然情况，要停车让行，不得连续鸣笛警示或加速抢行。

2）借用居民小区通行时，要注意避让行人。遇两侧有行人或行人占道行走时，要与行人保持安全距离低速行驶。

四、通过路口的安全驾驶

交叉路口是交通的咽喉和枢纽，是车辆行驶路线相交和转换方向的地点，所形成的交织点和冲突点较多。

车辆从不同方向驶向同一方向时车辆汇合的地点称为车辆在交叉路口的交织点，这些地点容易造成车辆碰撞事故。车辆由不同方向驶入在路口相交的地点称为车辆的冲突点（即交叉点），这种地点极易造成碰撞事故。

例如在十字交叉路口就有16个冲突点和8个交织点，T形交叉路口有3个冲突点和3个交织点，如图5-12所示。所以，交叉路口是交通事故的多发点。

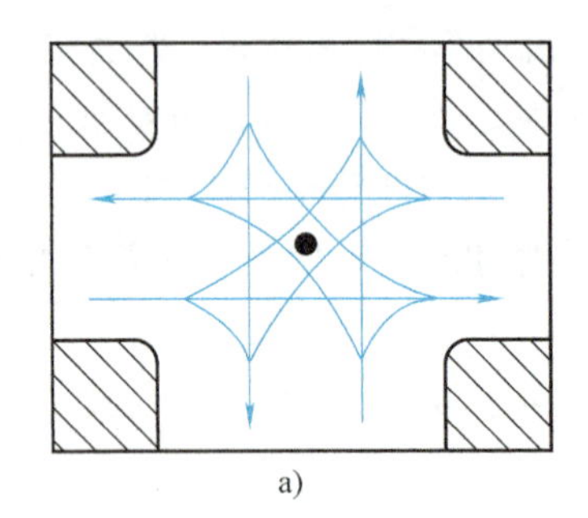
a)

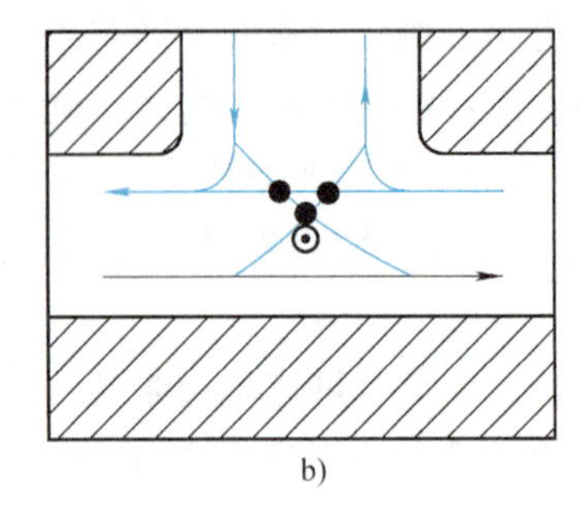
b)

图5-12 交叉路口示意图

a）十字交叉口 b）T形交叉口

1. 直行通过路口

（1）直行通过有信号灯的路口 驾驶机动车通过有交通信号灯控制的交叉路口时，应减速慢行注意观察左、右方交通情况。

1）红灯（红色箭头灯）亮时，要停在路口停止线以外等待放行信号。

2）驾驶机动车在绿色信号灯亮的路口直行，遇到对向有左转弯车辆进入路口时要及时减速停车让行，不要抢行通过。

3）驾驶机动车在黄色信号灯亮的路口，已越过停止线的车辆可以继续通行；没有越过停止线的车辆不得加速抢行通过，要在停止线以外停车等待。

4）驾驶机动车通过设有箭头信号灯的路口，要注意观察信号灯的指示方向，当本车道对应的绿色箭头信号灯亮时，可以通过。

（2）直行通过没有信号灯的路口 在没有交通信号灯控制的路口直行，应在距路口50～100m时减速或停车观察，确认安全行至路口时仔细观察左、右两侧道路交通情况，减速或停车瞭望，做到“一看、二慢、三通过”，直行车辆优先通行。遇到有停车让行标志的路口，要停车观察主路情况，确认安全后再通过。

（3）驾驶机动车在交叉路口 驾驶机动车在交叉路口，遇到行人不走人行横道横穿道路时，应及时减速停车让行，不得加速从行人两侧绕行通过。

2. 交叉路口转弯

（1）交叉路口左转弯 在有交通信号灯控制的路口左转弯时，要提前进入左转弯车道或靠道路左侧行驶，等待放行信号，有左转弯待转区线的路口，应在直行绿灯亮时进入待转区。

（2）交叉路口右转弯 驾驶机动车在路口右转弯时，要注意观察后方和右转弯方向道路交通动态，同时观察右转弯的车辆和行人。

（3）驾驶机动车在路口右转弯遇到红灯亮 驾驶机动车在路口右转弯遇到红灯亮时，可减速靠右侧转弯通过，但不应影响被放行方向的其他车辆和行人通行。

3. 通过复杂路口

1）通过复杂路口时，低速行驶，按规定避让行人和优先通行的车辆，并做好随时停车的准备，不能加速通过路口。

2）通过视线不好的路口时，更要谨慎驾驶。在路口遇到其他机动车违法变道时，要及时减速避让，礼让通行。

3）遇有路口交通阻塞时，即便是绿灯亮，也要停在路口外等候，不得进入路口或停在路口内等候，以免加剧阻塞或被夹在路口内进退两难。

4. 通过环岛路口

1）环岛是交通事故多发地点，通过时应在距环岛50～100m处减速慢行，适时控制车速，以逆时针方向进入环岛。

2）驶出环岛前，打开右转向灯，注意观察右侧车辆、行人的动态。在有两条或两条以上车道的环岛驶出时，应提前开启右转向灯变更至外侧车道，严禁直接从内侧车道驶出环岛。

5. 通过立交桥

立交桥的形式多种多样，通过立交桥时，应该开启导航装置，同时需要注意以下事项：

1）接近立交桥时，应适当减速，以便有充足的时间准确地确认出口的方向。

2）直行时，按原方向从桥上或桥下行驶，应注意给驶出或驶入的车辆让出右侧车道。

3）右转弯时，应按照交通标志、标线的指示减速行驶，不过桥进入右转弯匝道完成右转弯。

4）左转弯时，必须驶过跨线桥才能转弯，不能直接左转弯。打开右转向灯，过桥后经一次右转弯再一次左转弯或者两次右转弯后，便达到左转弯的目的。

5）通过立交桥时，必须按照限速标志标线规定的速度行驶。

6）通过立交桥时，如发现选择路线错误，应继续行驶至下一立交桥或允许掉头的路口掉头，不得立即在原地掉头或倒车更改路线。

6. 通过铁路道口

1）当通过有交通信号控制的铁路道口时，应该在道口外提前减速、减档，按照信号灯的指示低速通行，不得在路口内变换档位。遇报警器鸣响或红灯亮时，停车等候，不准抢行通过铁路道口。

2）通过无信号控制或无人看守的铁路道口时，要在道口外停车观察，做到一停（在停止线以外停车）、二看（观察左右是否有驶来的列车）、三通过（确认安全后，低速通过）。

五、会车与超车的安全驾驶

1. 安全会车

1）在没有中心隔离设施或者中心线的道路上会车时，减速靠右行驶，与对方车辆保持横向安全间距。

2）在有中心线的道路上会车时，注意观察道路两侧交通情况，遇对方车辆超过中心线或开启转向灯示意占道行驶时，立即靠路右侧减速或停车让行。

3）在有障碍物的地点会车，要注意观察对面情况，遇对面来车已临近障碍物时，及时停车让对向来车优先通行，会车后再超越障碍物。

4）会车时遇对向车辆加速超车时，要正确判断安全间距减速或停车让行，安全避让对向来车。

5）在狭窄路面会车，根据路面的宽度降低车速，同时保持两车间足够的横向安全距离，低速通过。交会后，注意从后视镜中观察确认无车辆超越时，再缓缓驶回正常行驶路线。如果前方有较宽的路段，先到达道路宽阔处的车辆主动停车让行。

6）会车有困难时，有让路条件的一方主动让对方先行。在狭窄坡道上会车，下坡车让上坡车先行。在狭窄的山路上会车，不靠山体一方的车辆先行。

7）雨天或在积水路面会车时，要及时开启刮水器，随时做好制动的准备，以防对向来车溅起的水花妨碍视线。

2. 安全超车

超车时要保持与被超越车辆的安全距离，观察左侧交通情况，选择合理时机，开启左转向灯，从被超越车辆的左侧超越。超越后，在不影响被超越车辆正常行驶的情况下，逐渐驶回原车道。

超车时需要注意以下几种情况：

1）准备超越前方非机动车时，若非机动车前方有车辆突然停车，造成非机动车占道行驶时，要及时减速让非机动车先行。

2）行经交叉路口、铁路道口、隧道、弯道、窄路、窄桥或遇前方车辆正在左转弯、超车、掉头时，不得超车。

3）行车中超越右侧停放的车辆时，为预防其突然起步或开启车门，最有效的方式是预留出横向安全距离，减速行驶。因为长鸣笛、加速通过和保持正常速度行驶，都无法预

防突然出现的危险。

4）发现后车发出超车信号时，若具备让车条件，应该及时开启右转向灯，减速靠右让行，必要时辅以手势示意让超，不得故意不让或让路不让速。

六、跟车与变更车道的安全驾驶

1. 跟车的安全驾驶

（1）保持安全跟车距离　跟车行驶的注视点要观察到前方2、3辆车的动态。跟车行驶时，必须与前车保持安全的距离，控制好与前车的安全距离，避免发生追尾、剐碰等事故。

在干燥路面上，车速在30～60km/h时，安全距离应大于车速表读数减去15；当车速超过60km/h时，安全距离约等于车速表的读数；雨天时安全距离是干燥路面上的1.5倍；冰雪天时安全距离是干燥路面上的3倍。

（2）跟车时的险情判断及处置　跟车时要掌握一定的规则和技巧。

1）预防前车突然停车。注意观察前方车辆的行驶动态及路面状况，预防前车突然停车，保证与前车的安全距离，提早发现前车紧急制动的意向，以便有足够的反应时间来决定是否变更车道或是减速停车。

2）警惕异常车辆。前方车辆行驶轨迹异常时，要注意防范前车驾驶人可能存在酒驾、毒驾、疲劳驾驶等情况。

3）跟随大型车行驶要注意信号灯的变化。前方有大型车时会导致视线不佳，会挡住路口的信号灯或路边交通标志。可以通过加大跟车距离来扩大视野范围，预防跟随大型车通过时，信号突然变化；同时还可避免大型车紧急制动时与其追尾。

4）如果后车跟车过近，可以采用轻踩制动踏板的方式使制动灯亮来警示后车，也可以适时打开右转向灯靠右让行，让后车先行。

2. 变更车道的安全驾驶

驾驶车辆需变更车道时，要分析道路交通流的状态，正确地选择变更时机。

（1）“两次观察＋两次变更”　为保证安全，驾驶人在变更车道时可采用“两次变更法”。具体做法如下：

1）在变更车道前打开转向灯示意约3s以上，先通过内外后视镜观察后方车辆和将驶入车道的交通状况。

2）车辆的侧方存在盲区，因此在确认自己的前方安全后需再次侧头观察驶入车道一侧有无其他来车。

3）侧后方安全时，在不妨碍要驶入的车道内车辆正常行驶的情况下将车身靠近要变更的车道。

4）在确认安全的情况下可将车身沿着向正前方的方向前行，判断后车没有超越的意思，则再次确认安全后完成变更车道，随后关闭转向灯。

（2）转弯时变更车道　左转弯或右转弯前需要变更车道时，需按导向箭头的指示在虚线区变更车道，进入实线区后不能变更车道。

变更车道时驾驶人应按照以下顺序安全变更车道：通过车内后视镜观察后方情况→通

过左侧或右侧外后视镜观察后方车辆行驶情况→扭头观察后视镜盲区的情况→确认安全后变更车道。

七、行驶路线选择

出车前要设计好出行计划，选择好行驶路线，了解清楚出发地到目的地的路况，根据行驶路线的距离、路况和预计行驶时间，选择去目的地和返回的最佳路线。

1）行车前要提前考虑行驶路线的距离、所用时间、路况、气象条件和自己的驾驶技术等情况，合理选择到达目的地的最佳路线。在使用导航工具时，要注意及时更新系统或地图软件，以免信息滞后而误导行程、耽误时间。

2）行车途中注意观察路口标志或有代表性的建筑、路过的地名、路口提示等，以免返回时走错路。

3）独立驾驶车辆返回途中，严格遵守道路交通法律、法规的规定，按照设计的最佳路线行驶，安全、顺利地返回出发地。

第四节　交通事故及违章处理

随着机动车保有量和驾驶人数量的迅猛增长，交通事故日益引人注目。交通安全专家的研究表明，我国的道路交通事故每死伤两人，一般要直接、间接地涉及5～10个家庭，像北京这样的特大城市，每年有1%～4%的家庭直接或间接地受到道路交通事故的影响。

一、交通事故的分类

对道路交通事故进行分类的目的在于对交通事故进行分析研究和处理。分析的角度、方法不同，对道路交通事故的分类也不同。根据我国目前道路交通管理和道路交通事故处理工作的状况，交通事故分类如图5-13所示。

注意：目前交通事故鉴定执行《人体损伤致残程度分级》。其中，所谓死亡，是指当场死亡和伤后7天内抢救无效死亡的；所谓重伤，主要指图5-14所示情况。

二、交通事故的原因、特点及预防

（一）道路交通事故原因

道路交通事故的原因是多元化和复杂化的，基本上可归结为人的因素、车辆因素和道路及其他因素。下面就从几个方面对发生道路交通事故的原因进行分析。

1. 人的原因

这里所说的人，是指交通元素中的人，包括驾驶人、骑自行车或摩托车的人、行人和乘车人等。

（1）驾驶人的原因　在机动车交通事故中，由于驾驶人原因造成的约占80%。驾驶人原因又可分为违反交通法规、疏忽大意、操作不当和身体条件差等方面。

1）违反交通法规。交通事故往往由于当事人不按交通法规和其他安全规定行驶，扰

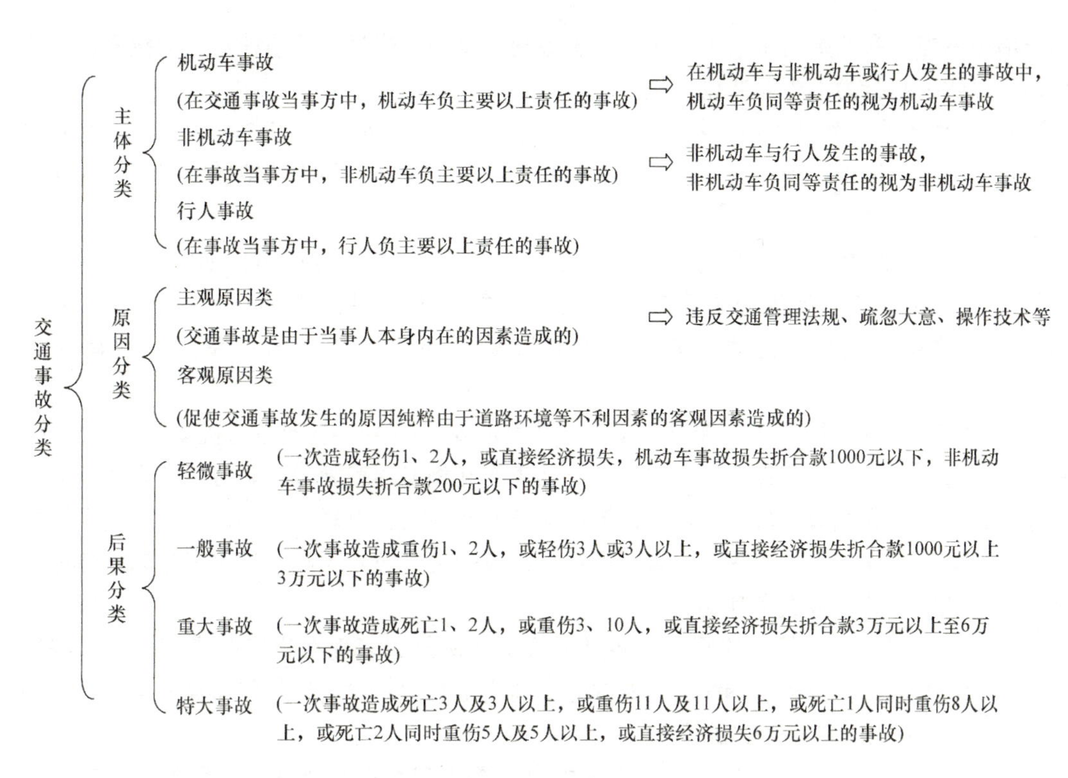

图 5-13 交通事故分类

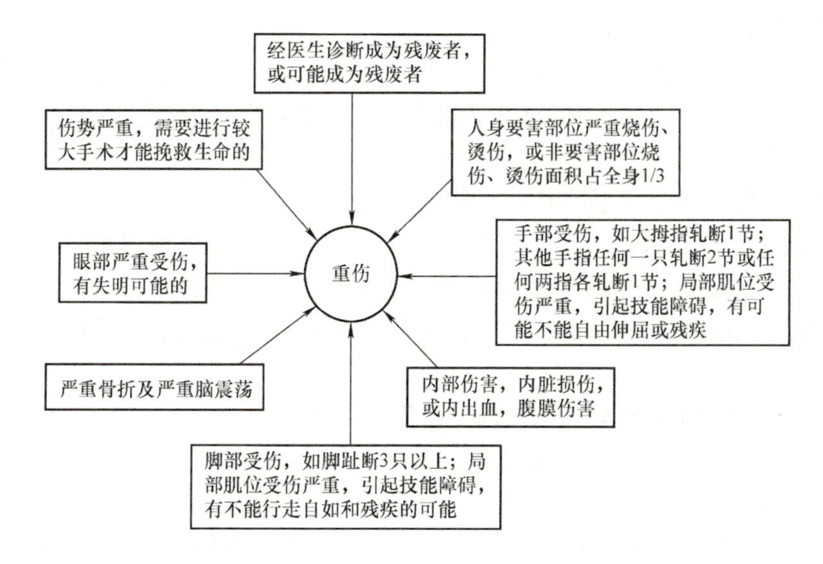

图 5-14 重伤情况示意图

乱了正常运行秩序，致使事故发生，如酒后驾车、无证驾驶、超速行驶、争道抢行、违章超车和违章装载等，或非机动车行驶在机动车道、行人不走人行道等。

2）疏忽大意。主要指当事人由于心理或生理方面的原因，没有正确观察和判断外界事物而造成的失误，如因心情烦躁，身体疲倦，造成精力分散，反应迟钝，致使瞻望不

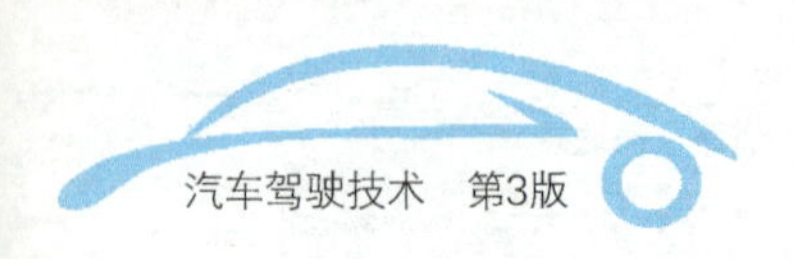

周、措施不当；有的则由于当事人凭主观想象判断事物，或过高地估计自己的技术，过分自信，以致引起行为不当而造成事故。

3）操作不当。驾驶人由于技术生疏，经验不足，或对车辆、道路不熟，因而遇有情况便惊慌失措，操作不当；有的驾驶人遇有紧急情况制动时，却因情绪慌乱错踩了加速踏板，结果酿成事故。

4）身体条件差。一方面包括先天性或后天性身体方面的缺陷，如智商低、反应迟钝，因病或受伤引起生理障碍，身体无法恢复到健康时的水平；另一方面是由于驾驶人体质弱，抗病、抗疲劳差，驾驶时容易出现力不从心的现象，不适宜驾驶工作。

（2）骑自行车人的原因　骑自行车人危及交通安全的主要表现是走机动车道、猛拐、抢行、逆行、摔倒、骑车带人、上坡攀扶机动车和互相追逐竞驶等。骑自行车人违章的主要原因是法制观念淡薄，自图方便，认为机动车不敢撞人，故意占道不让；为了选择较平坦的道路中间行驶；为了避灰、避日晒而逆行；有的骑车技术不高，见汽车过来就惊慌倒地；有的载物超宽，被汽车刮倒。

（3）行人的原因　行人的原因主要是无视交通法规，表现在走路时横穿公路、我行我素，无视交通指挥及标志标线，以及缺乏交通安全常识，过高地信赖车辆遵章行驶，特别是小孩横穿公路和追逐嬉戏最危险。

（4）乘车人的原因　乘车人造成交通事故主要表现在把身体伸到车厢外，车辆没有停稳就上下车，将危险品带上车，强行扒车、挤车等。

2. 车辆的原因

由于机动车因素所造成的交通事故，在工业发达国家占5%左右，在我国和其他发展中国家约占10%，造成交通事故的主要原因在于车辆性能差，机件失灵和“带病”行车，具体原因包括：

1）维修质量差，车检不负责任，要求不严格。

2）个体车和承包车只顾“多拉快跑”，忽视交通安全，单方面追求经济效益，日常维护、定期维护不落实，一般等到发生机件故障时才进行应急处理。

3）车辆自动化检验程度不高，不尽是很科学，对车辆是否达到安全运行技术条件缺少依据。

4）因种种原因达到报废程度的车仍在行驶。

5）设计、制造和部分机件质量问题。

3. 道路的原因

道路是人类社会陆上交通活动的承受者，各种机动车和非机动车从事交通活动，都是在道路上进行的。道路和交通的关系就好比是人体血液和血管的关系，互相不可分离。道路条件的变化，在一定条件下制约着人类的交通活动。

由道路条件而引起的事故，主要有下列原因：

1）我国目前属平面混合交通，各种机动车与非机动车、行人相互拥挤在道路上。在没有标线的道路上，机动车在中间行驶，非机动车和行人靠边行驶（走），但事实上“中间”和“边”的界线是无法用量来确定的，造成非机动车、行人“占”机动车道。

2）路面不平，质量差，弯道多，视线不良，不少公路还要过集市、城镇，遇有逢场赶集时，机动车就在人群中行驶，驾驶人稍有闪失，就会造成事故。特别是山区、丘陵地区，道路条件差，交通安全设备缺乏，翻车、坠车等交通事故发生较多。

3）在道路上打场晒粮、堆物作业、摆摊设点，制造了许多人为的障碍。

4）近年我国汽车保有量增加了很多，而公路通车里程增长并不多，车辆增长与公路发展不平衡。

4. 交通环境的原因

交通环境是作用于道路交通参与者的所有外界影响与力量的总和。它包括道路状况、交通设施、地物地貌、气象条件，以及其他交通参与者的交通活动等。交通环境的原因，主要表现在交通秩序混乱，道路状况差，碰撞机会多，交通设施不齐或不标准，交通工具复杂、速度差大，公路平面交叉，铁路道口无人看守，交通法规不健全，执法不严，整个社会和相当一部分人的交通法制观念和交通安全意识不强等。

5. 交通管理水平方面的原因

1）对事故的处理往往重经济处罚，忽视思想教育；加之社会不正之风影响，少数执法人员不能很好坚持原则，对违章肇事处理不力，对关系网中的驾驶人袒护。

2）对机动车的日常性交通安全监督管理缺乏有效措施，特别没有把交通安全目标管理推向社会，谁主管谁负责还未落实。不少车属单位把抓安全生产只浮在表面上、口头上，没有落实到行动上，存在着“未必就能发生事故”的侥幸心理。

3）公民交通守法意识差，表现在行人、非机动车随心所欲地行走或行驶；驾驶人不礼貌行车；公路上堆物作业、打场晒粮这个“老大难”问题没有得到根本解决。

4）对交通的监控、管理和指挥水平低，警力不足且不平衡。

5）雇用驾驶人缺乏主人翁精神，安全行车观念薄弱，加之事故经济损失大，驾驶人应承担的经济赔偿难于落实。

（二）交通事故的特点

1）损失大，涉及面广，影响大。交通事故的发生不受时间、地点的限制，其受害目标也是不固定的，谁都有可能在突如其来的一场车祸中命丧黄泉，如美国各种事故（如火灾、工伤等）的死亡人数中，公路交通事故的死亡数，历年均占第一位，占各种事故死亡总额的一半以上。

2）因素多、随机性大。对包括人、车、路、气候、环境和管理等在内的系统中，任何一个组成部分的正常机能受到一定程度破坏时都会产生交通事故，如驾驶人的思想、技术、素质、身体状况和外来刺激等；车有成千上万的零部件，其技术状况与装配、维修、使用条件和质量等都有关系；道路条件有好有差；气候环境也是千变万化；管理水平有高有低等。

（三）交通事故的预防

为了达到“安全第一、预防为主”“减事故、保畅通”的目的，必须采取行之有效的预防措施。预防交通事故需要做很多的工作，包括健全法制，科学管理，宣传教育，完善道路基础设施以及提高道路交通参与人员的道德修养、遵守交通法规的自觉性等方面，具体预防措施如下：

1. 驾驶人要努力提高自身的素质

（1）自觉遵守交通法规　“先违章，后肇事”，这是广大机动车驾驶人和交通管理人员在多年的交通运输和管理中，总结出来的血的教训，如违章超速行驶，遇到紧急情况，措手不及而发生交通事故；违章争道抢行而发生交通事故等。每项违反道路交通法规行为都是造成交通事故的隐患和诱因。因此，机动车驾驶人必须增强法制观念，养成自觉遵守道路交通法规的道德品质，以保证行车安全。

（2）文明行车，安全礼让　每个机动车驾驶人都要文明行车，礼貌驾驶，做到：会车时，先慢、先停、先让，为对面来车提供方便；超车时，先鸣号，前车未让不强行超越，前车让路超越时，应鸣号致谢；严格遵守让车规定，“宁停三分，不抢一秒”。做到不开英雄车、冒险车、赌气车和故障车。另外，遇到别人违章要以“有理让无理”“退后一步天地宽”的大度心态冷静处置，以免引起事端。

（3）加强驾驶知识的学习，掌握熟练的驾驶技能　现代汽车的结构复杂，行驶速度快。要想熟练而安全地驾车完成任务，就必须努力学习专业知识，练好基本功，掌握熟练的驾驶技能和安全行车知识，为安全行车打下良好的专业基础。

（4）坚持适合自己安全行车的速度　所谓“适合自己安全行车速度”是指自己驾车时，既安全、又愉快的行车速度。安全行车速度不是一成不变的绝对行驶速度，它随着道路交通环境、驾驶人的技术熟练程度、年龄以及心理身体状况的不同而不同。

2. 加强交通管理，积极采用现代化管理手段

1）动员全社会的力量进行综合治理，实行责任制，谁主管谁负责。

2）采用现代化交通指挥、监督管理，如电子遥控监督、雷达测速、酒精检测仪、机动车自动化检测系统、自动化桩考考场、电子计算机管理档案、应用计算机开发交通事故信息系统等。

3）严格管理，取缔交通违章，同时注意说话礼貌，处罚准确，使违章人员心服口服。发生重大事故要坚持按照“三不放过”（即事故原因分析不清不放过，事故责任者和群众没有受到教育不放过，没有防范措施不放过）的原则，总结吸取教训；“以事实为依据，以法律为准绳”，认真追究有关人责任，构成交通肇事罪的，严格依法追究刑事责任。

4）加强对驾驶人的管理。通过年度审验，对驾驶人进行法制、驾驶操作、安全驾驶经验和树立交通安全思想的教育。对有交通违章行为的，通过批评与自我批评的方式，使其认识错误及危害，订出保证安全的措施；对经常违章和连续发生一般或轻微事故的，要立即取消其驾驶大客车的资格；对货车驾驶人增驾大客车的，要从政治条件、身体条件和技术条件严格把关。对驾驶人的培训、考试要严格按照规定要求，把好新学驾驶人的质量关，防止不合格人员从事驾驶工作，减少事故隐患。

5）加强对车主和维修单位的监督管理，贯彻“预防为主”的方针，防止汽车机械事故发生。

3. 提高汽车安全性能，不断改善公路条件

改善公路结构，使弯道、坡道、路面宽度和整个路面平整度符合技术标准，保证足够的会车视距，逐步提高公路等级。完备道路安全设施，如道路标志、防护栏及导向标志

等。道路标志设置在显而易见的地方，能提醒驾驶人注意情况和预告道路有危险，要求驾驶人减速、鸣号和小心谨慎。导向标志是长距离行驶唯一依据的标志。有的地方在事故多发地点和重特大事故发生点，设立事故情况标志牌，也能提醒驾驶人谨慎小心驾车。在市内交通流量大、行人多的地点修建人行天桥或地下人行道，加强道路的照明，设置安全岛等，都是非常实际而有效的措施。

三、交通事故的责任划分与处罚

1. 交通事故责任的分类

交通事故责任的划分应当根据当事人的行为对交通事故的发生所起的作用，以及过错的严重程度，来确定当事人的交通事故责任。交通事故责任具体可分为全部责任、主要责任、同等责任和次要责任，见表5-2。

表5-2　交通事故责任的分类表

<table>
<tr><th>责任类别</th><th colspan="2">释义</th><th>案例</th></tr>
<tr><td>全部责任</td><td colspan="2">在交通事故中，完全是由一方当事人的交通违章行为所导致的，另一方当事人没有任何违章行为，或者虽有违章行为，但和交通事故责任没有因果关系，则应由导致交通事故发生的一方当事人负全部责任，另一方当事人没有事故责任</td><td>当事人逃逸或者故意破坏、伪造现场、毁灭证据，使交通事故责任无法认定的；当事人一方有条件报案而未报案或者未及时报案，使交通事故责任无法认定的</td></tr>
<tr><td>主要责任</td><td rowspan="2">在交通事故中，双方共同造成交通事故，但有的违章行为在事故中起主要作用，有的违章行为在事故中起次要作用</td><td>违章行为在交通事故中起主要作用的一方当事人负主要责任</td><td rowspan="2">机动车与非机动车、行人发生交通事故的，机动车一方应当负主要责任，非机动车、行人一方负次要责任</td></tr>
<tr><td>次要责任</td><td>另一方当事人则负次要责任</td></tr>
<tr><td>同等责任</td><td colspan="2">交通事故中的双方当事人都有违章行为存在，并且与交通事故的发生都有直接的因果关系，而且违章情节的轻重程度一样，很难分清主次责任，由双方当事人负同等的责任</td><td>当事人各方有条件报案而均未报案或者未及时报案，使交通事故责任无法认定的</td></tr>
</table>

2. 对交通事故责任者的处罚

对交通事故责任者的处罚情形及分类如图5-15所示。

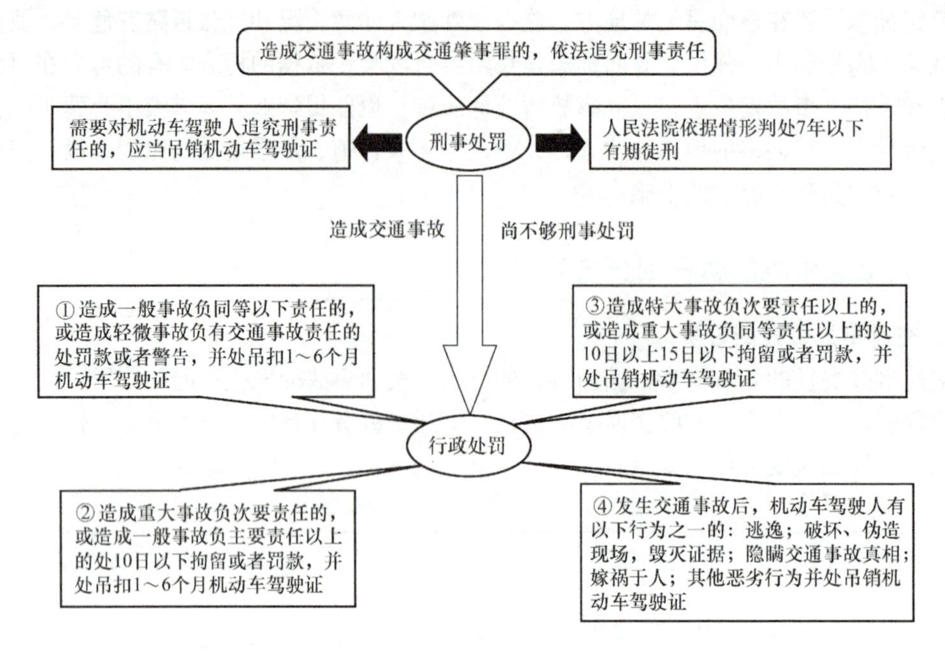

图 5-15　对交通事故责任者的处罚情形及分类

思　考　题

1. 道路交通信号有哪些（每项列举至少五个）？都有什么作用？
2. 道路交通标志有哪些（每项列举至少五个）？分别有什么作用？
3. 什么是道路交通标线？其作用是什么？有哪些分类？
4. 道路交通行政处罚有哪几类？
5. 车辆安全停车应该注意什么？
6. 掉头与倒车的安全驾驶有哪些规定？
7. 驾驶车辆通过人行横道、学校区域、公交车站和居民小区时有哪些规定？
8. 驾驶车辆通过各种路口和立交桥时应该注意什么？
9. 会车与超车的安全驾驶应该注意什么？
10. 跟车与变更车道的安全驾驶应该注意什么？
11. 交通事故主要分为哪几类？
12. 交通事故产生的原因分为哪几方面？简要概述每个方面的原因。
13. 应该采取哪些措施来防止交通事故的发生？
14. 交通事故的责任是如何划分的？

第六章 交通安全基础

第一节 驾驶人安全驾驶概述

现代社会的进步和国家经济的发展，都离不开汽车这一现代化的交通工具。汽车自诞生之日起，给人们的工作和生活带来了很大的方便，但由此而产生的交通事故，像恶魔一样，在无情地吞噬着人们的巨额财产和众多人的生命与健康。因此，安全驾驶逐渐成为人们关注的焦点，成为社会的热题。

一、安全行车的意义

汽车工业的发展在给人类社会带来许多好处的同时，也带来了一些令人为之烦恼的问题，譬如能源短缺、道路交通堵塞、汽车道路交通伤亡事故的发生和日益严重的环境污染等。每年因汽车道路交通事故而死于非命的人员数字巨大，是人类非正常死亡的主要原因之一。根据世界卫生组织提供的资料，由汽车道路交通事故造成的死亡率仅次于心血管疾病，是人类死亡的第二大原因。

随着我国经济的稳步发展和人民生活水平的提高，汽车进入家庭并逐步成为人们生活不可缺少的一部分，所以汽车驾驶人的队伍也在不断壮大，同时“车祸猛于虎”的呼声也日益高涨，因此，摆在我们面前的事实是非常严峻的。

因为在人、车、路构成的汽车道路交通系统中，作为人的主体部分——汽车驾驶人的驾驶行为又取决于其自身的素质，所以汽车驾驶人的素质是汽车道路交通安全工作的核心环节。如果把汽车看成是硬件，那么驾驶人就是“软件”。这个“软件”性能的好坏，直接影响着硬件功能的发挥。所以作为“软件”的驾驶人一定要加强自身的学习。要学法规、学驾驶理论、学驾驶技术，还要加强自身的精神文明建设，努力提高自身的文化修养。发生在自己身上的经验、教训要总结和吸取，发生在别人身上的经验教训也要积极吸取，使之变成自己的经验。总而言之，思想重视是安全行车的根本，技术过硬是安全行车的重要条件。所以，研究驾驶人的一些特性，尽量保证车辆安全行驶，有着巨大的政治意义、经济意义和社会意义，也是关系到千家万户切身利益的重大问题。

二、驾驶人素质现状及原因

据统计，发生交通事故的原因在很大程度上是由驾驶人的因素造成的，究其原因，主要如下：

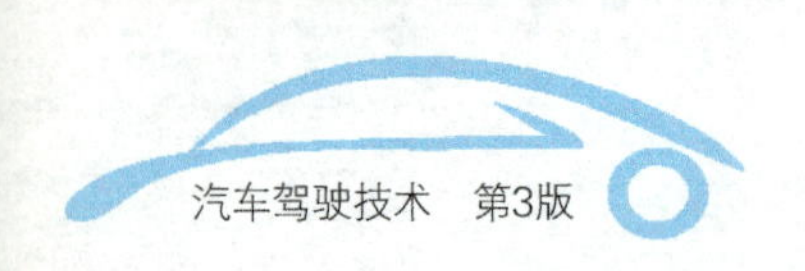

（1）驾校培训质量低 由于新的学员大量涌入，大多数驾校人满为患，学员的练车时间就少之又少，使驾驶人的技术大打折扣，给之后的道路交通安全埋下了隐患。

（2）忽视职业道德教育 由于驾校培训只注重驾驶技术培训，忽视职业道德教育，驾驶人缺乏职业道德已成为一个严重的问题，如抢行斗气、超速超载、闯红灯、闯禁行、酒后驾车、疲劳驾驶、乱停乱放和肇事逃逸等。

（3）理论学习缺乏计划性、系统性和全面性 大部分初学驾驶人把精力放在如何顺利通过考试、尽快拿到驾驶证上，而忽视了对交通法规理论全面、深入地学习，忽视了驾驶技能的提高。

（4）驾驶人的继续教育流于形式 车辆管理部门工作量大，根本无暇顾及驾驶人再教育；值勤民警长期以来习惯采用罚款、吊扣等方法，忽视了再教育；交通安全学校的再教育师资缺乏，内容陈旧，不分对象，形式单一，效果不佳。

三、安全行车对驾驶人的要求

因为道路交通环境条件是由许多汽车及其驾驶人和其他因素构成的，其中汽车驾驶人是最活跃的因素之一，所以驾驶人的素质高低对道路交通的安全起着十分重要的作用。安全行车对驾驶人的要求如下：

1. 交通法制观念和良好的职业道德

（1）加强自觉遵守交通法规的观念 自觉遵守道路交通法规，是汽车道路交通安全对汽车驾驶人最基本的法制要求，也是由汽车驾驶人的行为特点和对社会的责任感决定的。因为汽车驾驶人在汽车驾驶过程中的任何违法行为都将会引起汽车道路交通的混乱，造成不良的社会影响直至危及人们生命和财产的安全。由此可知，增强法制观念和遵守交通法规是汽车驾驶人安全地从事汽车驾驶工作的首要条件。

（2）养成良好的职业道德 良好的职业道德和较强的责任感，是汽车运输工作对汽车驾驶人的基本要求，是当代社会文明的重要组成部分。作为汽车道路运输服务的主要参与者——汽车驾驶人是搞好汽车道路运输服务的关键，其言行对汽车道路运输服务的圆满完成起着举足轻重的作用，因此，要求汽车驾驶人必须具有良好的职业道德和较强的责任感。

汽车驾驶人的职业道德和责任感主要是指：汽车驾驶人的思想、意图、行为举止、道德修养水平和责任心在汽车道路运输服务中方面的体现，它既是社会道德对汽车驾驶人在汽车运输服务过程中行为规范的具体要求，也是社会道德的重要组成部分和检验汽车驾驶人职业道德的标准，并对汽车驾驶人的思想行为有着巨大的调节作用。汽车驾驶人在汽车驾驶过程中，应本着从我做起，互相礼让，安全第一的原则，讲究职业道德，自觉地为创造一种安全、和谐、畅通和高效的道路交通环境条件，为避免人为的道路交通堵塞和汽车道路交通事故的发生做出自己积极的贡献。

2. 安全驾驶操作技术

汽车驾驶工作并不是一种简单的重复性较强的体力劳动，而是一门涉及学科较多，综合性、系统性较强，脑力劳动与体力相互协调的操作技术。它涉及医学、心理学、地理气象、交通工程、信息论、系统论和控制论等众多领域，最终表现为汽车驾驶人经验的丰富

和驾驶操作技术的熟练程度，对道路交通环境条件适应能力的大小，行车安全和汽车运输经济效益等方面。同时汽车驾驶操作的过程又是汽车驾驶人不断搜集和处理各种道路交通环境信息，及时调整人-车-道路交通环境条件的过程，即根据其所驾车辆进行正确的驾驶操作，使之不断适应所处道路交通环境的变化，也是清楚驾驶人、车辆、道路交通环境条件之间不断调节的动态过程。实践证明：汽车驾驶人操作技术水平提高的过程是一个循序渐进的过程，需要汽车驾驶人的不断学习和领会。汽车驾驶人只有在汽车驾驶操作实践中注意观察学习，善于思考，科学地总结与吸取自己和他人的行车经验教训，掌握汽车的行驶特性和故障的诊断方法与排除技术，苦练汽车驾驶操作技术，养成良好的驾驶操作习惯，才能提高自己的汽车驾驶操作技术水平，才能熟练地运用在各种道路交通环境条件下的驾驶经验和驾驶操作技能。因此，作为一名合格的汽车驾驶人不仅要有健康的身体和心理、一定的文化程度、汽车驾驶技术理论和基本技能，而且还要有勤学好问，善于思考，钻研业务，勇于实践，努力提高自己汽车驾驶操作水平的精神。

3. 良好的生理和心理素质

（1）良好的生理素质　汽车驾驶人的生理素质，是指汽车安全驾驶对汽车驾驶人身体条件即各器官功能的基本要求，也是保证安全行车的基本素质之一。

目前我国对汽车驾驶人的生理素质要求一般内容是：身高 1.50m 以上；视力（含矫正视力）两眼均在 0.7 以上，无色盲；听力良好，左右耳距离音叉 50cm 能辨清声源的方位；血压正常；无精神病史或其他有碍汽车驾驶操作的疾病和身体缺陷。

但是，随着对汽车道路交通事故成因的进一步认识，汽车道路交通安全的科研和管理人员认为仅考察上述内容是不能满足汽车运输道路交通安全需要的，还应综合考察汽车驾驶人的视觉特性、反应特性、操纵稳定性和疲劳特性等生理素质。

（2）良好的心理素质　在行车时，驾驶人要受到外界的、人为的和出乎意料的各种因素的影响，这些因素会使驾驶人心理发生变化。由于各类心理的重复出现会诱发驾驶人心理反应的严重改变，出现急躁、松懈、麻痹、骄傲、自卑、精神过分紧张心理，这些心理在驾驶人面对实际或想象中的危险时会产生不同的情感，在这种不合理的情感支配下如果碰见不顺心的事，有的驾驶人沉不住气，心浮气躁，做事举止失措，不顾前因后果，开赌气车、拼命车，具有这种心理往往使驾驶人的手和眼不能敏捷地配合，达到眼明手快，导致驾驶操作容易失误，产生不良的后果。

第二节　驾驶人心理与交通安全

一、驾驶人行车中的心理活动规律

驾驶人的心理活动是一种高级思维活动，一般都遵循“感知—思维判断—采取相应行动对策”这样的规律。

简要地说，驾驶人通过感官感知周围环境和车内情况，当发现出现险情等外界刺激信息时，一般都要在 0.5~1.0s 内迅速地做出正确判断，采取相应的措施，调节驾驶操作，使车辆正常行驶。

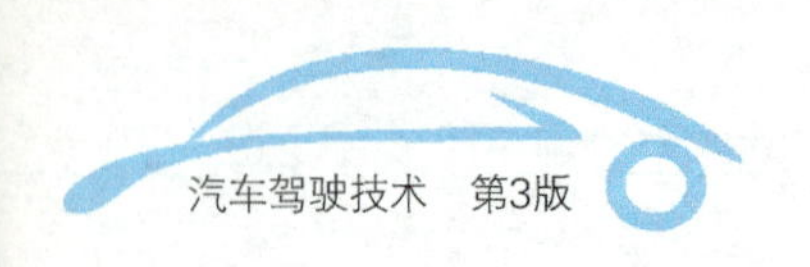

由于驾驶人的失误而发生的交通事故，从表面上看原因是各种各样的，但分析其内在原因却发现，主要是由于感知迟缓（或感知错误）、判断不准确（或判断过慢）、操作反应不当三个方面原因造成的。有关调查表明，其中感知迟缓导致的事故约占55%，判断错误的事故约占40%，操作反应不当的事故约占5%。

同样，不良的心理状况更易引发交通事故。比如：盲目自信，思想麻痹，出现异常时感到出乎意外，表现惊慌失措；侥幸心理，图省事，怕麻烦；注意力转移导致决策匆忙，忙中出错；骄傲自大，对出现的异常情况满不在乎，对危险不易察觉；对工作有厌倦感，注意力不集中，反应迟钝；情绪波动反常，好走极端，控制能力减弱。

驾驶人在愤怒、悲哀和恐惧时，感受性、理智性降低，拙于观察和思考，在这种情况下很容易发生交通事故。许多人开车“斗气”就是一种不良的情绪。在这种情感状态下，人的分析能力受到抑制，控制自己的能力减弱，结果造成事故。

所以，学习和了解基本的心理知识，有助于安全驾驶。

二、感觉、知觉和观察

1. 感觉

感觉的产生是感觉器官受到信息刺激作用的结果。它包括视觉、听觉、触觉和嗅觉等，其中与安全行车直接相关的主要是视觉和听觉。

（1）视觉　驾驶人在行车中，由视觉获得的信息占全部信息的80%以上，所以驾驶人的视觉机能对驾驶行为影响最大。比如：道路情况、信号、标志、行人与车辆动态等，都需要通过视觉感知后，转入到大脑，然后指挥人的手脚等运动器官操纵汽车行驶。

（2）听觉　听觉即对声音的感觉，对听到的声音能分析出它的强弱、高低、音色和持续性，分辨出声音的方位和远近，听觉还能补充视觉的不足，其重要性仅次于视觉。与视觉信息相比，听觉信息具有两个明显特征：一是反应快，听觉反应时间为0.12～0.16s，视觉反应时间为0.15～0.2s；二是刺激强，在公路上高速行车，遇到前方行人贴近行车道或从路边走向车行道，就连续按高音喇叭。在雾天视觉受到影响，也常用鸣笛引起对方和行人的注意，有经验的驾驶人还能根据车内异样声音而推断某种机件或设备发生了故障，及时采取措施，保障行车安全。

视觉和听觉之间的相互作用会引起感觉的增强和减弱。如黑暗中不易分辨声音的方位，灯亮以后就会很快找出，这是视觉对听觉的影响。同样，在强烈的噪声作用下，使视觉感受性削弱，这是噪声对视觉的影响。

2. 知觉

知觉是把各种感觉器官所得到的个别刺激综合起来形成的一个整体，知觉是以感受为前提，又同感受相互联系不可分割。

驾驶人驾驶汽车在错综复杂的道路上行驶时，千变万化，无穷无尽的信息刺激会同时作用于驾驶人的感官，人不可能同时感知一切，只能有选择地优先感知其中较为清晰的事物，对其余的则应是“充耳不闻，视而不见”，才能保证行车安全，这取决于驾驶人的选择性和驾驶经验，与兴趣、心情等有关，同时也与客观事物的情况有关，如客观事物与背景差别越大，越易被选择，交通标志在颜色形状上都应当与街道上的绿树、红灯和牌匾等

有差别，才能使驾驶人易于选择和发现。当驾驶汽车行驶时，运动着的客观事物比静止的客观事物易被发现，因此驾驶汽车时，尤其要注意路上的各种静止情况。

对于驾驶人来说，培养和训练运动知觉的能力是非常必要的。在练习场内驾驶，进行倒库、移库训练，其目的就是通过视觉、动觉、平衡感和听觉等相互作用而产生运动觉，在驾驶室内就可以知觉自己所驾驶车辆各部位的位置，这样对于安全驾驶是非常必需的，驾驶人应加强运动知觉的心理训练，并掌握其规律有效地提高驾驶技术。

错觉是指错误的知觉。对于驾驶人来说，出现运动错觉、视错觉和听错觉都是很危险的。产生错觉的原因是很多的，有客观原因，有主观原因（如疲劳、饮酒、心情烦躁等，极易造成错觉）。

3. 观察

观察是一种有目的、有计划的知觉。它是积极的、较持久的智力活动过程。影响驾驶人观察的心理因素如下：

（1）目的性及有意注意　当驾驶汽车行驶时，不能东张西望，既不能看商店橱窗里琳琅满目的商品，也不应去理睬行人时髦的装束，应当有目的地观察仪表指针的变化，行人和车辆的动向，交通信号的明灭，只有这些信息才能成为驾驶人感知的对象。有些新驾驶人，由于对车辆有着浓厚的兴趣，因此，观察时十分细心，很少发生错觉，但当技术有些熟练并积累一定经验以后，对驾驶的兴趣逐渐淡薄，致使观察产生失误。

（2）心境和兴趣　心境是指观察者的情绪，驾驶汽车要保持愉快、稳定的情绪，不能开斗气车、赌气车，更不能用主观的臆想代替观察而造成错觉。

驾驶人应当重视观察力的培养，要用各种感官去观察，养成观察的习惯；要特别留心注意意外事件，要善于从静止中发现运动，从运动中发现静止；要具有控制自身情绪和心境的能力，防止观察中的错觉。

三、分析综合和判断推理

分析与综合、判断与推理都是思维活动过程。分析是在思想上把事物整体分解为各个部分，或者把整体的个别特性、个别方面区分出来。综合是在思想上把事物各个部分和不同特性从不同方面结合起来。分析与综合是思维过程的两个方面，相互联系、相互制约。一个概念的形成，要通过一定的判断和推理过程。判断是肯定或否定概念之间的联系关系，而判断的获得通常需要通过推理。判断可分为两种形式，即感知形式的直接判断和抽象形式的间接判断。驾驶人在感受外界刺激信息后，要不失时机地通过分析、综合、判断和推理，最后做出处理决定。其中判断有以下几种情况：

1. 判断精确及时

有的驾驶人由于经验丰富，在行车中对车辆、行人、牲畜的活动状态有规律性的了解。在精力高度集中的情况下，当大脑接受外界刺激信息，即便出现突显信息时都能及时正确地做出判断和处理。

2. 判断错误

有的驾驶人由于经验不足，以及行车中思想不集中等原因，对一些微弱信息或潜伏信息预计不足，没有掌握人、车、路三者的辩证关系，因此不能正确地分析和判断。

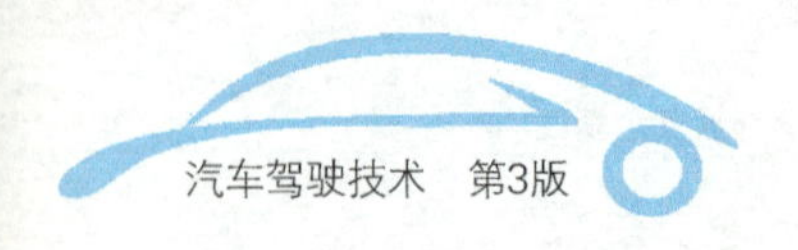

3. 判断失时或未加判断

判断失时是指对外界的信息反应迟缓，失去了分析和判断的机会。比如，驾驶人在行车中没有思想准备，突然发现刺激信息，没有相应时间进行判断和处理。有的驾驶人遇到情况就犹豫不决、迟延等，也会失去判断的时机，而造成事故。所以，对判断不仅要准确而且还要及时。

四、气质和性格

1. 气质

气质是指人所具有的典型的稳定的心理特点。人的气质是千差万别的，不同的人具有不同的气质。如有的人情感一触即发，并且十分强烈；有的人易暴跳如雷；也有的人无动于衷，或虽有情绪却表现浅淡等。气质既有积极的方面，又有消极的方面，作为一名驾驶人要清楚地了解自己的气质，并自觉地加强自身的修养，发扬积极方面，克服消极方面。

心理学把人的气质分为四种，即胆汁质（兴奋性）、多血质（活泼型）、黏液质（安静型）和抑郁质（柔弱型）。事实证明，驾驶人的气质与交通安全有很大关系。各种气质类型的驾驶特点见表6-1。

表6-1　各种气质类型的驾驶特点

气质类型	驾驶特点	应克服的气质弱点
胆汁质（兴奋性）	长处为精力充沛，刚强，热情，直率；短处则是脾气急躁，攻击性强，粗枝大叶，开起车来胆大气粗	应注意加强修养，克服急躁及善攻击的弱点，注重提高情绪的自我控制能力
多血质（活泼型）	长处为思维敏捷，工作能力较强，感情丰富；短处为注意力不稳定，兴趣容易转移，工作毛糙	注意培养自己的注意力，做事专一，克服骄傲自满
黏液质（安静型）	长处为容易养成自制、安静、镇静、不急躁；短处为较死板，对周围事物冷淡，适应性差	应加强训练，参加各种活动，增强灵活性
抑郁质（柔弱型）	长处为感情丰富比较细腻，做事审慎小心，善于观察；短处为工作中耐受力差，容易疲劳，容易惊慌失措	应主动挑重担，克服容易惊慌失措的毛病

2. 性格

性格是一个人对待事物稳定的态度，以及与之相应的惯常的行为方式。性格与交通安全密切相关。

据研究，下列性格的人，有易出事故的倾向：①不随和（爱挑剔、怪僻、顽固），群众关系不好；②情绪不稳定，易冲动；③过度紧张（抑郁、惶恐不安）。

人的性格形成以后，便比较稳定。但是，性格也是可以改变的。首先，人的性格随着思想教育和自身修养的改变，以及随着立场、观点的改变，也会发生变化，经常奖励、表扬优秀驾驶人，批评、处罚那些缺乏容忍的、开“赌气车”“英雄车”的驾驶人，也可使性格暴躁的驾驶人能经常地有意识地克制自己。

驾驶人能客观地了解自己的性格特征，经常自我敲警钟，则可扬长避短，有利于交通安全。

性格是一个人较稳定的现实的态度和与之相应的习惯化的行为方式，如勤劳、勇敢、

自私和懒惰等。人的性格是在一个人生理素质的基础之上，在社会实践活动中逐步形成的。由于每个人所处的具体环境和教育条件的不同，所形成的性格具有不同的特征。

性格可分为情绪型、理智型和意志型。

（1）情绪型　情绪型性格的人言行举止易受情绪和心境的影响，其知觉和观察受个人主观情绪的控制，反应比较迅速和敏锐，但往往是混乱和无知的，这种性格的驾驶人是容易出现交通肇事，并且驾驶汽车时往往是开快车、开斗气车。

（2）理智型　理智型性格的人习惯于用理智尺度衡量客观事物，其情感表现是理智感，言行举止不容易冲动，这种性格的人作为驾驶人是比较合适的。

（3）意志型　意志型性格的人，其意志因素在性格中起主导作用，这种人积极主动，意志坚定，为着自己明确目标而努力奋斗。

性格形成后，就具有相对的稳定性。但只要自觉的努力和克制，搞好心理调节，提高信念和道德修养，以及采取积极有效的措施，性格是可塑的、可以改变的，那种“江山易改，禀性难移”的说法是片面的。

五、信息处理特性

信息处理能力是驾驶人安全行车的一个重要条件。一般驾驶人在发现外界刺激信息时，都能在0.5 ~1s内做出正确判断，然后采取相应的措施，调节驾驶操作，从而改变车辆运动状态，保证行车的安全性。

1. 几种常见的信息

（1）突显信息　突显信息就是突如其来的变化，如两车车距较近时，前车突然停下，自行车和行人突然倒于车前，这都属于突显信息。因此，要求驾驶人在行车中必须保持高度的警惕性，临危不乱，转危为安。但是也有的突然信息使驾驶人无法预防，如在汽车高速行驶时，几米内突然闯入自行车、摩托车和儿童等，而发生事故。

（2）已现信息　如车辆带病出车，酒后开车，违章操作，超载行驶，载货超重、超宽和超长等，形成已现信息。其他车辆的驾驶人在遇见上述车辆的已现信息时，必须提高警惕，以防万一。

（3）微弱信息　微弱信息是指外界信息的刺激量微小，辨别不清，容易产生犹豫、疏忽，甚至产生错觉。当然，这些刺激信息的强弱与驾驶人的注意力、分析综合能力及判断能力有很大关系。如果注意力不集中，分析能力差，车速又非常快，这时即使有一定的刺激量，也不容易被驾驶人所发现。因此，在行车中驾驶人必须集中精力，仔细观察，注意瞭望，捕捉微弱信息，以便及时处理。

（4）潜伏信息　潜伏信息具有一定的隐蔽性，一般不容易发现。如在雾中行驶，在视线受到障碍的视线盲区中行驶，在路面附着系数低容易引起侧滑的雨或冰雪路面行驶等。潜伏信息往往使驾驶人难于预料，有时造成的危害较大，需要特别认真地对待。

2. 驾驶人处理信息的特点

与其他工作相比，驾驶人在行车过程中要处理的信息有以下几个特点：

（1）需要处理的信息多　行车过程中，车内信息、车外路况信息（如道路凹凸不平、弯曲、坡度、宽窄等）、交通信息（交通信号、交通标志、行人及其他车辆等）接踵而

来，驾驶人要主动收集并处理这些信息，方能保证安全行车。若在城市闹市区的上下班高峰期，驾驶人需要处理的信息就更多。

(2) 需要处理的信息变化大　交通复杂，信息变化无常，尤其是我国的混合交通，其信息的出现杂乱无章，使驾驶人处理信息的负荷很大。

(3) 要长时间地进行信息快速处理　从发车到收车，一路上各种信息接连不断，而且又变化无常，尤其在高速行驶中，受时间的限制，必须快速处理那些众多的信息。如果信息处理迟缓，就容易导致事故。特别是从事汽车客、货运输生产的专职驾驶人，工作时间较长（很多超过8h），这就要求他们长时间地快速处理信息。

(4) 要随时区分必要信息和非必要信息　因为驾驶人接收和处理信息的能力有限，所以在信息超负荷的情况下，驾驶人要善于主动地接收和处理那些与交通安全有关的信息，忽略其他不必要的信息。

3. 驾驶人的信息加工

驾驶人依据自己的经验、知识和不同信息的特征，对输入的信息进行判断分析的过程，叫作信息加工。例如在行车过程中，经常会遇到超车、会车、转弯或行人横穿马路等情况，此时就必须对车速、距离和方位等做出正确判断。如若判断不当，就会采取错误反应，从而导致事故发生。可以说信息加工过程贯穿于整个行车过程之中。图6-1所示为驾驶人处理信息及反馈过程。

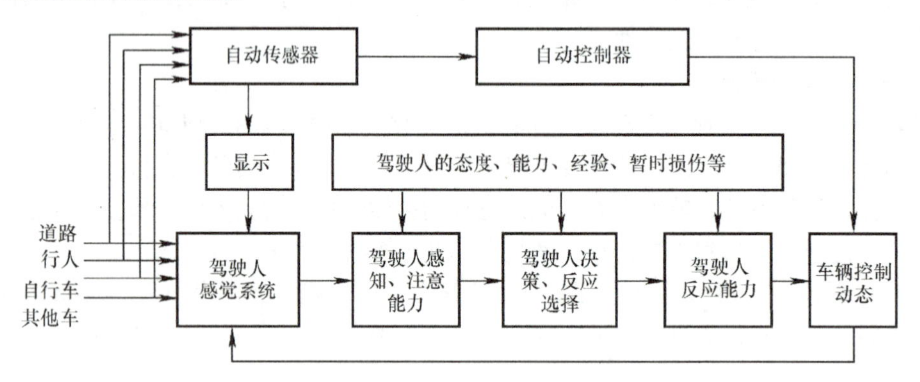

图6-1　驾驶人处理信息及反馈过程

由图6-1可以看出，驾驶人通过感觉系统获取来自车内外的信息（其中车外道路信息尤为重要），经过大脑分析判断做出决策，进而控制车辆，使车辆形成某种运动状态。在道路环境中车辆的运动状态也作为新的信息反馈给驾驶人，以此作为连续进行操作的依据。在整个过程中，其感知、注意、决策和反应等，都会受到驾驶人态度、技能和经验等的影响。图6-1中的自动控制器是指自动变速器及其他高级自动控制系统。

六、反应处理特性

驾驶人的反应处理特性是指汽车驾驶人对外部刺激认识、判别并做出正确决定的能力。对驾驶人来说，判断准而不快不行，快而不准也不行，必须符合迅速准确的要求。

信息（主要是视觉信号）是从驾驶人的眼或耳（感受器官）传入神经至大脑，大脑

判断如何处理后，将其命令信号经过传出神经再传达到手脚。这样一个回路，因刺激神经的传达速度和大脑判断处理，都需要一定时间，所以就产生出一个时间过程，对此一般称为反应时间。视觉刺激为0.25~0.3s，听觉刺激为0.2s，触觉刺激为0.2s，均比较短，正常人的反应时间一般是1.05~1.5s。理所当然，汽车驾驶人的反应特性越好，用于处理驾驶过程突变情况的时间相对延长，采取措施的正确性增加，避免发生交通事故的可能性越大，因此要求驾驶人应具有良好的反应特性。

驾驶人主要考虑的是制动反应时间，即从出现需要进行制动的信号起，到将脚从加速踏板移到并刚踩着制动踏板位置所经历的时间。在这段时间内汽车仍以原来的速度行驶。此时间一般称为空行时间。当外界刺激进入眼中，眼球转动需要时间，人的思维判断是否危险也需要时间。这种动作过程的必要时间，随着条件的不同而异，驾驶人一般为0.5~1s。

影响驾驶人反应时间的因素很多，如年龄、工龄、工作时间、健康状况及道路、环境、气候条件等。但也可通过专门训练和实际驾驶训练来缩短驾驶人的反应时间。

1. 简单反应与复杂反应

反应有简单反应与复杂反应之分，所需的时间则分别称为简单反应时间与复杂反应时间。

（1）简单反应　简单反应是指人对单一刺激物做出的确定反应，所需的时间叫作简单反应时间。在简单反应中，大脑中枢活动比较简单，只要感知刺激物，不必过多地考虑与选择，就能立即做出反应。

（2）复杂反应　复杂反应是指被试者对各种可能出现的不同刺激物做出的不同反应，所需的时间叫作复杂反应时间。在这一反应中，大脑中枢活动较为复杂，包括识别、判断和选择等因素，故也叫作选择反应。

复杂反应的特点是刺激信号内容多而复杂，需要思考与选择，这就容易出现差错，而且反应时间比简单反应时间要长。汽车驾驶工作基本上属于复杂反应，因为它要对错综复杂的道路交通信息进行识别、分析和判断，最后做出决策。因此，要求驾驶人在行车中对各种信息要做出正确而且迅速的反应。

2. 影响驾驶人反应快慢的因素

分析影响驾驶人反应快慢的因素，目的在于尽量减少反应时间对行车安全的影响，并在车辆设计、道路及交通环境设计等方面采取有利于提高驾驶人反应速度的措施。

（1）刺激物特性对驾驶人反应时间的影响　刺激物的强度必须达到一定的物理量，才能使人的感觉器官形成感觉。而且只有在超过一定的阈限值以后，才能引起相应的反应。一般来说，刺激较弱时人的反应时间就长；当刺激增到中等强度或高强度时，反应时间就缩短了。

（2）驾驶人本身因素对反应的影响

1）驾驶人机体适应水平的影响。如果驾驶人本身对某些信息适应，则就反应快；不适应就反应慢，如夜间行车，暗适应好的人，就反应快。

2）准备状态的影响。对某些信息，人若预先有精神准备，则反应就快。赛跑时，在号令枪未响之前要喊“预备”就是这个道理。道路上的预告信息也是为了缩短驾驶人的

反应时间，增加反应的准确性。

3）练习次数的影响。一般来说，练习次数越多，反应就越快。但有限度，最终达到再练习反应时间也不能再减的程度。

4）年龄与性别的影响。30岁之前，反应时间随年龄的增加而缩短；30岁之后，随年龄增加反应时间增长。这是一般规律，各人程度不同，如图6-2所示。

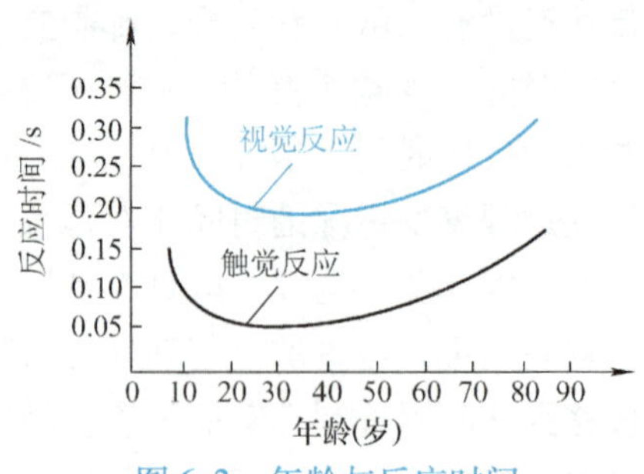

图6-2 年龄与反应时间

同年龄的男性与女性相比，男性比女性反应快。由于男性比女性反应快，再加手的握力和脚的蹬力以及体力都比女性大，所以就驾驶汽车而言，尤其是驾驶大型车、重型车和长途车，男性比女性适合；但女性由于仔细、耐心，适合于当公共汽车和出租车驾驶人。

（3）运动器官的影响 一般来说，对同一刺激物手比脚反应快，右手比左手反应快。

在人群中，两手两脚甚至两眼的优势是不同的。据统计，左手优势的人是少数，只占5%。由于机器的操纵装置、工具等都是按占95%的右手优势的人设计的，因而对左手优势的人来说有些不便，尤其在紧急情况下易出差错，因而左撇子的驾驶人在紧急情况的事故较多。

（4）情绪的影响 当驾驶人产生喜悦、惬意和舒畅等心情时，反应速度快，大脑灵活，判断准确，操作失误就少；当产生烦恼、愤怒和抑郁等心情时，就心不在焉，反应迟缓，判断容易失误，操作差错也多。正因如此，管理人员、调度人员要注意驾驶人出车前的情绪，也要教育驾驶人善于控制和调节自己的情绪。

（5）疲劳及单调的影响 长时间开车（或由于晚上没有休息好），驾驶人产生疲劳后，反应时间就会大大增加，而且错误反应增多。

另外，长时间在单调环境中行车，由于刺激量不足，也会使驾驶人反应迟钝。所以在道路设计上要适当增加转弯，或设置一些标志，以增加刺激量。

（6）酒精及药物的影响 酒精会使神经系统变得迟钝，导致反应速度大大下降。据测试，车速为40km/h时，对同一信号，未饮酒驾驶人的反应时间是0.6s，而饮过酒的驾驶人的反应时间达1.8s。再之，由于酒精对大脑皮层的抑制破坏作用，驾驶人很难把握有关信息，导致动作不准确，失误增多。

一些对神经中枢有抑制作用的药物（如镇静剂之类），也会使驾驶人出现睡意，对反应也会产生不良影响。

第三节 驾驶人生理与交通安全

一、身体状况

1. 年龄

根据交通心理学的研究，人的心理和技能的成长，约在20岁左右达到最高水平，并

持续到成年期之后逐年衰退。当人的年龄在 20 ~ 45 岁之间，无论是反应特点还是应变能力都处于最佳状态。

2. 身高

驾驶大型汽车身高须不低于 155cm，驾驶其他车身高须不低于 150cm。这主要是根据各种机动车辆在驾驶操纵中，各种操纵件的布置、座椅及风窗玻璃的位置对驾驶人的身高提出的要求。如果身高满足不了上述要求，在驾驶操作中，尤其在紧急情况或长时间驾驶中，容易造成机动车辆的失控而导致交通事故，影响交通安全。

二、视听觉特性

视觉特性是指人的眼睛所具有的观察能力及其变化规律。汽车驾驶人在行车中，有 80% 以上的路面交通信息是依靠视觉获得的，所以驾驶人视觉特性的好坏是汽车驾驶人能否及时、全面和准确地捕捉到道路交通环境条件中的各种信息，安全行车的重要前提。

汽车驾驶人的视觉特性一般由视力、色盲或其他眼疾和缺陷组成。本节主要针对视觉特性的视力进行简单介绍。

视力也叫作视敏度，是指人辨别细小物体或遥远物体的能力。或简单地说，视力是指人在一定距离内，眼睛能够辨别物体形象的能力。

1. 视力的分类

视力包括静视力（中心视力）、动体视力、视野（边缘视力）和夜间视力等。

（1）静视力　静视力是指人和视标都在不动状态下检查的视力。

（2）动体视力　动体视力（简称为动视力）是指人和视标其中一个运动或者两个都在运动时检查的视力。驾驶人在行车中的视力应为动体视力。动体视力有以下几个特性：

1）驾驶人的动体视力随车速的增大而下降。以辨别道路标志为例，当以 60km/h 的车速行驶时，一般驾驶人可看清 240m 以内的标志；当车速增大到 80km/h 时，只能看到 160m 之内的标志。

动体视力之所以随车速增大而下降，是因为驾驶人的视力随刺激物露出时间的长短而变化，目标物在高速下移动过快，露出时间过短，致使驾驶人视力下降（看不清楚）。

目标物移动的速度，通常以眼球的每秒角速度表示。视力下降的程度与角速度大致成直线关系，眼球转动角速度越大则视力下降越大。

图 6-3 所示为测得的不同年龄驾驶人动体视力随驾驶人与所观察的物体间的相对速度而变化的曲线。

2）动体视力随年龄的增大而下降，而且年龄越大，动体视力随车速增大而下降的程度越大。

3）动体视力比静视力与交通事故的关系更为密切，所以对驾驶人来说，仅检查静视力是不够的，动体视力的检查更为重要。

（3）动体视力与静视力的关系　关于动体视力与静视力的关系，可归纳为如下几点：

1）静视力好是动体视力好的先决条件，但静视力好并不能保证动体视力好。

2）一般人动体视力比静视力低10%～20%，有的人低30%～40%。

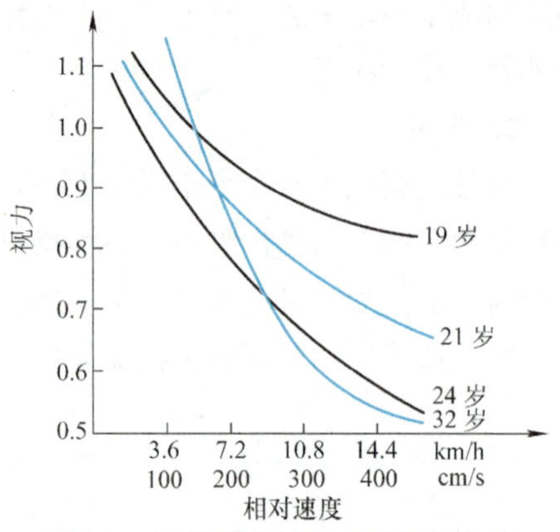

图6-3 动体视力随相对速度的变化

(4) 夜间视力

1）夜间视力的影响因素。夜间视力是指驾驶人在夜间黑暗情况下所表现的视力。

由于视力与光照强度关系密切，即视力随光照强度的加大而增强。由于夜晚照度低下而引起的视力下降叫作夜近视。

夜间由于光照不足，驾驶人很难看清和预见道路上的各种情况，因此夜间行车比白天危险得多。研究发现，尽管夜晚行人稀少，车辆密度小，但事故率很高（占50%以上）。

影响夜视力的因素，除光照强度外，物体的对比度和颜色也有一定的影响。一般来说，亮度大、对比度大的物体容易辨认，对不同的颜色，辨认的难易程度也不同。

黄昏是行车最危险的时刻，被驾驶人称为恶魔时间。这是因为：①光线变暗，开前照灯与不开前照灯差别不大，驾驶人不容易看清道路上的行人与车辆；②自然界的朦胧现象，即黄昏时车外青色变浓，黄、红、橙色标志及行人衣着都变成暗色；③黄昏时驾驶人眼球上的视锥细胞机能低落，使其辨认物体的机能下降。以上原因导致驾驶人在这段时间里视力最差，很容易发生事故。

2）暗适应与明适应。

① 暗适应。人由光亮的地方突然进入黑暗的地方，开始时视觉感受性很低，看不清东西，经过一段时间后，视力逐渐恢复，变得能够识别黑暗中的物体，这个过程叫作暗适应。

驾驶人夜晚在没有路灯的公路上会车时，双方突然关掉前照灯，以及大白天突然进入没有照明的隧道时，都会有个暗适应过程，这时要特别注意行车安全。

人与人之间暗适应时间的长短区别很大，不言而喻，暗适应时间长的人，夜晚行车或穿过隧道的安全性比较低。

② 明适应。当人由黑暗骤然进入非常明亮的环境时，感到光线耀眼，眼睛也有个习惯和视力恢复过程，这叫作明适应。如驾驶人从长隧道刚出来见到太阳，就有这个现象。明适应比暗适应快得多，一般只需数秒到1min。

2. 眼动的规律

眼动的基本形式有注视、跳动和追随三种。在行车中，绝大部分驾驶人的眼动幅度小于6°。眼球固定在目标物上的持续时间约为100～350ms，驾驶人90%的眼球定位于视中心4°左右的视觉范围内。随着经验的增长，驾驶人的眼动情况有显著变化，主要反映在空间上，而时间上的变化很小。

新驾驶人的视觉搜索是杂乱无章的，眼动幅度较大，甚至会把注视点集中到一些无关紧要的路边人、行护栏和灯杆上；经过一段时间之后，眼动逐渐变得平稳，交

替地注视近处和远处，具有一定的规律性；有经验的驾驶人大部分时间注视远处的直线搜索，注视近处路边搜索时间较少，而新驾驶人注视远处和注视近处的时间相差不大如图 6-4 所示。有经验的驾驶人之所以注视远处，是为了对远处出现的信息有充分的准备时间，同时用视网膜周边视觉观察近处事物；而新驾驶人唯恐自己的汽车偏离车道，因之常常把注视点放在近处路面上。

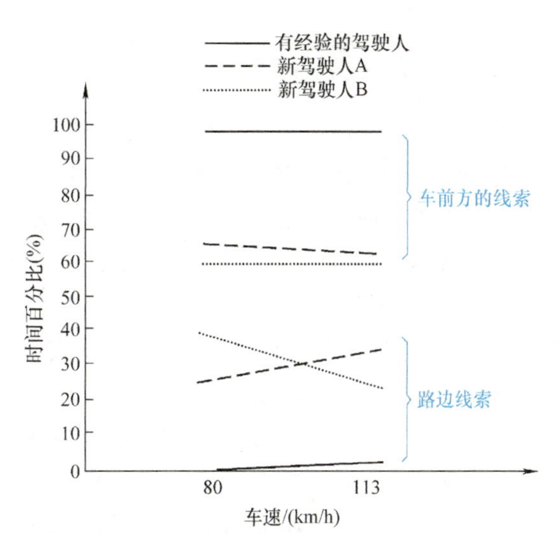

图 6-4　驾驶人注视远处和近处时间百分比随车速的变化

3. 视野

所谓视野是指除眼睛注视的目标外，所能看见的一定空间范围。头部和眼球都不动，这时所能看到的空间范围就是静视野。头部不动，眼球自由转动时所能看到的空间范围称为动视野。动视野比静视野范围宽一些。为了有效地搜集信息，驾驶人必须不断地变换注意力集中点。凝视正前方某一点时，两眼的视野左右共约为 160°。当车辆行驶时，感到周围物体、路面都在流动，速度越高，这种感觉越强。当汽车低速行驶时，全视野为90°～100°；当车速为 60km/h 时，全视野为 80°；当车速为 80km/h 时，全视野为 60°；当车速为 100km/h 时，全视野为 40°。

4. 眩目

眩目是由于刺目光源对眼球中角膜及网膜间介质中所产生的散乱现象。在暗淡光亮下的眼睛，受到强光刺激后，会产生晕眩感，从而使视力下降。静止视力由于眩目，视力下降至 0.4，回复到 1.1 需要 20s，动体视力则需要 40s。但实际上对面车的前照灯灯光，一般并不一定正射在驾驶人眼睛正中心，而且驾驶人可以闭目或移开视线，所以恢复视力的时间约需 3～4s。

5. 辨色力

辨色力是指驾驶人分辨颜色的能力。驾驶人必须无赤绿色盲、色弱。因为赤绿色盲不能正确地辨认交通指挥信号灯，交通标志以及前方车辆信号灯的颜色，容易造成观察、判断的错误而导致交通肇事。在黄昏或夜晚，各种灯光五光十色，在闪烁着各种颜色灯光的交通环境下，色弱者易分不清红色和绿色，也容易造成判断错误。

6. 听力

驾驶人感知外界事物，听觉也是十分重要的。对听力的要求是：左、右耳距音叉 50cm 能辨清声音方向。具有正常听力的人可以辨别其他车辆的方位及自驾车辆的异常声响，以便安全驾驶，迅速排除故障，保证车辆的正常行驶。

三、驾驶疲劳

由于一天驾车超过 8h 或者从事其他劳动体力消耗过大或者睡眠不足，使驾驶操作技能、反应时间和工作效率下降称为驾驶疲劳。

一般来说，疲劳常常伴以倦怠感、单调感和饱和感。在不同条件下，还往往伴以人际关系的失落感和嫌弃感；有时也会产生无力感和虚脱感。

1. 驾驶疲劳的主要表现

(1) 无力感　驾驶操作主动性下降，或无法按规定的要求继续工作，如驾驶人在正常状态下，认真和集中注意安全驾驶，但疲劳时，手握转向盘就变得晃晃悠悠。

(2) 注意功能失调　疲劳后引起视力下降，注意分散，怠慢迟缓，判别能力减低；视野逐渐变窄，漏看、错看信息的情况增多。

(3) 感觉功能失调　感觉器官的功能会发生减退或紊乱，如长时间坐在固定的驾驶座位上，会视觉模糊，听力下降，判断迟缓。

(4) 动作不灵活、不协调　节律失调，动作的自动化程度减低。

(5) 记忆和思考能力下降　疲劳有损于驾驶人的思维过程，造成思维能力下降，头脑不清醒。在过度疲劳情况下，会忘记操作程序，如行车途中，暂时停车或转弯一般需要先辨明车后面的情况，但在疲劳状态下，这些规定和动作会被忽视或忽略。

(6) 自制力减退　疲劳后驾驶人的决心、耐心和自我控制能力减退，缺乏坚持不懈的精神，易于激动、急躁和开快车。

(7) 困倦、瞌睡　过度疲劳会在行车途中产生困倦，甚至打瞌睡。疲劳使驾驶人在控制车速、行车方向和交通标志的反应等方面的效能下降，严重者会发生交通事故，因疲劳驾驶所造成的交通事故，在交通事故总数中占有一定比例。

2. 消除驾驶疲劳的主要措施

(1) 增强驾驶人对疲劳的自我调节和自我控制能力　驾驶疲劳，特别是心理疲劳，在一定程度上可以通过驾驶人自身的心理调节和控制加以克服。当出现轻度疲劳或引起疲劳的诱惑因素，就会通过自身的调节和控制作用予以消除。但心理调节和控制能力是有一定限度的，如果驾驶人非常疲劳，即超过自身的心理承受能力，而仍然坚持行车，那就会造成心理失控，以致发生交通事故。

(2) 保证驾驶人有充足的睡眠时间　一般情况下，应保证驾驶人每天 8h 是睡眠时间。有时驾驶人必须夜间行车，白天睡眠，由于人体昼夜节律的影响，以及噪声、光线等的干扰，白天睡眠的效果不如夜间好。因此，白天睡眠时间要适当增加，才能保证驾驶人睡足睡好。

(3) 驾驶时间不宜过长　驾驶持续时间对疲劳的产生、操作效能的保持，以及正确迅速地掌握道路情况的能力，起着决定的作用。随着驾驶时间的增长，驾驶人的疲劳感和交通事故的危险性也会增加。所以无论是从交通安全的角度，还是从经济角度考虑，采用两班制工作，要比延长工作时间优越得多。

四、饮酒吸烟

1. 饮酒对驾驶人生理的影响

饮酒后，酒精通过胃肠，直接进入血液中而在体内循环。酒精对人体有麻醉作用，使中枢神经活动逐渐变得迟钝，并延及脊髓神经，造成头脑不清。饮酒后使人的生理发生如下变化：

1）视觉能力下降，感知模糊，不容易分辨出红、黄、绿和白的灯光的颜色以及各种交通标志的图形。

2）触觉能力降低，身不由己，自控能力下降，使踩制动踏板软弱无力，转向盘掌握不稳，车辆行驶失控。

3）嗅觉不灵，酒气冲鼻，不易辨别异味。

4）酒精影响驾驶人的正常思考和判断，应反应迟钝，判断力下降。

5）饮酒后也使注意力受很大影响，不能适时地做到注意转移，因此在千变万化的交通环境下，顾此失彼，常常忽视行人、来车及道路上的障碍。

6）酒醉后也使驾驶人的感情和性格发生很大变化，有的手舞足蹈、痛哭流涕，或者沉默寡言，粗鲁轻率不顾后果。一些人为了干一件冒险事，“借酒壮胆”就是这个原因。

饮酒对人心理和生理的影响特别大，因此规定严禁酒后驾车。

2. 吸烟对驾驶人的生理影响

当燃烧的香烟烟雾被吸入口腔和肺叶内，尼古丁渗入血液，促使大脑兴奋，呼吸加快，促进心理活动，有提神解乏的感觉。但这种作用是尼古丁毒性作用的结果，造成的生理危害如下：

1）烟雾使视觉、听觉、嗅觉和味觉都明显降低，所以吸烟多者经常是视觉障碍、味觉迟钝，记忆力变坏。

2）烟雾会妨碍眼睛视网膜的感光性能，刺激呼吸道引起突发性咳嗽，直接影响驾驶安全；其中烟雾中的一氧化碳使血管造成缺氧状态，尼古丁使血管收缩，因此造成大脑思维迟钝，经常吸烟，使驾驶感到晕眩、头痛、失眠、神经衰弱、精神恍惚、智力变差。

3）驾驶时吸烟会影响驾驶操作的准确性。取烟、点烟、吸烟、弹烟灰，这些动作会使驾驶人的视线离开道路。由于视线从一个客体转移到另一个客体需要花 0.8 ~ 1s 的时间，在这期间车速为 70km/h 的汽车要走 20m；视线从道路上转移到香烟上，再回到道路上需要 1.6 ~ 2s，这就足以使驾驶人在突然出现情况时束手无策，无法防止事故的发生。

思　考　题

1. 驾驶人行车中的心理活动规律是怎样的？
2. 影响驾驶人反应快慢的因素有哪些？

3. 视力的分类有哪些？动体视力有什么特性？
4. 夜间视力的影响因素有哪些？
5. 眼动的规律是怎么样的？
6. 驾驶疲劳的主要表现有哪些？
7. 消除驾驶疲劳的主要措施有哪些？

第七章

汽车维护与行驶应急处理

汽车本身是一个复杂的系统，随着行驶里程和使用时间的增加，其技术状况逐渐变差，其出现故障的可能性随之增大，使用可靠性下降，出现动力性不足，经济性变差，排放的污染物增加等现象。为了在一定程度上恢复汽车的技术性能，延长其使用寿命并确保行驶安全，要适时对汽车进行检测和维护。

汽车行驶过程中，尤其是长途行驶中，由于条件的变化可能会出现各种突发问题，需要驾驶人及时应急处理。

第一节　汽车检测

汽车检测是为确定汽车技术状况或工作能力的检查。适时对汽车的性能进行检测并及时发现不符合国家评定技术要求的性能项，对解除事故隐患，减少事故发生的可能性有不可替代的作用。

汽车的检测可分为整车检测、发动机检测和底盘及车身检测三大部分，实际的汽车检测是按动力性、经济性、安全性、环保性和可靠性这五个方面进行的。

1. 动力性检测

汽车是一种高效率的运输工具，其运输效率的高低在很大程度上取决于汽车的动力性。这是因为汽车的动力性好，汽车行驶的平均技术速度就高，则汽车在相同的载质量和相同的时间内完成的运输工作量就大，即运输生产率就高。

汽车的动力性是汽车各种性能中最基本、最重要的一种性能。汽车的动力性一般可由以下三个方面的指标来评定。

1）汽车的最高车速（km/h）。

2）汽车的加速时间（s）。

3）汽车的最大爬坡度（%）。

2. 经济性检测

汽车的经济性主要指燃油经济性。汽车在一定的使用条件下，用最少的燃料消耗完成单位运输工作的能力，称为汽车的燃油经济性。

燃油经济性是汽车使用经济性能的一个很重要的指标，它对汽车运用的效果有决定性的影响。燃油经济性的评价指标通常是用在规定条件下行驶单位里程所消耗的燃料量表示的，单位为升/百千米（L/100km），一般称为百公里油耗。此评价参数不仅表示了燃料消耗量，而且还表示了运输的效率。

汽车的燃油经济性主要受汽车行驶时的总阻力、发动机的有效耗油率和机械效率的影

响。改善汽车的燃油经济性，除了应不断改进汽车的结构，减小各种损失和阻力外，还应选用合适的燃料、润滑料，加强对汽车的技术维护、改进驾驶操作方法和提高汽车运行效率等方面着手。

3. 安全性检测

汽车安全检测以涉及汽车行驶安全及环保的项目为主要检测内容。根据检测手段不同，一般分为外检和有关性能的检测。

外检通过目检和实际操作来完成，其主要内容如下：

1）检查车辆号牌、行车执照有无损坏、涂改、字迹不清等情况，校对行车执照与车辆的各种数据是否一致。

2）检查车辆是否经过改装、改型、更换总成，其更改是否经过审批及办理过有关手续。

3）检查车辆外观是否完好，连接件是否紧固，是否有漏水、漏油、漏气和漏电等现象。

4）检查车辆整车及各系统是否满足 GB 7258—2017《机动车运行安全技术条件》所规定的基本要求。

对汽车有关性能的检测，可利用专用汽车检测设备完成，根据中华人民共和国公安部《机动车辆安全技术检测站管理办法》对检测设备配备的要求，可分为以下六项：①转向轮侧滑；②制动性能；③车速表误差；④前照灯性能；⑤废气排放；⑥喇叭声级和噪声。

4. 环保性检测

因汽车在道路上行驶而产生的损害人体健康和人类生活环境的污染现象称为汽车公害。

汽车公害包括排放公害、噪声公害和电波公害三个方面，以及制动蹄片、离合器摩擦片、轮胎的磨损物和汽车运行所扬起的粉尘等。其中排放公害对人类的生活环境影响最大，其次是噪声公害；电波公害可对电视和无线电产生电波干扰；粉尘对环境的污染只是在交通密度大的车流附近较为突出。

（1）噪声的危害　人类的生活环境中存在各种声响，其强度通常用声压级表示，单位为分贝（dB）。

噪声通常不会对人的身体健康立即产生直接影响，但高于 70dB 的噪声会使人心情不安、烦躁、疲倦、工作效率下降和语言通信困难等，从而严重影响人们的正常学习、工作、休息和生活。长时期处于噪声环境的人，还会引发心脏病和胃病以及神经官能症，出现听力下降或听力损伤等。

汽车噪声源于发动机、传动系统、轮胎传递动力、运动所发出的工作声响和车身干扰空气发出的各种声响。噪声的强弱不但与汽车和发动机的类型及技术状况好坏密切相关，还与使用过程中的车速、发动机转速、载荷以及道路状况有关。

（2）排放公害　汽车排出气体中的有害成分有 CO、HC、NO_x、铅化物、碳烟和油雾等。其中，CO、HC 和 NO_x 是主要污染物质。这些有害物质散发到空气中达到一定浓度后，将对人类的生存环境造成危害。这些有害物质大部分从排气管排出，此外还有曲轴箱通风污染（主要是 HC）以及从燃油箱逸出的汽油蒸气污染等。汽车排放的有害物质通过

人的呼吸进入人体后，将使人的神经系统、消化系统和呼吸系统受到损害。

CO 进入人体后，人体就会因缺氧而出现各种中毒症状，如头晕、恶心、四肢无力，严重时甚至昏迷不醒，直至死亡。

高浓度的 HC 对人体有一定麻醉作用。但在一般情况下，其对人体的危害不大。HC 对大气的严重污染，主要在于其与 NO_x 在阳光下形成的光化学烟雾。

发动机排出的 NO_x 主要是 NO 和 NO_2。NO 毒性不大，但浓度过高时会引起中枢神经障碍；NO_2 有刺激性气味，吸入肺部后与肺部的水结合可形成可溶性硝酸，严重时会引起肺气肿。

NO_x 与 HC 在太阳光紫外线作用下，经一系列光化学反应可形成一种毒性较大的浅蓝色烟雾，即光化学烟雾，其主要成分是臭氧、醛等烟雾状物质。光化学烟雾滞留在大气中时，会使人感到呼吸困难、头昏目眩、眼红咽痛，甚至引起中枢神经的瘫痪、痉挛。

碳烟是柴油机排放的主要有害成分。碳烟本身对人体健康的直接影响不大，对人体危害大的是碳烟颗粒上夹附着的 SO_2 和多环芳香烃、苯并芘等有害物质。它们不仅对人的呼吸系统有害，还会使人致癌。

5. 可靠性检测

可靠性是评价汽车技术水平的综合性使用性能的指标。汽车的可靠性是指在规定的使用条件下和规定的行程内完成规定功能的能力。汽车的使用可靠性取决于汽车本身的固有可靠性以及汽车的使用维修水平，并与汽车的使用条件有关。

可靠性的评价指标有：①平均首次故障里程；②平均故障间隔里程；③当量故障率。

第二节　汽车的保养维护

汽车在使用过程中，受摩擦、振动和冲击等作用，各部机构、零件逐渐产生不同程度的变形、磨损、疲劳、腐蚀和老化，其动力性、经济性、可靠性和安全性等性能随之变差，对大气的污染加剧，发生运行性故障的可能性增加。为此，我国建立了一套“预防为主，定期检测，强制维护”为原则的维护制度，要求适时地、合理地进行维护。

一、汽车维护制度

汽车维护制度是为了保证汽车技术状况完好而采取的技术管理措施，它涉及车辆的运行制度、运行条件、维修技术装备、维修作业的劳动组织、维修费用以及其他一些经营管理方面的工作。

1. 建立汽车维护制度的目的

1）使汽车经常处于完好状态，能随时出车，提高汽车使用效率。

2）使汽车在行驶中不致中途损坏，并由此而危及行车安全。

3）使燃料、润滑料、零件及轮胎达到最低消耗。

4）使噪声对环境的污染减小。

5）使汽车及其各总成的大修间隔里程可以延长。

2. 汽车维护

汽车维护根据作业周期分为定期维护和非定期维护两类。

（1）定期维护　定期维护分为日常维护、一级维护和二级维护。

（2）非定期维护　非定期维护分为换季维护和走合维护。

1）换季维护分为换入夏季维护和换入冬季维护。

2）走合维护分为走合前维护、走合中维护和走合后维护。

3. 维护的作业内容

规定车辆维护的作业内容为清洁、检查、补给、润滑、紧固和调整等，除主要总成发生故障必须解体时，不得随意对车辆进行解体。

1）日常维护属于日常性作业，由驾驶人负责执行，其作业中心内容是清洁、补给和安全检视。

2）一级维护属于定期强制性维护作业，由专业修理工负责执行，其作业中心内容除日常维护作业外，以清洁、润滑和紧固为主，并检查有关制动、操纵等安全部件。

3）二级维护属于定期强制性维护作业，由专业修理工负责执行，其作业中心内容除一级维护作业外，以检查、调整为中心，并拆检轮胎，进行轮胎换位。同时车辆二级维护前应进行检测诊断和技术评定，根据结果，确定附加作业或小修项目，结合二级维护一并进行。

4）走合维护的好坏直接关系着汽车寿命的长短。做好这个期间的保养，会有利于汽车机件的磨合。汽车走合期的维护作业内容主要是清洁、润滑和紧固等项目。

5）凡全年最低气温在0℃以下地区，在入夏和入冬前需要进行季节性保养维护。换季保养维护一般是由驾驶人负责完成的，其作业中心内容为更换符合季节温度要求的机油、冷却液，调整燃油供给系统和充电系统，检查冷却系统、取暖或制冷系统的工作情况。

二、日常维护

1. 出车前的维护作业

出车前，围绕车辆巡视检查一周。制动器、转向器和灯光等安全部件应正常。

1）检查燃料、机油量，不足时应予添加。检查机油时，汽车应停在平坦地面，在未起动前进行。机油标尺上的油痕应在上限标志和下限标志之间。

2）检查冷却散热器冷却液量，不足时应予添加。

3）检查蓄电池安装和连接的牢靠情况。

4）检查蓄电池电解液液面高度，不足时应添加蒸馏水或补充液。正常液面高度应高出极板10～15mm。

5）检查“四洁”，即空气、燃油、机油滤清器和蓄电池的清洁。

6）检查风扇传动带和空气压缩机传动带的松紧度。不符合要求则应调整。检查风扇、水泵轴是否松旷。

7）检查轮胎外表和气压。

8）俯视安全部件工作情况及各部件的紧固情况。

9）检查有否“四漏”，即漏油、漏水、漏气、漏电。

10）检查灯光、喇叭等信号是否正常。

11）发动机运转后，听察发动机和各部位运转声，观察排气烟色。

12）检查各仪表、警报装置是否正常。

2. 行车中的维护作业

1）汽车开始行驶时，试验离合器接合、分离功能，试验行车制动器和驻车制动器的制动性能。

2）注意各仪表、信号装置工作状况。

3）注意发动机和底盘各部有无异响和异常气味。

4）途中停歇时，检查有无漏水、漏油和漏气现象。

5）检查轮胎外表，清除轮胎夹石和杂物。

6）检查制动鼓、轮毂、变速器和驱动桥的温度。

7）检查转向系统外露连接件的连接和紧固情况。

8）检查传动系统外露连接件的连接和紧固情况。

9）检查悬架外露连接件的连接和紧固情况。

10）检查拖挂连接情况。

11）检查货物装载情况。

3. 收车后的维护作业

1）清洁全车外表及驾驶室、车厢内部。

2）检查有无“四漏”，即水、电、油、气是否有泄漏。

3）补给作业。

4）寒冷季节，当气温低于10℃时，应放掉未加防冻液的冷却液。放冷却液时应打开冷却散热器盖，打开放冷却液开关。

5）放掉储气筒内的油污、积水。放完后应关好开关。

6）倾听离心式粗滤器在发动机停转后的2～3min，旋转是否正常。

7）检查钢板弹簧情况。

8）检查轮胎状况。

9）断开总电源开关。

三、换季维护

换季维护是指汽车适应季节变化而实施的维护。汽车使用中，因季节气候不同，在使用与维护上也有差异。我国幅员辽阔，大气温差变化较大，对汽车使用有一定影响。因此，凡全年最低温度在0℃以下地区，在入夏和入冬前需要进行换季维护。换季维护作业中心内容为更换符合季节温度要求的机油、冷却液，调整燃油供给系统和充电系统，检查冷却系统和暖风系统的工作情况。

（1）换油作业　如果汽车使用的是单级油（只适应夏季或冬季），在换季维护时，必须更换符合季节温度要求的机油；如果使用的是适应冬夏的多级油，只需根据换油间隔，更换机油即可。在更换机油时应注意仅调整机油的黏度，API质量等级应符合车辆使用说

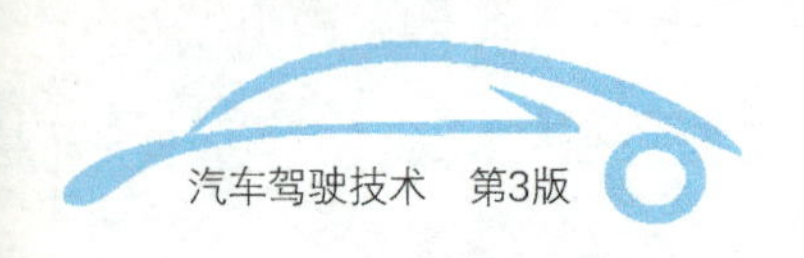

明要求，不能随意改变。

(2) 更换防冻液　汽车防冻液应根据环境温度进行调制或在市场选用相应规格牌号的产品。汽车防冻液一般是乙二醇-水型长效防冻液，根据冰点分为－18℃、－35℃和－45℃等牌号。在选用时应选择比环境最低温度低5℃的防冻液。

(3) 清洁燃油系统，柴油车选用合适牌号柴油　进入冬季前应对燃油系统做一次彻底的清洁工作。彻底清洗所有滤网，清洗或更换燃油滤芯，柴油车并换用合适牌号的柴油。

汽车用柴油按质量分为优级品、一级品、合格品三个等级。每个等级按凝点分为10、0、－10、－20、－35、－50六种标号。一般选用柴油的凝点应比最低气温低5℃，以保证柴油在最低气温时不至凝固（石蜡析出），以免影响使用。

(4) 蓄电池的维护　进入冬季前应对蓄电池进行清洁，补充蒸馏水。如果蓄电池使用时间较长，电容量不足时应将蓄电池进行一次补充充电，并调整电解液比重。冬季温度在0℃以上地区电解液比重可调为1.24，－20℃以上地区调整为1.27，－30℃以上地区调整为1.28，－40℃以上地区调整为1.29，低于－40℃地区调整为1.31。

(5) 暖风系统维护　清洗管道和节门，发动机冷却液一定要使用防冻液，以免水管和取暖散热器冻裂。

(6) 对全车进行调整、紧固和清洁　由于冬季天冷，作业困难，因此，有些可能在冬季里进行的维护作业，可以在换季时提前进行，如对全车各部位的调整、紧固和清洁工作。

换季维护是一次对汽车进行全面的维护，应结合换季维护将汽车的状态调整好，并且有针对性地排除以往常出现的故障，使汽车能够顺利、安全地行驶。

四、走合维护

走合维护是指汽车运行初期，改善零件摩擦表面几何形状和表层物理机械性能的过程。走合期是指汽车在新车出厂或大修（含发动机大修）后，初期行驶的一定里程。

1. 走合期维护内容

新车和修复车在走合期满后，应进行一次走合维护。该维护一般由制造厂指定的维修厂家负责完成。其作业内容为清洁、检查、紧固和润滑工作，主要作业项目如下：

1）更换发动机机油。

2）更换机油滤清器。

3）检查变速器和发动机的泄漏情况。

4）检查发动机冷却系统中的冷却液量，制动系统的制动液量，风窗玻璃洗涤器液面等。

5）检查下列部件的工作状况：转向器、转向球头等，传动轴及前、后悬架系统，轮胎气压，制动系统的制动性能。

2. 走合期使用规定

1）尽量选择平坦、良好的道路。走合期为1000～1500km。

2）限速。不准拆除限速片，并严格遵守各档规定的最高车速。

3）减载。新车一般减载20%～30%，半挂车一般减载25%～50%。

4）正确驾驶。平稳地接合离合器，及时换档，避免突然加速和紧急制动。

5）特别注意机油压力。正常的机油压力为294～392kPa。

6）严格控制发动机温度。发动机正常温度为80～90℃。夏季行车，冷却液沸腾时，应当选择适当地点停车，发动机怠速运转数分钟，然后加入冷却液；冷却液沸腾时，不可立即打开冷却散热器盖，以防烫伤。

7）经常注意变速器、驱动桥、轮毂及制动鼓温度。发现严重发热时，则应立即诊断原因，予以排除。

8）走合期行驶200km后，应按规定力矩和顺序拧紧气缸盖及进、排气支管的螺母、螺栓。

9）走合期行驶500km后，在热状态时更换机油，并清洗润滑系统各部位。

10）走合期行驶500km后，在承载状态下，拧紧钢板弹簧U形螺栓。

11）走合期满，按要求进行一次走合维护。

五、轮胎换位

1. 轮胎需要换位的原因

由于轮胎的安装位置不同，车辆前、后轮轮胎运转时的工作条件和所承受的负荷也各不相同。比如前轮主要用于操控方向，故需承受较多的横向摩擦力，而后轮一般所承受的摩擦力以纵向为主，并且当轮胎作为驱动轮时，磨损度也较被动轮大。一般轿车发动机在前部，驾驶座也在前部，所以前轮所承受的载荷比后轮大，而车辆制动或起动时（前轮驱动型），前轮先和地面发生摩擦，所以前轮比后轮磨损快。因此，为避免轮胎长时间受单一方向的磨损（偏磨），应定期适时地交换轮胎位置，使轮胎磨损均衡，在轮胎的整个生命周期内提供更好的操作性能，进而延长轮胎的使用寿命。

2. 轮胎换位的各种方式

为保证前后胎使用寿命相对一致，应当参照汽车生产厂商随车配备的《产品使用手册》给出的相关提示进行更换，如果厂商未对具体轮胎换位期限加以规定或汽车使用者已经为其更换了不同规格的改装轮胎，建议每行驶8000～10000km时将轮胎换位一次（四轮驱动车辆每6000km换位一次）。

根据车辆的驱动形式不同，轮胎的换位方式也各不相同。

1）前轮驱动车辆。将左后调至右前、右后调至左前、左前调至左后、右前调至右后。

2）后轮驱动车辆。将左前调至右后、右前调至左后、左后调至左前、右后调至右前。

3）四轮驱动车辆。前后左右轮全部交叉对调，即左前调至右后、右前调至左后、左后调至右前、右后调至左前。

3. 轮胎换位中应该注意的问题

1）养成每个月检查轮胎磨损情况的好习惯，一旦发现轮胎偏磨严重，应及时对轮胎进行换位。轮胎换位时，一定要参照汽车生产厂商随车配备的《产品使用手册》给出的相关提示和轮胎安装说明进行操作。

2）通常车辆前、后轮轮胎的气压是不同的，在换位后应按轮胎所在位置调整轮胎胎压。

3）单导向（有方向性花纹）轮胎的调位方法要特别注意。因为单导向轮胎花纹只在一个转动方向上提供良好的抓地和排水能力，反向安装则失效，同时因花纹自身受力的原因，会损坏轮胎。因此，请观察轮胎胎边模刻的箭头，该箭头指示轮胎应该旋转的方向，必须小心注意保持正确的旋转方向。因此，只能前后轮直向对调，不能左右交叉。

4）如果发现过早磨损、不规则磨损的迹象，除做四轮定位外，应适当提高轮胎换位频率。

第三节 行驶前准备

一、车辆方面准备

汽车在长途行驶之前，对车辆进行一下全面的检查、保养，对确保旅途安全顺利是非常必要的。需要检查的项目包括：有无漏油漏水情况，制动系统，转向系统，冷却系统，机油，轮胎，照明系统，喇叭、刮水器、转向灯、制动灯等，油箱的油量，空调及暖风系统。

二、驾驶人准备

在车辆行驶之前，除了做好车辆方面的准备之外，驾驶人也要做好必要的思想和行驶计划准备，主要包括以下几个方面：

（1）树立安全意识 汽车驾驶，安全永远是第一位的，每个驾驶人应该具有强烈的安全驾驶意识，出车前做好充分的思想准备，形成和保持最佳安全行车状态。

（2）明确运输任务 驾驶人对运输任务的性质、交通环境、完成任务的要求及途中可能会遇到的情况或困难以及在执行任务中的有利条件和不利因素等要有充分的了解，做到心中有数，深刻地领会安全优质地完成运输任务的意义。

（3）选择好行车线路 在出行之前首先要做好线路的选择。无论选择短途还是长途线路，一般来说，应该避开人流、车流的高峰和人满为患的景点，并且充分考虑自己车型的特点。路线行程要适宜，要根据自己的出行人员和车况安排合适的行程。另外，目的地的天气情况和食宿情况也是必须要考虑的因素，在出行前最好多搜集一些相关的信息。

（4）制订行车计划 对沿途所经过的城镇、高速公路及其距离做到心中有数，以减轻不必要的心理负担，保持良好的心情。有条件时，可在地图上标出醒目的标记，以便行车时容易辨别。详细了解沿途的有关情况，如气象条件、沿途道路情况，根据行驶距离，确定休息、就餐和油料补充地点。

(5) 出发前的基本准备

1）确保自己已掌握足够的驾驶技能以及所需信息，同时确保自己的身体适合长途驾驶。

2）在出发前务必检查好随车证件和个人证件。检查导航设备的状况，必要时还应携带最新版的交通图。

3）饮水、食物、零碎用品和其他装备分开放置，以方便取用，相机、手机等贵重物品最好放到可密封的胶袋、防潮袋中。手袋、行包等行李及贵重物品在离车时要保存好。

4）备足现金及零钞。用于过路费、过桥费和停车费等杂费。

三、急救准备

医疗部门统计，有八成以上驾驶人不懂急救常识，遇到车祸不会自我救助，这往往导致他们伤势加重，从而危及生命。而大量交通事故常发生在远离医疗机构和道路复杂的偏僻地域，所以，使尽可能多的有关人员懂得和掌握急救知识是非常重要的。同时在车辆中配备急救药箱也异常必要，以便自救或互救时使用。

因为长途行驶，有可能发生疾病或者交通事故，所以，出行前必须配备急救药箱，以便自救或互救。

急救药箱可备下列药品和器材：

1）消毒绷带。不同的宽度及质料，以处理不同面积及种类的损伤。纱布滚动条绷带适用于处理一般伤口，主要作固定敷料之用；弹性滚动条绷带具有弹性，除应用于处理伤口外，更可应用于处理一般拉伤、扭伤和静脉曲张等伤症，以固定伤肢及减少肿胀；三角绷带可以全幅使用，或折叠成宽窄不同的绷带。

2）敷料包。敷料包由棉垫和滚动条绷带组成。用棉垫（即敷料）覆盖伤口，然后用附带的滚动条绷带加以固定。

3）消毒棉花一包。用于清洁伤口，使用时蘸透消毒药水。

4）三角巾两包。

5）医用胶布一块。

6）2%碘酒一瓶。用作非黏膜伤口的表面消毒，不可用于破损伤口的消毒。

7）龙胆紫（紫药水）。加快伤口结痂，加快伤口愈合。

8）红汞（红药水）。保护伤口并具有抗菌的作用。

9）止血带两条。

10）胶布。用来固定敷料、滚动条绷带或三角绷带。

11）消毒敷料。由数层纱布制成，质地柔韧。主要用作覆盖伤口及吸收分泌物；流血及分泌物较多的伤口，可加厚覆盖。

12）其他。眼药水、跌打万花油、止血贴、清凉油、驱风油等。

13）各种常用药。如感冒药、消炎药、牛黄解毒片、藿香正气丸、胃药等。

14）将单位、急救中心和医疗机构的电话号码保存好，能够随时方便呼救。

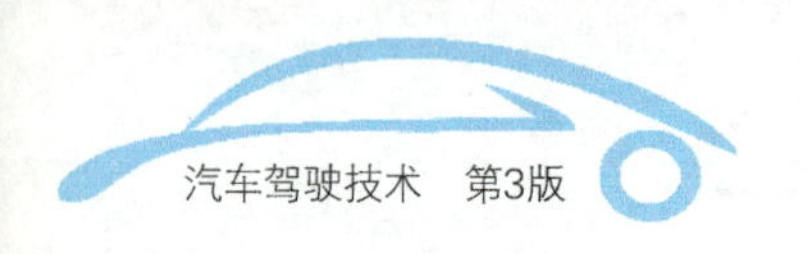

第四节　伤员救护

随着汽车保有量的增大和车速的提高，尽管人们做了许多努力，交通事故还是经常发生。许多交通事故发生在远离医院的地方，车上又不可能总有医务人员，所以，作为一名驾驶人，如果掌握了紧急救护措施的相关知识和技能，就能在事故现场迅速而且恰当地采取措施，以提高交通事故中受伤者的救治率和存活率，尽可能减少悲惨的事故。

一、人体损伤救护的组织程序

人的生命高于一切。发生交通事故致人员伤亡后，首先要避免慌乱，应立即灭火或排除发生火灾的一切诱因，如熄火发动机、关闭电源、搬开易燃物品，同时拨打120，向急救中心呼救。在救护车赶来之前立即开展自救互救，为伤员提供必要的最低限度救护。

1. 伤员急救的基本要求

组织救护人员，应先进行大致的检伤分类，确定轻重缓急，如遇重、特大事故有众多伤员须送往医院时，应先将处于昏迷状态、大出血、呼吸困难、肠管及脏器脱出的重伤员首先送往医院。如果伤者压于车轮或物体下，禁止拉拽伤者的肢体，要想办法移动车辆或物品，根据伤势状况采取相应的救护方法，以便最大限度地减少伤亡。

2. 汽车交通事故的人体损伤分类

（1）减速伤　由于突然强大的减速（如紧急制动、两车相撞等）所造成的伤害，可发生颅脑损伤、颈椎损伤、主动脉破裂、心脏及心包损伤、转向盘压胸等。

（2）碰撞伤　由于汽车直接撞击而造成的损伤，汽车速度快，一旦被撞击，伤势大多严重。

（3）碾压伤和压榨伤　由于车辆碾压挫伤，或被变形车厢、车身驾驶室挤压而造成的损伤。

交通事故的人体损伤，大多是几种伤害同时发生，共同伤害人体，所以伤情严重，变化快，致残率及死亡率也高。

3. 事故后急救的组织程序

事故发生后，应沉着冷静，采取适当有效的急救措施，不应慌乱地急救，否则会使伤势加重，损失加重。

（1）防止二次事故　一旦发生事故，应首先关闭发动机，关闭电源，搬开易燃易爆的物品。同时，设置危险报警闪光灯，在车后方设置警告标志，夜间还要开启示宽灯。另外，用粉笔或砖石等标明伤者位置和姿势，再转移至安全地带。

（2）及时报案　发生事故后，立即派可靠人员利用现场最近电话，向急救中心和交通运输管理部门报告事故情况：①发生事故的详细地址；②事故性质；③受伤及死亡大概人数；④请求对方给予指示。

（3）观察伤员情况　从生命危险性高的情况开始，按以下顺序迅速认真地观察伤员的状况。

1）有无大出血。出血严重时，止不住地往外流血，应立即采取措施止血，然后叫救护车；出血不严重时，应立即叫救护车。

2）有无知觉。采取大声呼叫、掐肩膀等方法，观察伤员反应。没有反应时，应立即采取急救，如果时间过长，有窒息死亡的危险。对神志不清的伤员，应采取图 7-1 所示的姿势，使伤员保持较好的呼吸状态；对有知觉的伤员，应根据其本人的自述和观察全身的情况，确定受伤程度，并使伤员保持安静。

3）有无呼吸。人停止呼吸 4min，得救的可能性就减少一半。停止呼吸的伤员，应立即对其进行人工呼吸。判断有无呼吸的方法如下：

① 观察胸、腹部的运动状态。

② 用手触摸腰窝的呼吸运动部位。

③ 耳朵贴近伤员鼻孔听呼吸声。

如果有呼吸，应使伤员保持图 7-2 所示的姿势，以防止伤员窒息。

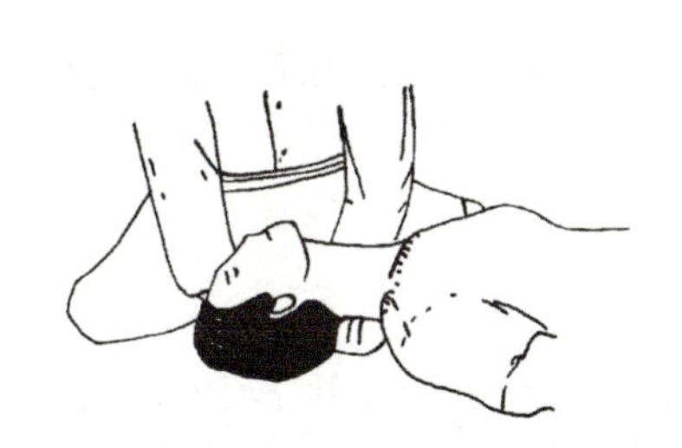

图 7-1　保持较好呼吸状态的姿势

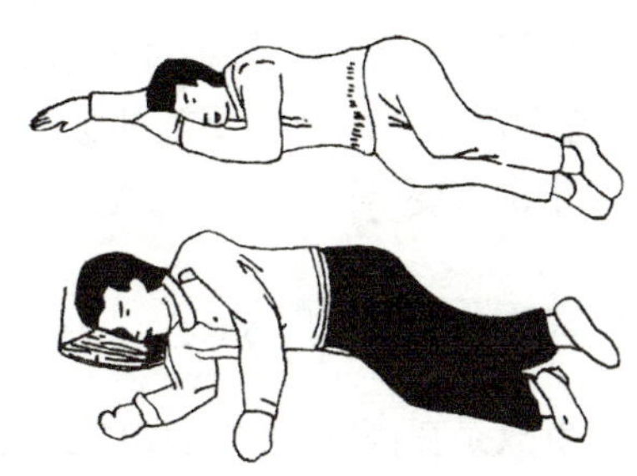

图 7-2　防止窒息的姿势

4. 伤员的搬运方法

1）凡重伤员从车内搬运、移出前，首先应在原地放置颈托或进行颈部固定，以防止颈部活动引起颈椎错位，损伤骨髓，以致发生高位截瘫。如果现场没有颈托，可用硬纸板、厚帆布和橡皮等代替颈托使用。

2）对昏倒在座椅上的伤员，安放颈托后，可将其头颈部及躯干一并固定在靠背上，然后拆卸座椅，与伤员一起搬出，这样，可以防止脊髓再损伤，防止致残。

3）在搬运过程中，禁止拉扯和弯曲伤员的肢体，以免骨折病人的再度损伤，抬出伤员前，应松开伤员的领带和领口。怀疑脊柱骨折时，必须置于硬板上搬运。让伤员头部略高于下肢，如果是下肢受伤，则下肢应稍抬高。抬运的人应注意步态稳而轻。

4）若伤员较多，则可先放弃认为“死亡”的人员，死亡判断通过下面几个方面确定：

① 颈动脉搏动消失。

② 桡动脉搏动消失。

③ 心跳停止。

④ 呼吸停止。

⑤ 瞳孔散大，对光的反射消失。

5. 受伤者的体位管理

为了防止受伤者的伤势进一步恶化，必须使其处于平稳安静的状态。

(1) 受伤者有意识时 通过询问受伤者本人，为其选择最合适的体位。

(2) 受伤者意识丧失时 很可能会由于舌根下沉和呕吐物导致呼吸道堵塞，应当使受伤者侧身而卧，下颚前倾，确保呼吸道通畅。

(3) 实施心肺复苏时 需要对俯卧和侧卧的受伤者实施人工呼吸或心脏按压等措施时，必须进行体位变换，使受伤者的体位变为向上仰卧。

6. 实施紧急救护的注意事项

1）有几个人同时受伤时，应迅速决定优先次序。

2）当附近有车辆通行或行人通过时，请求帮助。

3）需要移动场所后再进行紧急救护措施的情况下，请务必注意移动的方法，不要使受伤者的情况更加恶化。

4）原则上不要让受伤者饮水或进食，酒类绝对禁止。

5）受伤者有意识存在时，从精神上进行鼓励使其稳定下来很重要。要注意自己的言行，谈话内容最好不要涉及受伤程度和事故状况。

6）没有特别需要时，请不要随便移动或撤走事故现场及附近的物品，这对于判明事故发生的原因非常重要。

二、人体损伤的救护方法

由于交通事故是在高速相对运动中发生的，事故受害人一般伤势较重，致残率及死亡率高。因此，掌握伤员的急救方法，不仅可以赢得宝贵的抢救时间，而且能挽救伤员的生命。

1. 人工呼吸法

(1) 口对口呼吸法 口对口呼吸法如图7-3所示。

1）使伤员仰卧，一只手托起后颈部，另一只手放在额头上，轻轻地使头后仰，确保呼吸道畅通，如图7-3a所示。

2）用放在额头上的手捏住鼻孔，张开伤员的嘴，先深深吸一口气，然后对准伤员的口将气吹入。如吹入得法，伤员的胸部会鼓起，如图7-3b所示。

3）吹气完毕，口和手立即离开伤员，脸靠近伤员感觉是否有气息，如图7-3c所示。

4）按以上步骤，每5s做一次，连续至苏醒为止。伤员口中如有异物或呕吐物，可用手帕等物将其推出。

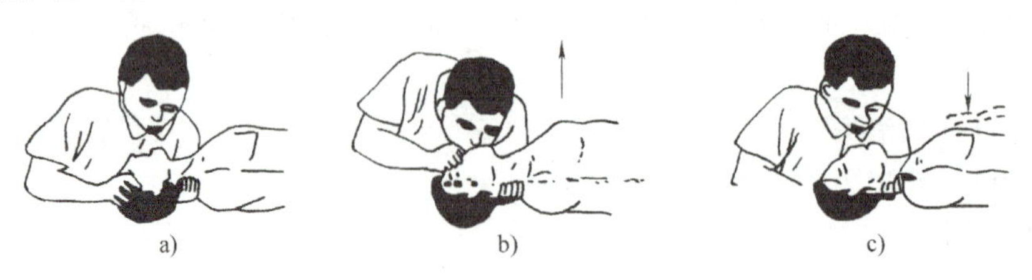

图7-3 口对口呼吸法

(2) 提臀部呼吸法 伤员面部受伤，不适宜采用口对口的呼吸法，可用提臀部呼吸法，如图7-4所示。

1）使伤员俯卧，两手交叉放在腹部上。

2）跨在伤员腰部上，用力抱腰（用力抓住衣服也可以），如图 7-4a 所示。

3）抬起腰，轻轻放回，然后略休息。放下时注意动作不要过重，应轻轻落下，如图 7-4b所示。

4）在 5s 内完成上述动作。

a)　　b)

图 7-4　提臀部呼吸法

2. 出血损伤救护

血液是维持生命的重要物质，成人的血液占其体重的 8%，当失血达到总量的 20% 以上时，将出现明显的症状，如脸色苍白、冷汗淋漓、手脚发凉、呼吸急迫、心慌气短、脉搏快且细弱以至摸不到，血压急剧下降等。

（1）不同出血状况的判断　在交通事故中，由于血管受到损伤，致使血液流出体表或渗入组织、脏器和体腔内。内出血较隐蔽，应特别注意。各种血管出血具有以下特点：

1）动脉出血。出血可呈喷射状，像泉涌一般，迅速、大量地出血，严重威胁生命，动脉出血的颜色是鲜红的。

2）静脉出血。血液连续、均匀地从伤口流出，血的颜色是暗红的，对生命的威胁次之。

3）毛细血管出血。出血好像从海绵里滴出，并很快会停止，对生命影响最小。

（2）不同的止血方法　在伤员救护中，可根据出血部位，出血血管的不同，采取不同的止血方法。一般小动脉和静脉出血可用加压包扎止血法，只有较大的动脉出血才用止血带止血。在紧急情况下，须先用压迫法止血，然后再根据出血情况，改用其他止血方法。

1）加压包扎止血法。绝大多数出血，包括中等以下的动脉和静脉出血，都可用加压包扎止血法。首先暴露伤口，有条件时进行消毒，放无菌纱布或干净的毛巾等，再用绷带、三角巾适当加压包扎，如没有上述物品，可将衣物等扯成 3～4cm 的长布条，代替绷带使用。动脉出血时，则应加大压力，包扎紧度以刚刚不出血为宜。

2）止血带止血法。只有较大的动脉出血时才予以使用，止血带应捆扎在伤口稍上方，不能扎在伤口上，也不可直接捆扎在皮肤上，止血带下面应垫有一定厚度的布垫，如衣服、毛巾等。现场若没有止血带，可用橡胶管、橡皮带、松紧绳等弹性材料代替。止血带松紧应适度，以恰好不流血为宜。同时捆扎时间也不能过长，尽量在 1～2h 内送到医

院，以免肌肉缺氧坏死。

3）压迫止血法。常用于中等血管，如动脉血管损伤性出血。在某些部位出血时，用拇指压住出血的血管上方近心端，使血管被压闭合，中断血液。如能正确地找到动脉走向，可起到较好的止血作用。止血后，即可换用其他方法。

3. 骨折

骨折是外部冲击力作用于骨骼的结果，交通事故中的减速伤、撞击伤和跌打伤等都可能造成骨折。

（1）骨折的判断

1）局限性疼痛和压痛。伤员能够指出疼痛部位，在骨折处有局限性压痛，如果在肢体骨折部位的远端叩击时，可引起骨折处疼痛，这叫作传递性疼痛。

2）骨折部位肿胀。由于骨折处血肿或骨折端重叠移位所致。

3）骨折局部发生畸形改变。这是由于冲击力的作用，肌肉收缩，肢体重量等使骨折端发生移位、伤肢缩短、旋转或成角畸形等。

（2）骨折的现场急救方法　确信伤员已发生骨折后，应按以下的方法进行救护：

1）避免不必要的搬动，力求减轻伤员的痛苦。

2）如果在骨折附近有伤口，应选择有效的止血方法和常用加压包扎法。

3）进行骨折的临时固定。骨折的固定可就地取材，如木板、硬塑料板和硬纸板等。固定的范围应包括骨折部位的上、下两个关节。如前臂骨折，就应包括肘关节和腕关节。有效的临时固定可以避免骨折端再次损伤周围的软组织，有利于预防休克和感染，减轻痛苦，便于运送。在骨折损伤的救护中，应特别注意脊柱骨折的固定，以免引起终身瘫痪。

4. 肢体断离

在交通事故中，可能发生肢体断离。肢体断离后，如果能及时采取适宜的措施，紧急送往有条件的医院，可能会使肢体再植成功。肢体断离损伤的救护应注意以下两点：

1）肢体断离后，未离体的一端称为伤肢残端，而离体的部分称为断肢。伤肢残端可用局部加压法止血，严重时可用止血带止血。

2）断肢也要妥善处理。可以经消毒后，用无菌敷料包好，一同送往医院，有条件时，在气温高的季节，可采用降温护送。

5. 颅脑损伤救护

（1）颅脑损伤的症状　在交通事故中，颅脑外伤很常见，颅脑外伤可分为开放性脑外伤与闭合性脑外伤。开放性脑外伤指头皮伤和颅脑开放性骨折。闭合性脑外伤是与体外无相通的脑外伤，即脑组织损伤，包括脑震荡、颅脑内肿和脑挫裂伤。

严重的颅脑外伤的症状是：伤者昏迷，失去知觉，瞳孔放大，呼吸粗声，呕吐等。

（2）颅脑损伤的救护步骤

1）将受伤者抬上汽车，护送人员扶置伤员呈侧卧位，头部用衣服垫好，略加固定，解开衣领、腰带等紧缩物，以便于呼吸道畅通。

2）如果受伤者神志清醒，仅是头颅外伤，可进行头部包扎处理。将大块敷料遮盖伤部，用绷带严密包扎，能达到加压止血。

3）如果伤者头颅骨折严重，且有脑组织溢出，也不要将脑组织纳入颅脑中，正确的

做法是，在脱出物的周围放几个绷带卷，再加敷料包扎，达到脑组织不受压迫的目的。

4）对于头部没有表面外伤，但却有较严重的脑组织损伤的闭合性脑外伤，在救护时，应使伤员呈侧卧位，保持呼吸道畅通，痰液、血块等应清除，以免因缺氧带来不可恢复的损害。

6. 脊柱骨损伤的救护

脊柱骨损伤会造成瘫痪，因此救护时要特别注意伤者自感腰部疼痛或下肢感觉神经减退。抢救车内的伤者要特别小心，首先应考虑到胸椎或腰椎损伤的可能，严禁拖曳和弯曲其身体，最好由四人抬出伤者，第一个人托住肩部，第二个人托住腰部，第三个人托住臀部，第四个人托住双腿，搬动时用力要均衡，保持伤者的平直姿态，面部向下顺放在木板或长木凳上，切忌让伤者坐起，或采用一个人抬肩另一个人抬腿搬动，或搂抱拖曳，以免颈部和脊柱前屈，加重错位，引起脊髓损伤的严重后果。运送的车辆应具有充分的空间，途中避免颠簸，伤员运至医院后应连同木板抬至急诊室抢救。

7. 颌面部、颈部损伤救护

颌面部即指除颅脑以外的头部其余部分，包括面部、口腔和咽喉等部位。颌面部是呼吸道和消化道的起始部，是耳、鼻、眼、喉、舌等重要感觉器官的所在地。颈部有气管、大血管、大神经、颈部脊髓和食管等重要器官和组织。颌面部、颈部受伤不仅有严重的出血和呼吸机能障碍，而且可能并发脑损伤，构成对生命的威胁。

救护时，可使伤者坐起，面部向下，如发现伤者口腔或鼻腔内有泥土、血凝块等异物应及时清除，保持呼吸道畅通，以免发生窒息。如伤者向外喷鲜红血液，则可以判定是动脉血管破裂，可在伤口近心端，找搏动的血管，用手指或手掌把血管压在骨骼上，迅速送往医院，以免抢救不及时，造成失血休克甚至死亡。

8. 烧伤

烧伤是指45℃以上的热力或其他化学、物理因素接触皮肤及黏膜引起的损伤。交通事故中可能发生火灾，造成人员烧伤。

遇到事故失火现场，现场人员必须保持沉着冷静，协助伤员立即离开火场，身上燃烧的衣服应尽快扑灭，可以卧倒自行滚动灭火，或立即跳入干净的清水中。灭火后尽快脱掉衣服并检查是否已彻底灭火。对于化学制剂，如酸、碱等造成的烧伤应长时间冲洗，对粘附在皮肤上的衣服不可强行脱掉。

抢救中，伤员的烧伤表面要用干净的衣物盖好，以防止感染。冬季应注意保温，夏季避免包扎太厚。对烧伤面积较大的伤员，如70%以上的伤员，要求在伤后1～2h内送到医院进行抗休克治疗；烧伤面积占50%～69%的伤员应在4h内送往医院；烧伤面积40%以下的伤员应在8h内送到医院。

第五节　车辆行驶应急处理

汽车在行驶的过程中，由于主、客观条件的突然变化，驾驶人难免会遇到一些意外情况。面对这些情况，驾驶人能否及时规避，能否避免或最大限度地减轻事故的损失和伤害，主要取决于应急措施是否及时、恰当，这也是检验一个驾驶人是否成熟的标志。

一、应急处理原则

当遇到突发情况时，驾驶人一定要有一定的处理原则，保证最大限度地减少损失，具体的应急处理原则如下：

（1）保持沉着、清醒、镇定 无论遇到何种紧急情况，最首要的原则是保持沉着的心态，清醒的头脑，镇定的情绪，切不可惊慌失措，在短暂的瞬间，做出正确的判断，果断采取有效措施。

（2）有效降低车速和控制好行驶方向 为了避免和减轻交通事故的程度和损失，最有效的措施无非就是减速、停车或是控制方向、避让障碍物两种方法。

1）重方向，轻减速。若在遇到紧急情况时车速较低，此时要判断能否避开前方的障碍物，利用转向尽量避开障碍物总比停车要好得多。在道路交通条件允许的前提下，应尽可能优先考虑方向避免撞车，同时应采取必要的措施，降低车速，直至最后停车。

2）重减速，轻方向。若在遇到紧急情况时车速较高，不要轻易猛转方向进行避让，否则极易造成倾翻事故。此时，应尽可能降低车速。车速越低，碰撞损失就越小，只有当降速后仍然不可避免地要相撞时，才采取转方向的避让措施，选择比较轻的撞车形式。

在此注意高速时急转方向，往往使本可避免的事故变得无法避免，甚至使本车产生侧滑相撞或在离心力作用下倾覆。

3）先人后物，先他后己。人的生命是最宝贵的，物质的损失无论如何都抵不上对人体本身的伤害。因此，当有可能危及人员的生命时，宁可损物不伤人。

4）就轻处置。在危急关头，事故轻重、利害得失和损失大小的选择应以避重就轻为原则。怎么能避重就轻就怎么处置，在当时的情况下，可以暂时不要受交通法规的限制。

二、汽车常见的应急处理

1. 行驶中制动失效的应急处理

汽车行驶中，突然出现制动失灵、失效的现象，对行车安全构成极大威胁。此时，应该采取以下应急措施：

（1）利用紧急停车道停车 首先察看路边是否有障碍物，可以借助减速或宽阔地带迂回减速、停车。当然最好是利用道路边专设的紧急停车道停车。当在紧急停车道停车后，要及时拉紧驻车制动器操纵杆。

（2）进行抢档减速 若附近没有可利用的地形和地物，则应迅速松抬加速踏板，从高速档越级减至低速档，利用变速器速比的突然增大，发动机牵阻的作用，遏制车速，有利于进一步降低车速和控制行驶方向。

（3）利用驻车制动器减速 若仍然感觉汽车速度比较快，或欲停车，可逐渐拉紧驻车制动器操纵杆，逐步阻止传动机件旋转。拉动时应注意不可一次拉紧不放，以免将驻车制动盘“抱死”而丧失全部制动能力。

（4）利用障碍物强制停车 若采取上述种种措施后仍无法有效降低车速，事故已经无法避免时，则应果断将车靠向山坡一侧，利用车厢一侧与山坡靠拢碰擦减速，若山坡无

法与车厢碰擦，在迫不得已的情况下，则可利用车前保险杠斜向撞击山坡，迫使汽车停住，以求大事化小，减小损失。

（5）及时避让障碍物　当感觉出现制动失灵、失效时，应立即松抬加速踏板，依靠发动机的牵阻制动，尽可能地利用转向来避让障碍物，这是最简单、快捷和有效的办法。

2. 行驶途中转向失控的应急处理

汽车行驶中突然转向失效，此时应当尽量减轻损伤为原则，采取以下应急措施：

（1）汽车仍能保持直线行驶时　汽车若仍能保持直线行驶状态，前方道路情况也允许保持直线行驶时，切不可惊慌失措而采取紧急制动。应轻踩制动踏板，轻拉驻车制动操纵杆，使汽车前轮胎受力不致剧烈变化而偏离直线行驶状态，缓慢平稳地停下来。

（2）汽车偏离直线行驶方向时　当汽车已偏离直线行驶方向时，事故已经无法避免，则应果断地连续踩动制动踏板，使汽车尽快减速停车，起码可以缩短停车距离，减轻撞车的力度。

3. 爆胎的应急处理

爆胎多发生在行车中，夏天天气炎热或长时间行驶致使胎压过高，行驶中路面上锐利的石块刺破轮胎，或者即使轮胎气压过低但汽车超载致使轮胎侧壁弯曲折断等，都可能引起爆胎。

爆胎后汽车会出现偏行现象，前轮爆胎往往偏行更严重。车速越高，危险性越大，甚至会引发撞车、掉沟或翻车事故。

遇到爆胎事故时，应采取以下措施：

1）行车途中突然爆胎，驾驶人只要双手紧握转向盘，仍可控制车辆。如果爆胎发生在交通繁忙的高速公路行车道时，为避免阻断交通，应立即将车驶向停车道上。

2）汽车前轮爆胎，会影响驾驶人对转向盘的控制。所以遇到前轮爆胎时，驾驶人应尽可能轻踩制动踏板，以免车头部分承受应力过大致使轮胎脱离轮圈。此时，驾驶人还要双手稳握转向盘，及时矫正汽车大幅度偏左或偏右行驶。

3）如果汽车后轮爆胎，汽车就会出现尾部摇摆不定、颠簸不已的现象。此时驾驶人仍要双手紧握转向盘，反复轻踩制动踏板。这样可以把汽车的重心前移，让前胎承受压力，减轻爆裂后胎的负担，只要驾驶人操作熟练，通常都可以使汽车保持直线行驶。

4. 着火的应急处理

当汽车发生撞车、翻车事故后，或汽车保养、加油不慎等引发汽车着火时，驾驶人应沉着冷静处理，避免更大事故的发生，千万不可掉以轻心。为了避免不必要的麻烦，对自己汽车灭火器的位置及取下方式应很熟悉，平时也应对灭火器的状况进行检查并定期更换，以免酿成大事故。

1）当汽车发生火灾后，驾驶人应立即切断汽车油源，同时关闭点火开关，并带走车上的易燃物，如打火机等，然后迅速取出灭火器，拉开保险销，对着火源压下手柄进行灭火。如果火势太猛无法扑灭，应迅速设法离开。

2）当汽车着火，驾驶室门打不开时，应迅速从风窗玻璃处离开。当火焰逼近又无法躲避时，应用身体猛压火焰使之变小或熄灭。

3）逃离火场时要注意保护裸露在外面的皮肤，切勿张嘴呼吸或高声呐喊，以免烟火

灼伤上呼吸道。

4）当穿着化纤面料的衣服时，不要接近火源，因化纤面料是易燃品。一旦衣服着火，应及早脱掉，避免烧伤皮肤。

5）如果车辆燃油着火，切勿用拍打的方法灭火，也不要用水灭火，只能用砂土、棉被和篷布等蒙盖隔绝空气，压灭火焰。

6）如果车场着火，或起火车辆周围还有汽车时，应迅速疏散其他车辆，或将着火车辆开出撤离后再设法灭火。

5. 翻车的应急处理

翻车前一般都有先兆，如急转弯翻车时，汽车急剧转向，车身会向外侧倾，然后才翻车；纵向翻车时，汽车先有前倾或后倾，驾驶人有车头下沉或车尾翘起的感觉；掉沟翻车时，车身先慢慢倾斜，然后才完全翻车。作为驾驶人，应掌握和了解有关翻车时自我保护的意识和措施，尽量减少损失。

1）当驾驶人感到车辆不可避免地要倾翻时，应抓牢转向盘，两脚勾住踏板，使身体固定随着车体翻转；如车辆翻向深沟时，驾驶人应迅速趴到座椅下，使身体夹持在座垫和变速杆间，避免身体在驾驶室内滚动受伤，同时应抓住转向盘或踏板。

2）如果驾驶室是敞开式的，在预感要翻车时，应抓紧转向盘，身体尽量往下缩，同时避免翻车时身体被甩出车外；若预感到不可避免地要被甩出车外时，驾驶人应在被抛出的瞬间猛蹬双腿，加大向外抛出的力量，落地时要双手抱头顺势向惯性力的方向跑动或滚动一段距离，以减轻落地的重量，同时注意躲开车体。

3）注意翻车时切勿顺着翻车的方向跳车，而应向车辆运行方向或翻转方向的相反方向跳车，或向运行和翻转方向的侧面跳车，同时要注意落地时的自我保护。

4）当汽车半侧翻或侧翻停稳后，应及时卸下汽车上的蓄电池，并检查是否有燃油漏出，以防火灾发生。

5）汽车侧翻后，应设法将车身放正，其方法是：当汽车半侧翻，可利用大木杠撬抬，撬抬的同时在另一侧用绳索牵拉，也可在侧翻的一侧用千斤顶抬。当千斤顶使汽车升起一段距离后，使用木料或石块替换千斤顶，然后重新顶起车身，如此反复，直到车身端正为止。

6. 侧滑的应急处理

当汽车在冰雪、泥泞或附着力很小的路面上采取突然加速、减速、紧急制动或猛打转向盘时；当汽车在弯道、坡道和不平路面时；当汽车前后轮制动不均匀，轮胎气压不符合规定，或轮胎花纹磨平时，都会导致汽车在行驶中侧滑事故的发生。侧滑很危险，常常由于侧滑而引起撞车、掉沟和翻车等事故。具体侧滑的脱险措施如下：

1）如果是因制动而引发的侧滑，应立即停止制动，同时把转向盘向侧滑的一侧转动（后轮侧滑时），转动转向盘时不能过急或持续时间过长，以避免车辆向相反方向滑动。停止制动后，车轮就会解除抱死状态，这样横向附着情况会改善；把转向盘向侧滑方向转动，会增大汽车的转弯半径，在离心力减小的同时，侧滑现象也随之减轻。汽车回正以后，应平稳地把转向盘转到原来的位置。

2）在附着力很小的路面行驶的汽车，起动、停车和转弯都必须缓慢，以减少侧滑发

生，使用制动时应采用点制动的方法。在侧滑发生时禁止使用制动，同时要使离合器保持接合状态，用发动机来制动减速。

7. 相撞的应急处理

当发生相撞的严重交通事故时，会造成人身伤亡和车辆的毁坏。如果在发生这种事故的瞬间，驾驶人能急中生智，也可减小或避免更大的恶性事故。

1）在驾驶人预感到正面相撞无法避免的瞬间，应迅速判断与来车可能撞击的力量与方位，同时用手臂紧握转向盘，两腿向前蹬直，身体尽量向后倾斜，总之应形成与惯性相反的力来保持身体平衡，以避免在撞击的瞬间头部与风窗玻璃相撞，造成伤亡事故。

2）当驾驶人判断撞击力量较大，或撞击部位接近驾驶座位时，应使身体迅速离开转向盘，同时将两腿抬起，以避免相撞时发动机和转向盘的后移而造成严重损伤。

3）当驾驶人预感到要发生汽车侧面相撞时，应立即顺车转向（因为侧面相撞多发生在交叉路口），尽量使侧面相撞变成碰擦，以减小损伤的程度。

4）当侧面相撞的部位恰是驾驶人座位的方位时，应迅速向驾驶室的另一侧移动，同时用手拉着转向盘，以此稳住身体和控制汽车方向。

5）避免发生侧面相撞的预防办法是提前发现险情和尽量加大车身与来车（来物）间的间距。

思　考　题

1. 汽车动力性指标有哪些？
2. 什么是燃油经济性？
3. 汽车尾气的主要成分及其危害有哪些？
4. 如何进行日常维护？
5. 如何进行换季维护？
6. 如何进行走合期维护？
7. 轮胎换位应该注意哪些问题？
8. 汽车在行驶前的准备有哪些？
9. 车辆行驶之前驾驶人应做好哪些必要的准备？
10. 人体损伤救护的组织程序有哪些？
11. 人体损伤的救护方法有哪些？
12. 汽车行驶的应急处理原则有哪些？

附　录

附录 A　警告标志的分类及意义

序号	分　类	标　志	说　明
1	交叉路口标志（6 种）		表示前方道路交叉情况，提醒驾驶人注意安全，又可分为十字交叉、T 形交叉、Y 形交叉、环形交叉等 6 个图形
2	急转弯标志（2 种）		表示前方道路有急转弯，提醒驾驶人提前减速，靠右侧安全通过，可分为左急转弯路和右急转弯路
3	反向弯路标志		表示前方道路是方向相反的两个弯路，要提前减速，注意对面车辆，靠右侧通过
4	连续弯路标志		表示前方道路有连续 3 个或 3 个以上的弯路
5	陡坡标志（2 种）		表示前方道路是陡坡，或是上、下陡坡危及行车安全的不利地形，要提前减速，注意安全。可分为上陡坡和下陡坡
6	窄路标志（3 种）		表示前方道路车行道变窄，行车道数减少，要注意安全。可分为两侧变窄、右侧变窄、左侧变窄
7	双向交通标志		表示前方道路由双向分离行驶变为双向不分离行驶，并由单向行驶进入双向行驶
8	注意行人标志		表示前方道路行人密集且人行横道线不易被发现，提醒驾驶人注意安全

（续）

序号	分　类	标　志	说　明
9	注意儿童标志		表示附近有小学、幼儿园、少年宫等，经常有儿童在道路上行走或穿行
10	注意信号灯标志		表示前方有信号灯控制，提醒注意
11	注意落石标志		表示前方道路是有落石危险的傍山路段，驾驶人要注意观察，安全通过
12	注意横风标志		表示前方道路为强烈的横风通过路段，要提前做好防风准备，安全通过
13	易滑标志		表示前方道路滑溜，容易发生事故，要提前减速，谨慎通过
14	傍山路标志		表示前方道路是险峻的山路
15	堤坝路标志		表示前方是水库、湖泊和河流等堤坝道路，要注意安全，小心落水
16	村庄标志		表示前方道路将通过村庄、集镇，要注意行人、牲畜等，安全通过
17	隧道标志		表示前方道路将通过隧道，有此标志的隧道一般照明差、路线长
18	渡口标志		表示前方是车辆渡口，注意安全
19	驼峰桥标志		表示前方是拱度较大、影响视距的驼峰桥，要减速慢行

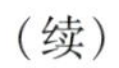
（续）

序号	分　类	标　志	说　明
20	过水路面标志		表示前方道路是过水路面，或漫水桥路段，要注意安全
21	铁路道口标志	 	表示前方为铁路与公路平面交叉道口，要注意观察，分为有人看守铁路道口、无人看守铁路道口两类
22	施工标志		表示前方路段正在施工，要注意施工车辆、人员及道路情况
23	注意危险标志		表示前方道路情况复杂，要提前警惕，注意安全
24	叉形符号		表示多股铁路与道路交叉

附录B 禁令标志的分类及意义

序 号	分 类	标 志	说 明
1	禁止通行标志		表示前方道路禁止一切车辆和行人通行
2	禁止驶入标志		表示前方道路禁止车辆驶入
3	禁止机动车驶入标志		表示前方道路禁止各类机动车驶入
4	禁止载货汽车驶入标志		表示前方道路禁止载货汽车驶入
5	禁止后三轮摩托车驶入标志		表示前方道路禁止后三轮摩托车驶入
6	禁止大型客车驶入标志		表示前方道路禁止大型客车驶入
7	禁止小型客车驶入标志		表示前方道路禁止小型客车驶入
8	禁止汽车拖、挂车驶入标志		表示前方道路禁止汽车拖、挂车驶入
9	禁止拖拉机驶入标志		表示前方道路禁止各类拖拉机驶入

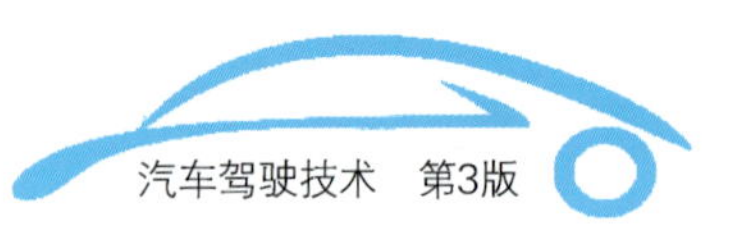

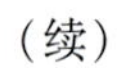

序号	分类	标志	说明
10	禁止农用运输车驶入标志		表示前方道路禁止手扶拖拉机驶入
11	禁止摩托车驶入标志		表示前方道路禁止摩托车驶入
12	禁止某两种车辆驶入标志		表示前方道路禁止标志的两种车辆驶入
13	禁止非机动车进入标志		表示前方道路禁止各类非机动车进入
14	禁止畜力车进入标志		表示前方道路禁止畜力车进入
15	禁止人力货运三轮车进入标志		表示前方道路禁止人力货运三轮车进入
16	禁止人力车进入标志		表示前方道路禁止人力车进入
17	禁止骑自行车下坡标志		表示前方道路坡度大，骑自行车下坡有危险，禁止骑自行车下坡
18	禁止骑自行车上坡标志		表示前方道路坡度大，骑自行车上坡有危险，禁止骑自行车上坡
19	禁止行人通行标志		表示前方道路禁止行人通行

（续）

序　号	分　类	标　志	说　明
20	禁止向左转弯标志		表示前方路口禁止向左转弯
21	禁止向右转弯标志		表示前方路口禁止向右转弯
22	禁止直行标志		表示前方禁止直行
23	禁止向左向右转弯标志		表示前方路口禁止向左向右转弯
24	禁止直行和向左转弯标志		表示前方路口禁止直行向左转弯
25	禁止直行和向右转弯标志		表示前方路口禁止直行向右转弯
26	禁止掉头标志		表示前方路口或路段禁止车辆掉头
27	禁止超车标志		表示从该标志到解除超车标志的路段内，不准机动车超车
28	解除禁止超车标志		表示禁止超车路段结束

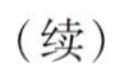
（续）

序　号	分　类	标　志	说　明
29	禁止停车标志		表示在限定的范围内禁止一切车辆临时或长时停车
30	禁止非机动车停车标志		表示在限定的范围内禁止非机动车辆临时或长时停车
31	禁止鸣笛标志		表示禁止机动车鸣笛
32	限制宽度标志	3m	表示禁止超过标志宽度所示数值的车辆通行
33	限制高度标志	3.5m	表示禁止高度超过标志所示数值的车辆通过
34	限制重量标志	10t	表示限制总重量超过标志所示数值的车辆通行
35	限制轴重标志	7t	表示禁止轴重超过标志所示数值的车辆通行
36	限制速度标志	40	表示在限制速度的路段内，车辆速度（单位为km/h）不准超过标志所示数值
37	解除限制速度标志	40	表示限制速度路段结束
38	停车检查标志	检　查	表示机动车必须停车接受检查

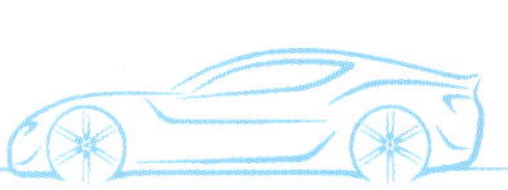

（续）

序　号	分　类	标　志	说　明
39	停车让行标志	停	表示车辆必须在停止线以外停车观望，确认安全后，才准许通行
40	减速让行标志	让	表示车辆应减速让行
41	会车让行标志		表示会车时必须停车让对方先行

附录C　指示标志的分类及意义

序　号	分　类	标　志	说　明
1	直行标志		表示前方路口只准车辆直行
2	向左（向右）转弯标志		表示前方路口只准车辆向左（向右）转弯
3	直行和向左（或向右）转弯标志		表示前方路口只准车辆直行和向左转弯（或直行和向右转弯）
4	向左向右转弯标志		表示前方路口只准车辆向左和向右转弯
5	靠右侧（或靠左侧）道路行驶标志		表示前方道路只准车辆靠左侧（或靠右侧）行驶
6	立交行驶路线标志		表示车辆在立交处可以直行和按图示路线左转弯（或右转弯）行驶
7	环岛行驶标志		表示前方环岛只准车辆靠右环行
8	步行街标志		表示该街道只供步行
9	鸣笛标志		表示机动车行至该标志处必须鸣笛。设在公路的急弯、陡坡等视线不良路段的起点
10	最低限速标志	50 最低限速	表示机动车驶入前方道路之最低时速限制。设在高速公路或其他道路限速路段的起点及各立交入口后的适当位置

（续）

序　号	分　类	标　志	说　明
11	单向行驶标志		表示前方道路是单向行驶线，车辆可按指示方向单向行驶，单行路（向左或向右）或单行路（直行）
12	干路先行标志		表示干路车辆可以优先行驶
13	会车先行标志		表示会车时可以优先行驶
14	人行横道标志		表示该处为人行横道
15	右转车道		表示右转车道的行驶方向。设在导向车道以前适当位置
16	直行车道		表示直行车道的行驶方向。设在导向车道以前适当位置
17	直行和右转合用车道		表示右转和直行车道的行驶方向。设在导向车道以前适当位置
18	分向行驶车道		表示左转、直行和右转车道的行驶方向。设在导向车道以前适当位置
19	公交线路专用车道		表示该车道专供本线路行驶的公交车辆行驶
20	机动车行驶标志		表示该道路只供机动车行驶。设在该道路的起点及各交叉路口和入口处前适当位置

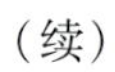

序　号	分　类	标　志	说　明
21	机动车道标志		表示前方道路是供机动车行驶的车道
22	非机动车行驶标志		表示该道路只供非机动车行驶。设在非机动车行驶道路的起点及各交叉路口和入口处前适当位置
23	非机动车道标志		表示前方车道是供非机动车行驶的车道
24	允许掉头		表示允许机动车掉头。设在允许机动车掉头路段的起点和路口以前适当位置。有时间、车种等特殊规定时，应用辅助标志说明

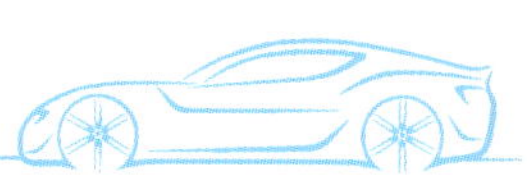

附录 D　一般道路指路标志的分类及意义

序号	分　类	标　志	说　明
1	地名标志	玉门	表示道路沿线经过的市、县、镇、村的地名
2	著名地名标志	黄河大桥	表示道路沿线经过的名胜古迹、大桥和隧道等著名的地点名称
3	分界标志（2 种）	北京界　顺义道班	设在行政区划的分界处或道路养护段、道班管辖范围分界处
4	地点、距离标志	横沥 3 km 中山 35 km 珠海 65 km	预告前方所要经过的重要城镇的地名和距离
5	地点识别标志	火车站　轮渡 地铁站　餐饮 汽车修理　长途汽车站	表示道路前方的地点
6	停车场标志	P	表示该处是停车场
7	道路编号标志	G105　S203　X008	表示道路编号及种类：国道、省道、县道

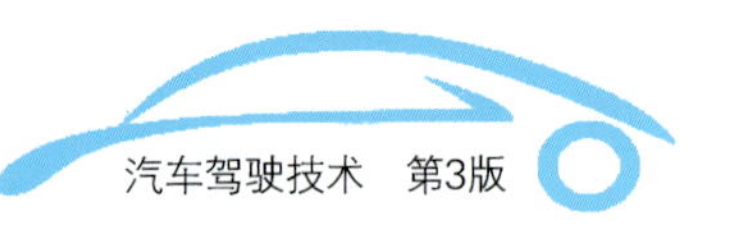

附录E　高速公路指路标志的分类及意义

序　号	分　类	标　志	说　明
1	入口预告标志		表示通向高速公路的入口
2	入口标志		表示高速公路加速车道起点
3	起点标志		表示高速公路的起点
4	终点预告标志		表示距离高速公路终点的距离，分为2km、1km、500m、200m
5	终点标志		表示高速公路终点
6	出口预告标志		表示高速公路出口距离或指引出口
7	出口标志		一般设在驶出匝道的三角地带端部

（续）

序　号	分　类	标　志	说　明
8	下一出口预告标志	下一出口 NEXT EXIT 25km 下一出口 25km NEXT EXIT	指示下一出口距离
9	服务区预告标志	P 宜兴埠 YIXINGBU 2 km 宜兴埠 YIXINGBU 服务区 SERVICE AREA	表示附近有加油站、修理厂、餐馆及停车场等服务设施
10	停车场标志	南口 NANKOU P PARKING AREA P	表示停车场距离、减速车道起点、停车场入口处及停车场位置
11	紧急电话标志		设在紧急电话柱上或电话箱上，以供过往车辆发生紧急情况时使用
12	收费处预告标志	收费站 TOLL GATE 1km 收费站500m减速 TOLL GATE SLOW DOWN	表示距离收费处的距离
13	收费处标志	收费站 TOLL GATE	表示收费处

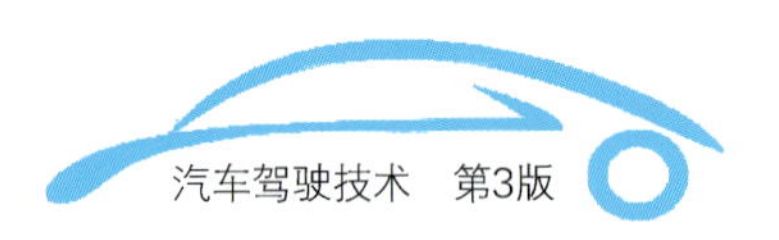

附录F　旅游区指示标志的分类及意义

序　　号	分　　类	标　　志	说　　明
1	旅游区方向标志	云居寺 YUNJUSI　金山寺 JINSHANSI 2km	表示旅游区的名称、有代表性的图案及前往旅游区的方向
2	旅游区距离标志	金山寺 JINSHANSI 2km	表示旅游区的名称、有代表性的图案及前往旅游区的距离
3	问询处标志	?	表示问询处
4	徒步标志		表示徒步路段
5	索道标志		表示索道位置
6	野营地标志		表示野营地区域
7	营火标志		表示营火区域
8	游戏场标志		表示游戏场位置
9	骑马标志		表示骑马地点
10	钓鱼标志		表示钓鱼位置
11	高尔夫球标志		表示高尔夫球区域

（续）

序　号	分　类	标　志	说　明
12	潜水标志		表示潜水地点
13	游泳标志		表示游泳地点
14	划船标志		表示划船地点
15	冬季浏览区标志		表示冬季浏览区域
16	滑雪标志		表示滑雪地点
17	滑冰标志		表示滑冰地点

附录 G 道路施工安全标志的分类及意义

序　号	分　类	标　志	说　明
1	路栏标志		用以阻挡车辆及行人前进或指示改道
2	锥形交通路标		与路栏配合，用以阻挡或分隔交通流。设在需要临时分隔车流，引导交通，指引车辆绕过危险路段，保护施工现场设施和人员等场所周围或以前适当地点
3	道口标柱		设在公路沿线较小交叉路口两侧，用来提醒主线车辆提高警觉，防范小路口车辆突然出现而造成意外
4	前方施工标志	前方施工 300m	用以通告道路前方正在施工，交通阻断、绕行等情况。设在道路施工、养护等路段前适当位置
5	前方道路封闭标志	右道封闭 1km	用以通告道路前方右道封闭，交通阻断、绕行等情况。设在道路施工、养护等路段前适当位置
6	改道标志	向右改道	表示向右改道位置
7	行驶标志		表示向左行驶位置

附录H　辅助标志的分类及意义

序　号	分　类	标　志	说　明
1	时间标志	7:30 - 9:30 16:00 - 18:30	对某些主标志规定时间的范围
2	车辆种类标志	除公共汽车外 货车拖拉机	对某些主标志规定车辆的种类
3	区域或距离标志	200m 100m 50m 50m 二环路区域内	对某些主标志规定区间距离或区域
4	警告、禁止理由标志	学校 海关 事故 坍方	对某些主标志明确警告、禁令理由
5	组合辅助标志	100m 7:30 - 18:30	在主标志下安装两块以上辅助标志时，采用组合形式

附录I　指示标线的分类及意义

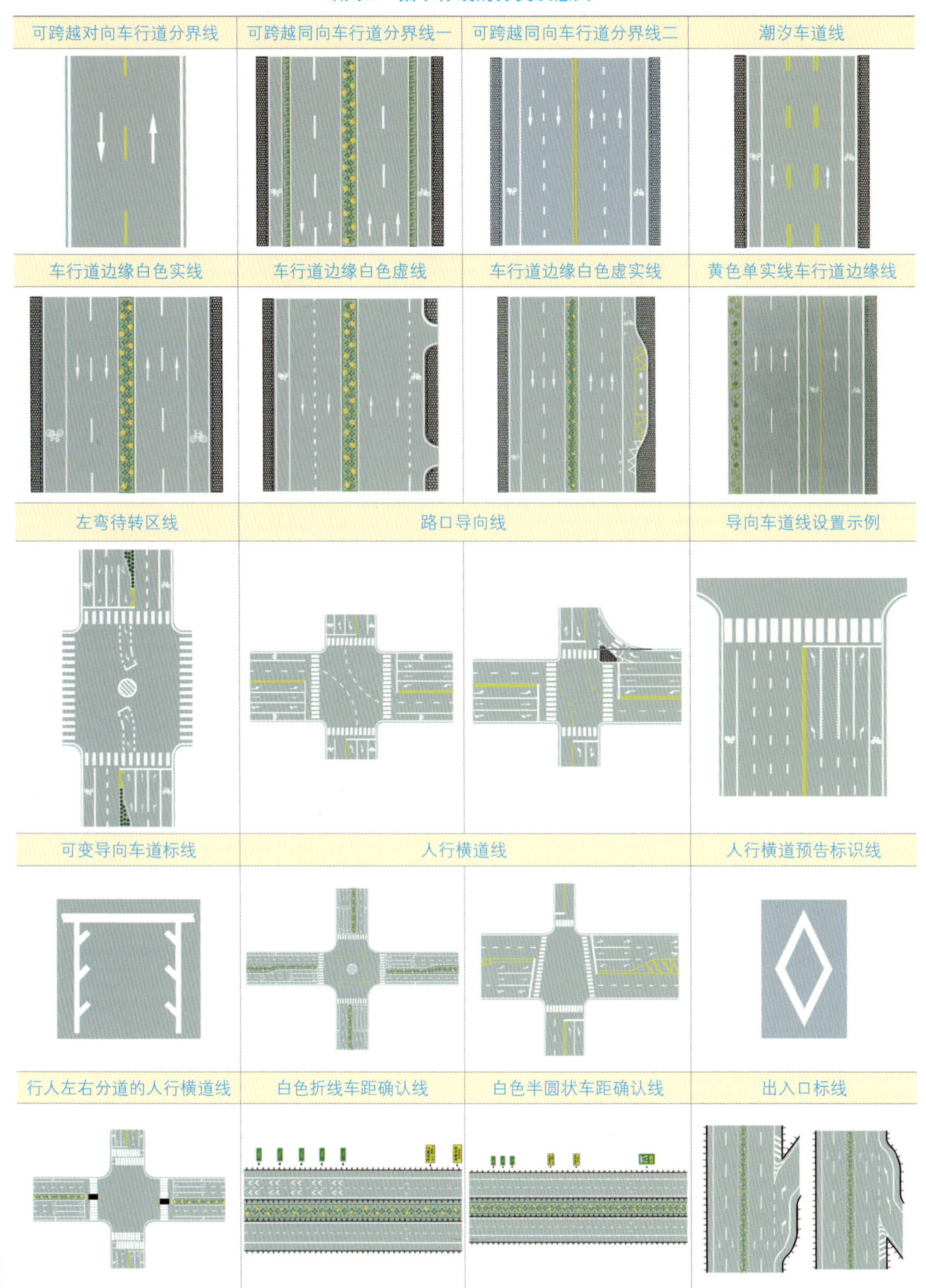

（续）

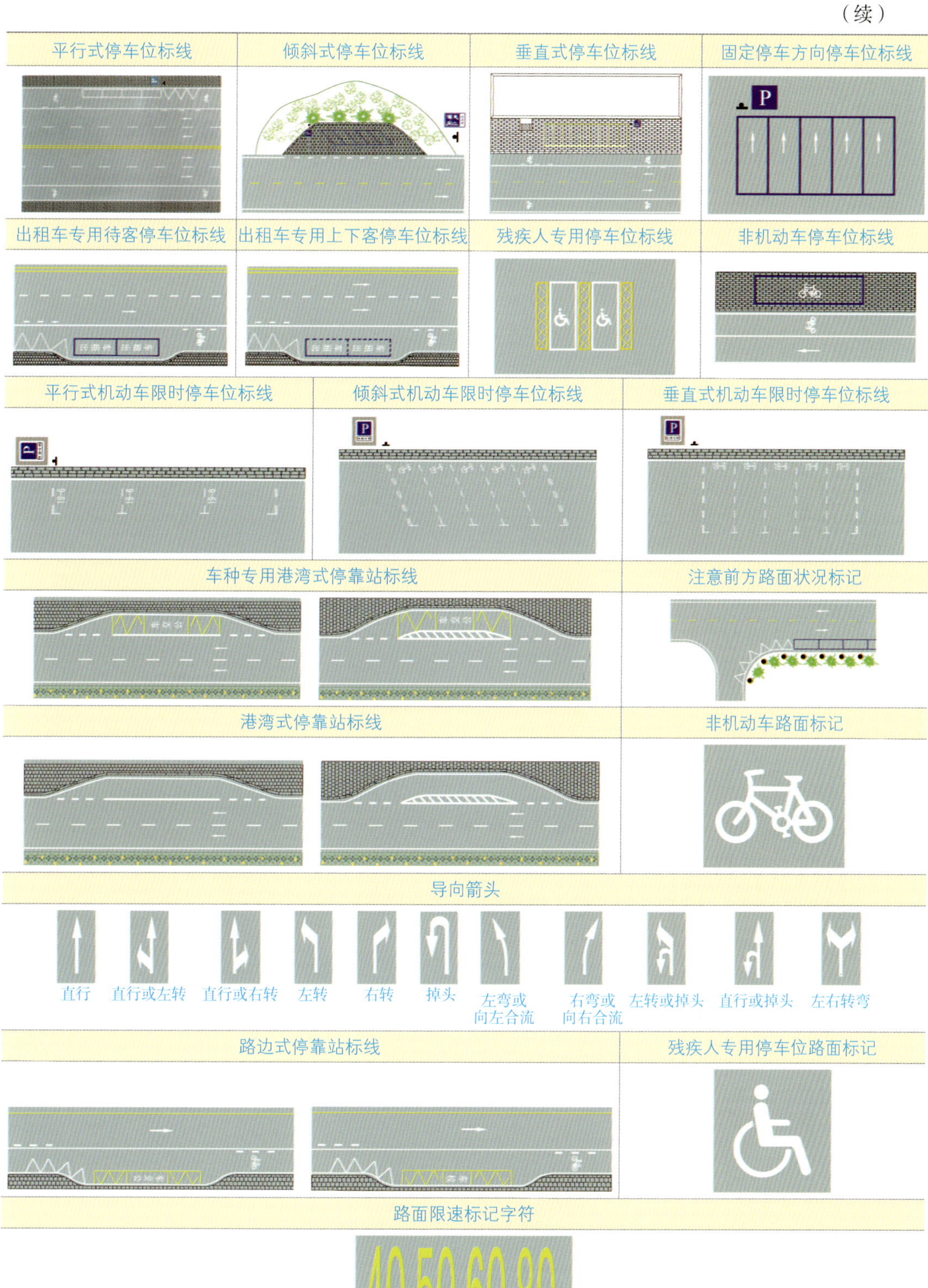
平行式停车位标线
倾斜式停车位标线
垂直式停车位标线
固定停车方向停车位标线
P
出租车专用待客停车位标线
出租车专用上下客停车位标线
残疾人专用停车位标线
非机动车停车位标线
平行式机动车限时停车位标线
倾斜式机动车限时停车位标线
垂直式机动车限时停车位标线
P
P
P
车种专用港湾式停靠站标线
注意前方路面状况标记
港湾式停靠站标线
非机动车路面标记
导向箭头
直行
直行或左转
直行或右转
左转
右转
掉头
左弯或
向左合流
右弯或
向右合流
左转或掉头
直行或掉头
左右转弯
路边式停靠站标线
残疾人专用停车位路面标记
路面限速标记字符
40 50 60 80

附录J　禁止标线的分类及意义

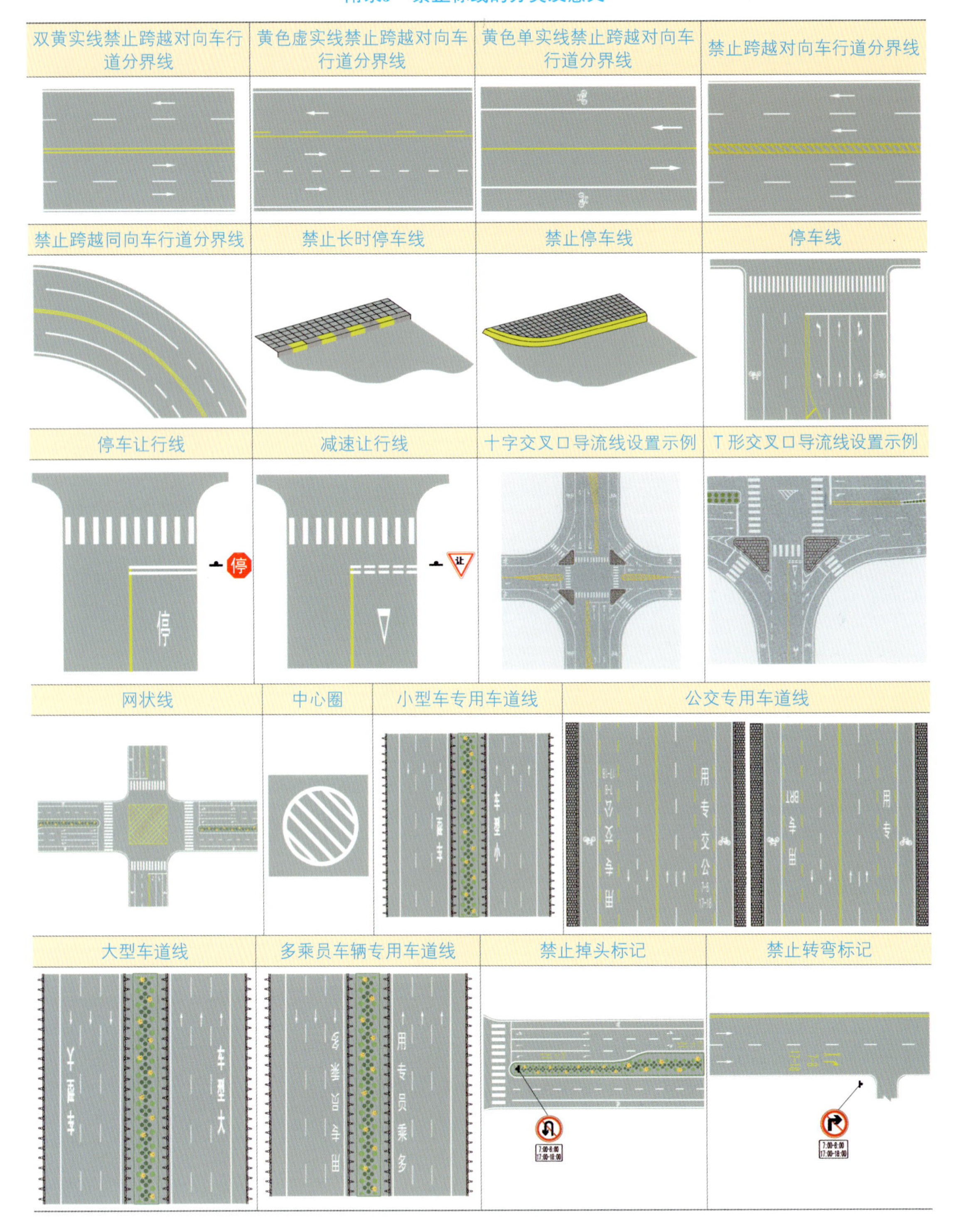

附录K　警告标线的分类及意义

路面（车行道）宽度渐变段标线	接近障碍物标线	收费岛地面标线
车行道横向减速标线	车行道纵向减速标线	立面标记

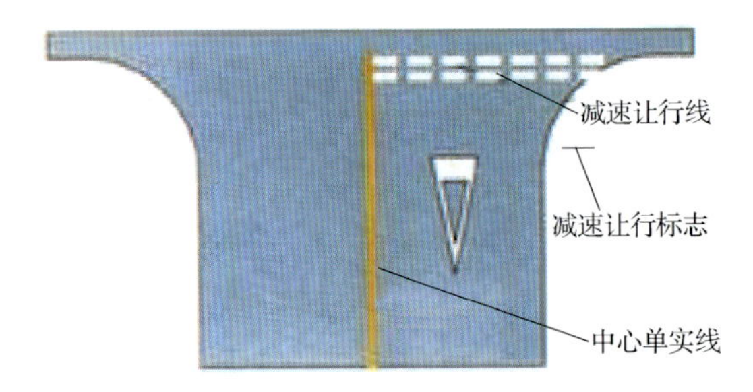

彩图1　减速让行线

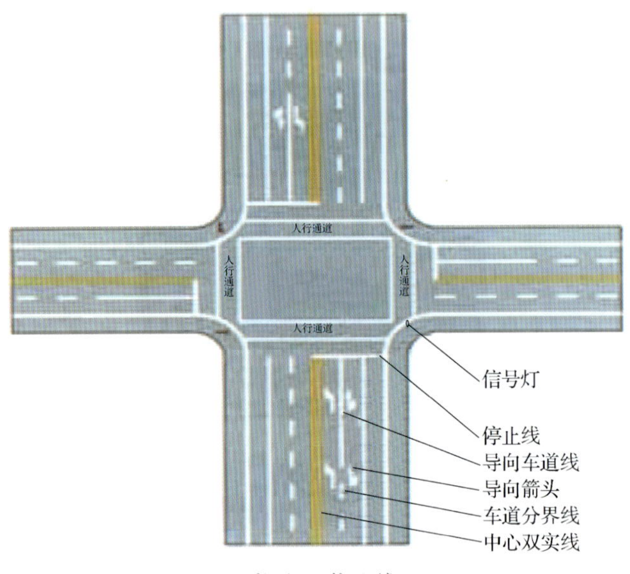

彩图2　停止线

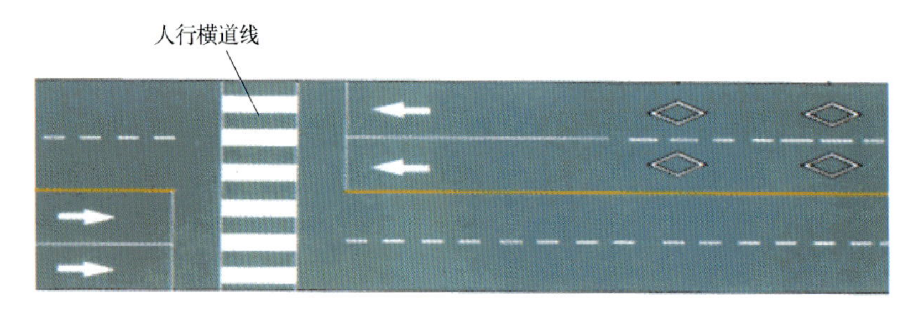

彩图3　人行横道线

参考文献

[1] 倪本会. 安全行车工程学 [M]. 济南：山东大学出版社，2004.
[2] 郭建强. 新手上路驾车技巧百分百 [M]. 北京：机械工业出版社，2008.
[3] 宋年秀. 汽车驾驶员实用知识与技术 730 问 [M]. 上海：上海科学技术出版社，2000.
[4] 裴玉龙. 道路交通安全 [M]. 北京：人民交通出版社，2004.
[5] 程勉宏. 图文对照汽车驾驶与安全操作技术教程 [M]. 北京：机械工业出版社，2008.
[6] 曾宪培. 道路交通法规 [M]. 3 版. 北京：机械工业出版社，2018.
[7] 周大森，刘小明. 汽车智能运输 [M]. 北京：国防工业出版社，2004.
[8] 董恩国，陈立辉. 汽车保险与理赔 [M]. 北京：北京理工大学出版社，2008.
[9] 戴良鸿. 汽车使用与日常养护 [M]. 上海：复旦大学出版社，2007.
[10] 范士儒. 交通心理学教程 [M]. 北京：中国人民公安大学出版社，2005.
[11] 任洪春. 上路开车步入高手 [M]. 北京：电子工业出版社，2004.
[12] 于晓辉. 汽车驾驶智能模拟培训教程 [M]. 北京：机械工业出版社，2005.
[13] 熊云，郭小川，刘晓. 汽车节油 150 问 [M]. 北京：中国石化出版社，2005.
[14] 任洪春. 汽车驾驶学习技巧 [M]. 北京：电子工业出版社，2005.
[15] 王亚军，江永贝. 高速公路行车指南 [M]. 北京：机械工业出版社，2007.
[16] 李东江，於海明. 汽车驾驶技巧与禁忌 [M]. 北京：机械工业出版社，2004.
[17] 卢梦法，贾粮棉，周亮. 家用轿车选购驾驶与维护 [M]. 北京：人民交通出版社，2004.
[18] 杨玉炎. 汽车驾驶实训 [M]. 北京：人民交通出版社，2003.
[19] 宋年秀，王耀斌. 汽车维修工程 [M]. 北京：北京理工大学出版社，2012.
[20] 陈焕江. 汽车运用基础 [M]. 北京：机械工业出版社，2008.
[21] 牟建霖，林平. 汽车驾驶员培训自学教材 [M]. 成都：四川科学技术出版社，2004.